U0895057

图书在版编目（CIP）数据

我国政府规制体系改革问题研究/苏晓红著．—北京：中国社会科学出版社，2017.12

ISBN 978-7-5203-1910-2

Ⅰ.①我…　Ⅱ.①苏…　Ⅲ.①国家机构—行政管理—政治体制改革—研究—中国　Ⅳ.①D630.1

中国版本图书馆 CIP 数据核字(2017)第 320673 号

出 版 人　赵剑英
责任编辑　卢小生
责任校对　周晓东
责任印制　王　超

出　　版　中国社会科学出版社
社　　址　北京鼓楼西大街甲 158 号
邮　　编　100720
网　　址　http://www.csspw.cn
发 行 部　010-84083685
门 市 部　010-84029450
经　　销　新华书店及其他书店

印　　刷　北京明恒达印务有限公司
装　　订　廊坊市广阳区广增装订厂
版　　次　2017 年 12 月第 1 版
印　　次　2017 年 12 月第 1 次印刷

开　　本　710×1000　1/16
印　　张　17.5
插　　页　2
字　　数　292 千字
定　　价　76.00 元

凡购买中国社会科学出版社图书，如有质量问题请与本社营销中心联系调换
电话：010-84083683

前　言

本书是国家社科基金项目“政府规制改革与社会主义市场经济体制完善”的研究成果。市场经济发展的历史和现代经济学的研究证明，市场经济的有序运行离不开有效的政府规制。20 世纪 80 年代以来，以美国、英国为首的西方发达国家率先在规制领域进行了重大改革，改革的目的是改善规制质量，提高政府规制的有效性。在我国，政府规制改革是经济体制改革相对滞后的领域，改革的滞后导致了我国自然垄断行业的低效率，导致了我国在环境、产品质量、生产安全领域的问题日益严重。本书以我国的政府规制改革为研究对象，把政府规制改革置于完善社会主义市场经济体制的进程之中，从理论上探讨影响政府规制有效性的主要因素，从实证上分析我国政府规制体系存在的主要问题，提出改革我国政府规制体系，提高我国政府规制质量和效率的对策建议。

本书的研究内容分为五个部分：

第一部分：政府规制的理论分析，包括第二章和第三章。本部分对政府规制的含义、类型、政府规制的过程，因自然垄断、外部性、内部性引起的市场失灵与政府规制的关系进行了系统的梳理和研究，旨在说明有效的政府规制是现代市场经济有序运行的重要保证。

第二部分：政府规制有效性的影响因素，包括第四章和第五章。本部分对政府规制有效性的含义进行了明确界定，对影响政府规制有效性因素进行了深入研究，旨在为提出提高我国政府规制有效性的建议搭建一个理论框架。

第三部分：我国政府规制体系的现状和问题分析，包括第六章、第七章、第八章和第九章。本部分从经济性规制和社会性规制两个方面对我国政府规制的现状进行了认真梳理，对比高质量规制体系的特征，并对我国政府规制体系存在的问题进行了深入分析。旨在为我国政府规制体系的改革提供现实基础。

第四部分：发达国家政府规制改革的经验借鉴。20 世纪 80 年代以来，以美国、英国为首的发达国家率先进行了以降低规制成本、改善规制质量、提高规制效率为目标的规制改革。本部分对发达国家政府规制体系改革的经验和存在的问题进行了总结和介绍，旨在为我国的政府规制体系改革提供经验和借鉴。

第五部分：改革我国政府规制体系的对策建议。本部分在上述各部分研究的基础上，从规制立法、规制体制、规制方式和规制遵守四个方面提出完善我国政府规制体系的对策建议。旨在为推进我国的政府规制改革提供理论支撑。

本书的主要观点如下：

（1）市场经济的有序运行需要有效的政府规制。市场失灵是政府规制的一个逻辑起点，政府规制的目的是弥补市场失灵，维护市场经济的有序运行。但并不是所有的市场失灵都需要政府规制，只有当市场机制和法律机制解决市场失灵无效时，才需要政府规制，而且只有有效的政府规制才会有利于市场经济的有序运行。

（2）有效的政府规制要求规制机构能以较低的成本实现规制的目标。政府规制有效性包括政府规制效果和效率。规制效果主要反映规制目标的实现程度，规制效率是指达到特定的规制目标所花费的成本，即规制收益和规制成本的对比程度。有效的政府规制一方面要求政府规制有效果；另一方面要求政府规制有效率，即要求规制机构以较低的成本实现政府规制的目标。

（3）政府规制体系的完善程度是决定政府规制有效性的最终因素。政府规制体系是由规制立法、规制主体、规制方式、规制对象、规制监督机构等组成的一个有机整体。完善的规制体系能有效地约束规制机构和规制对象的行为，提高规制的有效性。规制立法是规制过程的第一个阶段，在规制立法阶段，立法机构代表谁的利益立法十分重要，如果立法者受利益集团影响，规制法就成了利益集团实现利益转移的工具，政府规制必然失灵。规制执法是政府规制的第二个阶段，在规制执法阶段，规制机构是主体，规制机构的特征和行为影响规制的有效性。政府规制方式的选择和规制的有效性密切相关，不同的政府规制方式具有不同的特点，也会带来不同的效果。规制监督机构的主要职能是促进和监控规制的质量及其规制的改革。

（4）政府规制体系不完善是造成我国政府规制失灵的重要因素。目前我国已经初步形成了适应社会主义市场经济体制要求的政府规制体系，但我国现行的政府规制体系还存在许多问题。主要表现为：规制立法的公开性、透明性，公众参与性不够，规制立法受到了利益集团的影响，出现部门利益、地方利益法制化的现象；规制立法缺乏成本收益分析。规制机构缺乏独立性，规制权分散、政出多门，规制机构机会主义行为严重，缺乏对规制者的约束与制衡机制等。准入规制过于严格，价格形成机制不合理；以命令—控制型规制政策为主，激励型规制方式运用较少；信息规制不力、安全教育培训不足。规制遵守问题没有得到足够的重视。这些问题是造成我国政府规制失灵的重要因素，要提高我国政府规制的有效性，必须改革和完善我国现行的政府规制体系。

（5）改革和完善政府规制体系，第一，必须要提高我国规制立法的质量。提高立法质量要增加规制立法的透明度，真正落实公开立法、参与立法制度，解决部门利益、地方利益法制化问题，要尝试引入规制影响评价方法，平衡规制的成本收益，提高规制的效率。第二，必须改革政府规制体制，有效规制规制者。为此要进一步深化行政管理体制改革，转变政府职能，建立统一、独立、权威的规制机构；要落实政府行为问责制，建立立法、司法、行政、社会对政府行为的多元监督与约束机制，避免规制机构对规制权的滥用，减少规制者的道德风险。第三，必须改革规制方式，引入多种替代性措施。要引入市场化的规制方式，通过市场化的规制方式解决在政府规制中存在的高成本和低激励问题。

（6）提高政府规制的有效性必须强化规制遵守。不遵守规制规则是规制失灵的普遍原因。随着规制范围和规模的扩大，改善规制遵守的状况，提高企业和个人遵守规制要求的程度，已成为提高规制质量的一个决定性因素。对规制要求的遵守程度主要取决于对规制规则的认识和理解程度、遵守的意愿、遵守的能力、政府运用和执行规制规则的能力。根据影响规制遵守的因素，提高我国的规制遵守程度，一要简化和减少规制负担，要尽可能地减少繁文缛节，简化行政程序，提高规制规则的透明度和可理解程度。二要加强对规制规则的宣传和推广教育。通过宣传和推广，提高目标群体对法律和规制规则的理解、认识和熟悉程度；通过教育提高目标群体对法律和规则的认同程度。三要加大执行力度，提高对违规的制裁程度。要加大对违规事件的发现概率、控制概率和制裁力度，让违规的成本远远大于违规的收益。只有这样，才能使被规制者不敢违规并自觉遵守规制。

在本书的出版过程中，中国社会科学出版社卢小生主任给予了大力支持，感谢他对本书出版付出的努力！河南师范大学商学院的优秀青年学者杨玉珍博士从出版社的联系，到书稿的校对做了大量工作，感谢她辛勤的付出！

目　录

第一章　导论 …………………………………………………… 1

第一节　研究的背景及意义 ………………………………………… 1

第二节　国内外研究现状述评 ……………………………………… 3

第三节　研究方法与主要内容 ……………………………………… 7

第二章　政府规制与规制过程 …………………………………… 10

第一节　政府规制含义的界定 ……………………………………… 11

第二节　政府规制的类型 …………………………………………… 16

第三节　政府规制的过程 …………………………………………… 28

本章小结 ……………………………………………………………… 33

第三章　政府规制的理论基础 …………………………………… 35

第一节　自然垄断与经济性规制 …………………………………… 36

第二节　外部性与社会性规制 ……………………………………… 40

第三节　内部性与社会性规制 ……………………………………… 48

本章小结 ……………………………………………………………… 55

第四章　政府规制有效性的影响因素 …………………………… 58

第一节　政府规制有效性的含义与度量 …………………………… 58

第二节　政府规制失灵 ……………………………………………… 65

第三节　政府规制有效性的决定因素 ……………………………… 74

本章小结 ……………………………………………………………… 78

第五章　政府规制体系 …… 80
第一节　政府规制立法 …… 80
第二节　政府规制机构及行为制衡 …… 85
第三节　政府规制方式的选择 …… 92
第四节　规制监督机构 …… 106
本章小结 …… 109
第六章　我国的政府规制体系：社会性规制体系 …… 111
第一节　我国社会性规制法律体系的形成 …… 111
第二节　我国的社会性规制体制 …… 118
第三节　我国的社会性规制政策体系 …… 124
本章小结 …… 135
第七章　我国的政府规制体系：经济性规制体系 …… 138
第一节　我国的经济性规制法律体系 …… 138
第二节　我国的经济性规制体制 …… 142
第三节　我国的经济性规制政策体系 …… 150
本章小结 …… 160
第八章　我国政府规制有效性的实证分析 …… 163
第一节　我国环境规制有效性评价 …… 163
第二节　我国产品安全与卫生规制有效性评价 …… 170
第三节　我国职业安全与健康规制有效性分析 …… 174
本章小结 …… 178
第九章　我国政府规制体系存在的问题 …… 179
第一节　我国政府规制立法中存在的问题 …… 179
第二节　我国政府规制体制存在的问题 …… 186
第三节　我国政府规制政策存在的问题 …… 192
本章小结 …… 199

第十章　发达国家政府规制改革的措施与经验 …… 201

第一节　发达国家政府规制变迁的趋势与改革的目的 …… 201
第二节　发达国家政府规制改革的主要措施 …… 213
本章小结 …… 236

第十一章　我国政府规制体系改革的对策建议 …… 238

第一节　我国政府规制改革的取向选择 …… 238
第二节　完善我国政府规制体系的路径选择 …… 248

参考文献 …… 263

第一章　导论

第一节　研究的背景及意义

政府规制（government regulation）又称政府管制或政府监管，是政府为克服市场失灵，依法对微观经济主体行为所进行的规范与制约。政府规制分为经济性规制和社会性规制，经济性规制主要是指对自然垄断行业的规制，其目的是应对因自然垄断引起的市场失灵，提高资源配置的效率，确保利用者的公平利用。社会性规制是指“以确保国民生命安全、防止灾害、防止公害和保护环境为目的的规制”。[①] 社会性规制的目的是消除或减少人们在环境、安全和健康等领域面临的风险，主要包括环境规制、安全规制和健康规制。

规制是现代市场经济中政府的一项重要职能，是主流经济学研究的一个重要领域。市场经济发展的历史和现代经济学的研究证明，市场经济的有序运行离不开有效的政府规制。莫顿·凯勒认为，管制和贸易、投资、企业家精神以及技术，都是西方资本主义历史的重要组成部分（Morton Keller，1979）。美国经济学家斯蒂格利茨指出：要使一个市场经济正常运转，必须有必要的法律和监管以保证公平竞争、保护环境、保证消费者和投资者不被欺骗（Joseph Stiglitz，2003）。经济合作与发展组织在《关于工业化国家规制体系改革的报告》中指出：21 世纪监管型国家的出现是发展现代工业文明必不可少的一步（OECD，1997，2002）。新规制经济学的代表人物让－雅克·拉丰认为，规制成为经济

① ［日］植草益：《微观规制经济学》，朱绍文等译，中国发展出版社 1992 年版，第 281 页。

学的一个主要研究领域，原因在于，整个世界关于社会主义和资本主义之间的争论已经停止，争论的主要问题是政府干预的多少之间。

发达市场经济国家的政府规制经历了强化规制、放松规制、强化规制与放松规制并存的动态演进过程。放松规制出现在20世纪70年代中期，70年代中期，西方国家出现了以滞胀并存为特征的经济危机，滞胀并存的危机向国家干预提出了严峻挑战，政府规制受到了强烈的批评和质疑，面临着强大的改革压力。从70年代开始，发达国家纷纷放松了经济性规制，出现了“去管制化”现象。但在经济性规制放松的同时，社会性规制却日益强化。70年代以来，美国建立了环境保护委员会、职业健康与安全管理局、消费品安全委员会、全国高速公路交通安全管理局等社会性规制机构，致力于对环境、安全、健康的规制。随着社会性规制的膨胀，政府规制的成本大大增加。面对巨大的规制成本，批评与怀疑又随之而来。批评和质疑主要集中在高成本、低效率、浪费、程序不公平、不民主等方面。但批评和怀疑并没有撼动规制的地位，对规制的批评和规制本身一起成长。克林顿在1993年9月30日签发的《12866号行政命令：管制的计划与审核》中，一开始就讲到，美国人民需要一种为他们工作的管制制度，这种管制制度是为了保护和改善美国人的健康、安全、环境和生存的质量。但是，为了回应对规制的批评，提高规制的质量，80年代以来，以美国、英国为首的西方发达国家率先在规制领域进行了重大改革。进入21世纪以来，规制改革在全球范围内迅速蔓延，大规模的改革浪潮正快速形成。

经过近40年的改革开放，我国已经初步建立起了社会主义市场经济体制，经济总量跃居世界第二位，人民生活水平大大提高。但我国的社会主义市场经济体制尚不完善，政府对自然垄断行业的过度规制造成了行政垄断和行业低效率，而环境、健康、安全等方面规制的不足，使日益严重的环境污染、频繁发生的食品安全和生产安全事故等，对人民的健康和生命、财产安全造成了极大的危害。这些问题的存在既与我国所处的发展阶段和我国传统的经济发展方式有关，也与我国现行的政府规制体系不完善相联系。在我国，政府规制改革是经济体制改革中比较落后的领域。改革的滞后造成过度规制与规制不足并存，政府规制的质量和效率受到了广泛的质疑。解决我国经济社会发展中存在的问题，一方面要求我们下大力气调整经济结构，彻底转变经济发展方式；另一方面又要求我们必须改革我国现行的政府规制体系，进一步完善社会主义市场经济体制。

本书以我国的政府规制改革为研究对象，把政府规制改革置于社会主义市场经济体制的完善进程之中，利用规制经济学、产业经济学和新制度经济学的基本原理从理论上探讨影响政府规制有效性的主要因素，从实证上分析我国政府规制体系存在的主要问题，旨在提出改革我国政府规制体系、提高我国政府规制质量和效率的对策建议。

第二节　国内外研究现状述评

一　国外的研究现状

规制经济学是伴随着规制实践产生和发展的，在发达的资本主义国家，秉承效率原则的经济性规制，经历了较少规制、强化规制、放松规制到再规制的动态变革过程；秉承公平正义原则的社会性规制，自20世纪70年代以来出现了不断强化的趋势。伴随着规制实践的发展，规制经济学研究的重点经历了市场失灵与政府的矫正措施（为什么规制？如何规制？）、检验规制政策的效果（规制政策的实际效果如何？）、寻求规制政策的政治原因（规制实施的非经济因素）、规制中的激励问题（如何使规制更有效）和市场失灵与规制范围的扩展（社会性规制）五次更迭。围绕这五个研究重点形成了公共利益规制理论、利益集团规制理论、激励性规制理论、规制框架下的竞争理论和社会性规制理论。

市场失灵与政府的矫正措施是西方规制经济学最早的研究主题，围绕这一问题的研究形成了公共利益规制理论。公共利益规制理论认为，政府是仁慈的，是追求社会利益最大化者，市场失灵是政府规制的基础，政府规制的目的是弥补市场失灵，维护公共利益，因此，哪里有市场失灵，哪里就应该有政府规制。卡恩（Kahn）、米特尼克（Mitnick）、布雷耶（Breyer）、植草益等都是公共利益规制理论的倡导者。公共利益规制理论主导了20世纪70年代以前美国的政府规制政策。

利益集团规制理论是在寻求规制政策的政治原因的研究主题下产生的，该理论强调利益集团在规制政策形成过程中的作用。他们认为，政府的基础性资源是强制权，能使福利在不同的人之间进行转移。规制的需求方和供给方都是理性人，可以通过寻求政府规制，实现自身利益最大化。所以，规制并不是为了应对市场失灵，规制通常是行业自己争取来的，规制的设计和实施主要是为受规制行业利益服务的，其政策主张是取消政府规制。利益集团规制理论包括规制俘获理论、规制经济理论、新规制经济理论、内生规制变迁理论等。主要代表人物有施蒂格勒（Stigler）、佩尔茨曼（Peltzman）、波斯纳（Posner）、维斯库斯（Viscusi）等。

激励性规制理论关注的是规制中的激励问题，重点研究在信息不对称环境中最优规制政策的设计。其政策主张是在原有规制结构下，给予企业激励，保持政府与市场的平衡。其代表人物有拉丰（Laffont）、梯诺尔（Tirole）、鲍莫尔（Baumol）、伯格和奇尔哈特（Berg and Tschirhart）、德姆塞茨（Demsetz）、威廉姆森（Williamson）等。

规制框架下的竞争理论是围绕检验规制政策的效果展开的，它试图回答政府干预是否有效的问题。主要包括可竞争市场理论、标尺竞争理论和直接竞争理论等。可竞争市场理论由鲍莫尔、潘扎（Panzer）和威利格（Willig）提出，其基本观点是：可竞争市场是一个进入完全自由、退出完全无成本的市场。一个行业即使是自然垄断，只要沉淀成本为零，潜在进入者的威胁就会约束在位者的行为，最终确保市场效率。其政策主张是：即使存在自然垄断，只要市场是可竞争的，政府就无须对在位企业进行规制。政府只需降低行业的进入和退出的障碍，创造可竞争的市场环境即可。

社会性规制理论是在社会性规制日益强化的背景下产生的，主要包括环境规制理论、职业安全与健康规制理论、产品安全规制理论等。对社会性规制的效果进行测度，安全领域的风险分析与风险管理等是社会性规制领域研究的重点和难点。其代表人物有丹尼尔·F. 史普博、W. 吉帕·维斯库斯、约翰·M. 弗农、小约瑟夫·E. 哈林顿等。

二　国内的研究现状

国内学者对政府规制的研究主要集中在对国外规制理论与国外规制改革实践经验的总结和介绍、对我国政府规制改革趋势的分析、对我国政府规制改革的实践及其效果的实证检验等方面。

（一）对国外规制经济理论及规制改革实践经验的总结与介绍

在对国外规制经济理论的梳理和介绍方面，张红凤最具代表性，她

（2005）在其《西方规制经济学的变迁》一书中从历史发展的视角对公共利益规制理论、利益集团规制理论、激励性规制理论、规制框架下的竞争理论进行了全面梳理，研究了它们的主要观点、方法、缺陷与突破，展现了规制经济学发展的历程。对发达国家政府规制实践及经验介绍的研究成果较多。代表性的成果有王俊豪对英国的政府规制体制改革进行了介绍与研究（王俊豪，1998）。席涛和宇燕（2003）对美国政府规制体制的演变进行了详细分析，介绍了美国的政府规制如何从命令—控制走向成本—收益分析。肖兴志（2003）对英国、美国、日本自然垄断行业规制改革的共性进行了研究，在此基础上提出了自然垄断行业规制改革的一般模式。尹栾玉（2005）对美国、日本社会性规制政策的演变及其特点进行了比较。王林生、张汉林（2006）对美国、英国、意大利、加拿大、日本的规制改革及其绩效进行了研究。施本植、张荐化、蔡春林等（2006）对国外经济性规制改革的实践及经验做了介绍。

（二）对我国政府规制改革趋势的分析

对于我国政府规制改革的趋势，王俊豪（2001）认为，随着社会经济的发展，总体而言，中国对社会性规制的需求呈现不断增长的趋势，中国政府规制的两大趋势应是放松经济性规制，加强社会性规制。陈富良（2002）认为，转型经济中的政府规制改革，应走松紧结合的道路，建立松紧相宜的规制制度，既要放松规制，也要强化规制，而且在总体放松规制的前提下，局部强化规制。谢地（2003）认为，应该从立法和执法并重的层面强化我国的社会性规制。夏大慰、史东辉（2003）认为，我国政府规制改革的思路应是放松乃至取消有悖于市场规律的规制措施，按照市场经济的性质和要求重塑政府规制体系。余晖（2007）提出，应该在规制机构自我创新和行政体制改革中完善我国的规制体制。张会恒（2007）认为，我国公共事业的规制改革是一个放松规制与强化规制、完善规制同步进行的制度变迁过程。

（三）对我国政府规制改革及其效果的分析

围绕我国的政府规制改革，理论界有一系列研究成果。王俊豪从20世纪90年代中期开始先后对我国的基础设施行业的政府规制体制改革，我国自然垄断经营产品的规制价格形成机制，我国自然垄断行业民营化改革与政府规制政策，加入世界贸易组织后我国垄断性行业结构重组、分类规制与协调政策，我国垄断性行业规制机构的设立与运行机制等问题进行了系统研究，取得了丰富的研究成果。周耀东（2005）在其《中国公共事业改革研究》一书中，以理论和实际案例相结合的方式，从规制改革中面临的主要问题入手，揭示了我国规制改革中存在的主要矛盾，并提出了相应的解决对策。马英娟（2007）在《政府监管机构研究》一书中，对我国政府监管机构的现状、问题进行了梳理，提出了改革建议。马新乐（2005）在《中国药品管制的制度经济学研究》一书中，对我国药品管制制度历史、现状、制度变迁的动因进行了分析，对中国药品管制制度的效率进行了比较，在此基础上提出了中国药品管制的政策导向。齐晔（2008）在《中国环境监管体制研究》一书中，对中国的环境监管体制进行了研究，对我国环境监管体制的效能进行了评价。张婷婷（2010）在《中国食品安全规制改革》一书中，对我国的食品安全规制的现状、问题与成因进行了分析，提出了深化我国食品安全规制改革的对策。肖兴志、齐鹰飞、郭晓丹（2010）在《中国垄断产业规制效果的实证研究》一书中，构建了垄断产业规制效果的评价体系，并用这一体系，对我国电力行业、电信行业、民航行业、燃气行业、银行业、水务行业的规制效果进行了实证研究。肖兴志（2010）在《中国煤矿安全规制：理论与实证》一书中，对中国的煤矿安全规制制度、规制机制和规制效果进行了理论分析及实证检验，从矿工行为、矿工素质、产权制度、市场结构、信息披露等方面总结了影响煤矿安全规制效果的诸多因素。

综上可见，围绕我国的政府规制改革，理论界进行了深入的研究，取得了丰硕的成果，这些成果为我们的研究提供了很好的借鉴。但是，通过梳理研究成果我们发现，已有的研究大多针对某一个领域（或经济性规制，或社会性规制）或某一个行业（如电力、电信、煤炭等）或某一个环节（如规制机构）的规制展开。把政府规制作为市场经济体制的一个重要组成部分、作为一个体系，进行系统研究的成果并不多见。本书在已有研究的基础上，把政府规制看成一个由规制立法、规制机构、规制政策、规制对象构成的有机整体，从理论上探讨政府规制体系和政府规制有效性的内在联系，实证分析我国政府规制体系存在的主要问题，旨在提出改革我国政府规制体系，提高我国政府规制质量和效率的对策建议。

第三节　研究方法与主要内容

本书应用规范分析、实证分析、历史分析、比较分析等方法，对政府规制理论和我国的政府规制体系进行系统、深入的研究，旨在提出改革我国政府规制体系、提高我国政府规制质量的对策建议。首先，运用规范分析方法对政府规制的理论基础进行系统的分析，通过分析，回答什么是政府规制、为什么要实施政府规制、规制体系如何影响政府规制的质量和效果等问题。其次，利用实证分析方法对我国政府规制体系的现状、政府规制的效率、政府规制存在的问题进行总结与概括。再次，通过比较分析，对国外政府规制改革的趋势和经验进行梳理与总结，目的在于为我国政府规制体系的改革提供借鉴。最后，在上述分析的基础上提出了我国政府规制体系改革的对策建议。

本书由十一章组成，主要内容如下：

第一章　导论。导论主要介绍研究的背景和意义，国内外研究现状述评，研究思路、研究方法、主要内容和创新与不足。

第二章　政府规制与规制过程。本章主要对政府规制的含义、类型进行全面分析，对政府规制的过程进行详细描述。通过分析和描述，回答什么是政府规制、政府规制有哪些类型、政府规制的过程有几个主要环节、每个环节完成的基本任务。

第三章　政府规制的理论基础。政府规制的理论基础旨在回答政府规制的必要性。通常意义上，规制源于市场失灵，市场失灵是政府规制的一个逻辑起点，由自然垄断、外部性、内部性等引起的市场失灵，导致市场运行不能达到帕累托最优，从而使政府规制成为必要。本章主要分析自然垄断与经济性规制，外部性、内部性与社会性规制的关系。

第四章　政府规制有效性的影响因素。市场失灵是政府规制的必要条件，但不是充分条件。市场解决不好的，政府也不一定能解决好；即使政府能够解决，也不一定就是最优的。在政府规制过程中也会存在各种各样的问题，会出现规制失灵。在市场失灵和政府规制失灵并存的情况下，既需要通过政府规制来克服市场失灵，矫正市场机制作用的消极后果；又需要采取各种手段来矫正“规制失灵”，提高政府规制的有效性。本章首先界定了政府规制有效性的含义，其次介绍了政府规制有效性的度量方法，分析了影响政府规制有效性的因素，在此基础上，提出提升政府规制有效性的理论路径。本章的研究表明，政府规制体系的质量是影响规制有效性的重要因素。

第五章　政府规制体系。政府规制体系是由规制立法、规制机构（主体）、规制政策（方式）、规制对象、规制监督机构等组成的一个有机整体，其中规制立法、规制机构、规制政策、规制监督机构是最重要的构成要素。本章主要从规制立法、规制主体、规制方式和规制监督机构四个方面分析高质量的规制体系应该具有什么样的性质、特征。旨在为分析我国政府规制体系存在的问题、提出完善我国政府规制体系的对策提供理论框架。

第六章　我国的政府规制体系：社会性规制体系。我国政府规制发展的历程与西方发达国家规制历史的发展轨迹不同，西方发达国家最早出现和发展起来的是经济性规制，在我国，社会性规制制度的建设比经济性规制早，而且更加完善。本章主要从规制法律体系、规制机构和规制政策三个方面，分别从环境、健康和安全三个领域梳理我国社会性规制体系的变迁及现状。

第七章　我国的政府规制体系：经济性规制体系。经济性规制主要是指对自然垄断行业的规制，我国的自然垄断行业以电信、电力、铁路、航空运输、城市水务等行业为代表。本章主要从电力、电信、民航等领域来分析我国经济性规制体制的形成。

第八章　我国政府规制有效性的实证分析。规制的有效性包括规制效果和效率两方面，对规制有效性的评价与度量也要从规制效果和规制效率两方面进行。对规制效果和效率进行评价及度量是一件十分困难的事情，受方法和数据的影响，本章只对我国社会性规制的有效性进行实证分析。主要从规制机构数量、从业人员数量、财政经费投入等方面来度量社会性规制成本；从环境状况、产品质量、生产安全状况、职业健康状况改善等方面来评价社会性规制的收益。

第九章　我国政府规制体系存在的问题。问题是改革的基础和导向，本章主要从政府规制立法、政府规制体制和政府规制政策三个方面分析我国现行政府规制体系存在的问题，旨在为改革我国的政府规制体系提供一个现实基础。

第十章　发达国家政府规制改革的措施与经验。市场经济的有序运行需要有效的政府规制，政府规制也必须随着市场经济的发展而适时进行改革。20 世纪 80 年代以来，以美国为首的发达国家率先进行了以提高规制质量为目标的规制改革。本章主要从规制立法、规制机构（主体)、规制政策（方式）等方面总结、介绍发达国家政府规制体系改革的经验，旨在为我国的政府规制体系改革提供经验和借鉴。

第十一章　我国政府规制体系改革的对策建议。政府规制改革是完善社会主义市场经济体制的重要组成部分，是适应我国经济社会发展要求的必然选择。本章首先明确了我国放松经济性规制、强化社会性规制的规制改革取向；然后，从规制立法、规制主体、规制方式和规制遵守四个方面提出了我国政府规制体系改革的对策建议。

第二章　政府规制与规制过程

政府规制又称政府管制或政府监管，是市场经济中政府的一项重要职能。市场经济发展的历史和现代经济学的研究证明，市场经济的有序运行离不开有效的政府规制。莫顿·凯勒（1979）认为，规制和贸易、投资、企业家精神以及技术一样，都是西方资本主义历史的重要组成部分。美国经济学家斯蒂格利茨（2003）指出，要使一个市场经济正常运转，必须有必要的法律和监管以保证公平竞争、保护环境、保证消费者和投资者不被欺骗。经济合作与发展组织（1997，2002）在《关于工业化国家规制体系改革的报告》中指出：21 世纪监管型国家的出现是发展现代工业文明必不可少的一步。

发达市场经济国家的政府规制经历了强化规制、放松规制、强化规制与放松规制并存的动态演进过程。美国学者丹尼尔·F. 史普博认为："管制的历史是不断变化政府行为的重点和焦点的动态过程。随着政策目标的变化，管制制度及应受到管制的市场也会发生变化。"① 伴随着规制实践的发展，政府规制成了西方主流经济学研究的一个热门话题，被誉为"经济政策最激动人心的领域之一"。② 新规制经济学的代表人物让－雅克·拉丰认为，规制成为经济学的一个主要研究领域，原因在于，整个世界关于社会主义和资本主义之间的争论已经停止，争论的主要问题是在政府干预的多少之间。

政府规制分为经济性规制和社会性规制，经济性规制是指对自然垄断（电力、电信等）和信息不对称行业（运输、金融等）的规制，社会性规制主要包括对环境污染、产品安全、生产安全等方面的规制。经

---

① ［美］丹尼尔·F. 史普博：《管制与市场》，余晖等译，上海人民出版社、上海三联书店 1999 年版，第 15 页。

② ［美］W. 吉帕·维斯库斯、小约瑟夫·E. 哈林顿、约翰·M. 弗农：《反垄断与管制经济学》，陈甬军等译，机械工业出版社 2004 年版，第 V 页。

济学对经济性规制的理论研究已取得了丰硕的成果，但对社会性规制的研究还不够丰富、系统。本章对政府规制进行系统的理论分析，主要内容包括政府规制的含义、类型、政府规制过程等。

第一节　政府规制含义的界定

"规制"一词来源于英文"regulation"或"regulation constraint"，在英文的规制经济学用语中，"regulation"和"regulation constraint"是通用的，其含义是有规定的管理，或有法规条例的制约。可以译为"规制、管制、监管、调节、管理"等。在我国学术界最常用的有"规制"和"管制"两种译法。例如，著名学者朱绍文认为，"regulation"的含义是有规定的管理，或有法规条例的制约，将其译为"规制"更符合原意。他在1992年翻译日本著名经济学家植草益的著作《微观规制经济学》时使用了"规制"。在《新帕尔格雷夫经济学大辞典》中"regulation"被译为"管制"。著名经济学家吴易风认为，无论在马克思主义经济学中还是在西方经济学中，"regulation"都是一个重要的概念，其基本含义是调节，所以，把"regulation"译为"调节"更好一些。在政策层面和实际工作部门中，多把"regulation"译为"监管"，如电力监管、金融监管、环境监管等。事实上，规制、管制、监管、调节只是译法不同而已，它们之间没有本质区别。本书统一使用"规制"，在个别地方用到"管制"或"监管"时，意思是一样的。

规制又称政府规制，是经济学的一个正式研究领域。"最早的规制概念可追溯到古罗马时代，是指政府官员制定法令允许受规制的工商企业提供基本的产品和服务。为了实现社会公平，政府为产品和服务制定公平的价格。"[①] 现代经济学对规制的研究最早始于美国，不同的经济学家、不同的文献对规制的含义有着不同的解释。

1970年以前，经济学对政府规制的研究主要集中在对公共事业、通信、交通与金融等特殊行业的价格和进入的控制上。对这些行业的规

---

① 张红凤：《规制经济学的变迁、学科定位及其整体评价》，《中国改革论坛》2008年2月25日。

制被称为“老式”的规制——经济性规制。研究成果的集大成者是卡恩。卡恩对公共事业的规制做了如下定义：“对该种行业的结构及其经济效率的主要方面的直接的政府规定……如进入控制、价格决定、服务条件及质量的规定以及在合理条件下服务所有客户时应尽义务的规定……管制的实质是政府命令对竞争的明显取代，作为基本的制度安排，它企图维护良好的经济绩效。”① 显然，卡恩的定义只涵盖了经济性规制，没有涉及 1970 年以后出现的环境、安全等社会性规制。

施蒂格勒对规制做了如下定义：“管制通常是行业自己争取来的，管制的设计和实施主要是为受管制行业利益服务的。”② 在他看来，规制是国家“强制权力”的运用。规制过程在某些方面通常有利于受规制行业，受规制行业是规制的主要获利者。施蒂格勒的定义偏重于揭示规制的起源。

谢泼德和威尔克斯科（Shepherd and Wilcox，1979）认为，规制只是规制者的所作所为。他们把针对工商业的政策划分为反托拉斯法、规制及公共企业。可见，他们把规制作为一种政府的政策。乔斯科和诺尔（Joskow and Noll，1981）全面总结了竞争与非竞争行业里的价格与进入规制，以及对“质量”（环境、健康、就业安全及产品质量）的规制。乔斯科和诺尔对规制的研究已经扩展到了对社会性规制的分析。

美国学者丹尼尔·F. 史普博（1989）在《管制与市场》一书中，把规制限定于那些由行政机构施加于市场的一般法规和特殊行为。他从规制作用于市场的角度对规制下了三个定义：

定义 1：“管制是由行政机构制定并执行的直接干预市场配置机制或间接改变企业和消费者的供需决策的一般规则或特殊行为。”③ 这一定义涵盖了规制的三种类型：第一，直接干预市场配置机制的规制，如价格规制、产权规制；第二，通过影响消费者决策进而影响市场均衡的规制，如对公共场所抽烟的限制、对汽车尾气排放量的规制；第三，通

---

① ［美］Kahn，A. E.，*The Economics of Regulation*：*Principles and Institution*，New York：Wiley，1970，p. 20.

② ［美］乔治·J. 施蒂格勒：《产业组织与政府管制》，潘振民译，上海三联书店 1989 年版，第 210 页。

③ ［美］丹尼尔·F. 史普博：《管制与市场》，余晖等译，上海人民出版社、上海三联书店 1999 年版，第 45 页。

过干预企业决策进而影响市场均衡的规制，如对企业的投入、产出、技术等的限制。

定义 2："管制的过程是由被管制市场中的消费者和企业、消费者偏好和企业技术、可利用的战略以及规则组合来界定的一种博弈。"① 这一定义重在描述规制的过程，史普博把规制过程看成一场博弈。规制过程的参与人是受规制市场中的消费者和企业，规制机构是博弈的仲裁者或规则的制定者。博弈的参与人消费者和企业的目标函数与市场模型中相同，消费者追求喜爱的商品，企业追求利润最大化；他们的行为与战略就是他们在市场中的行为，对消费者是指需求，对企业是指定价、生产、广告、研发等。消费者和企业通过规制机构发生互动，互动的关系影响规制的结果。总之，规制过程被视为受规制市场中的消费者和企业参与的博弈，这场博弈是由参与者、他们的目标函数、可能的战略以及博弈规则来界定的。博弈的规则是外生的，是一种法律上的限制或规制机构的政策。

定义 3："管制学研究的是管制存在下的管制过程及作为其结果的市场均衡。"② 这一定义强调，规制经济学既要研究规制的过程又要研究规制的结果。

史普博的上述定义既考虑了对市场配置资源的直接干预，又考虑了消费者和企业的决策及消费者和企业通过规制制度而发生的互动关系，这一定义能容纳各种类型的政府规制。

日本学者植草益认为："通常意义上的规制，是指依据一定的规则对构成特定社会的个人和构成特定经济的经济主体的活动进行限制的行为。"③ 他根据规制的主体，把规制分为私人规制和公的规制。政府规制属于公的规制，公的规制是"社会公共机构依照一定的规则对企业的活动进行限制的行为"。④ 这里的社会公共机构是指政府。

美国学者维斯库斯和弗农等认为："政府以多种方式发挥作用，其

---

① ［美］丹尼尔 · F. 史普博：《管制与市场》，余晖等译，上海人民出版社、上海三联书店 1999 年版，第 47 页。

② 同上。

③ ［日］植草益：《微观规制经济学》，朱绍文等译，中国发展出版社 1992 年版，第 1 页。

④ 同上书，第 2 页。

中最令人熟悉的作用是在公共财政方面。政府以税收方式筹集资金，然后通过不同的方式进行资金支出，另外，政府也对企业及个人的行为进行管制。"[①] "管制是政府通过法律的威慑来限制个体和组织的自由选择。"[②] 可见，在维斯库斯和弗农看来，规制的对象是企业和个人的行为。

美国学者小贾尔斯·伯吉斯认为："政府管制就是政府采取的干预行为，它通过修正或控制生产者或消费者的行为，来达到某个特定的目的。这是衡量政府和市场之间相互作用的一个尺度。"[③]

美国管理和预算办公室（Office of Management and Budget，OMB）的定义是："管制是政府行政机构根据法律法规制定并执行的规章和行为。这些规章或者是一些标准，或者是一些命令，涉及的是个人、企业和其他组织能做什么和不能做什么。"[④]

《新帕尔格雷夫经济学大辞典》对规制有两种解释：一是"指国家以经济管理的名义进行干预……在经济政策领域，按照凯恩斯主义的概念，管制是指通过一些反周期的预算或货币干预手段对宏观经济活动进行调节"。[⑤] 二是"指政府为控制企业的价格、销售和生产而采取的各种行为，政府公开宣布这些行为是要努力制止不充分重视'社会利益'的私人决策"。[⑥] 从《新帕尔格雷夫经济学大辞典》的解释看，规制既包括政府对宏观经济的干预（宏观调控），又包括对微观经济活动的干预（微观规制）。这一解释可视为广义的规制。经济学对规制的研究一般是指狭义的规制，即政府对微观经济活动主体行为的规范和制约。本书所讲的规制是指狭义的规制。

国内学者王俊豪认为："管制可定义为：是具有法律地位的、相对独立的管制者（机构），依照一定的法规对被管制者（主要是企业）所

---

① ［美］W. 吉帕·维斯库斯、小约瑟夫·E. 哈林顿、约翰·M. 弗农：《反垄断与管制经济学》，陈甬军等译，机械工业出版社 2004 年版，第 2 页。

② 同上书，第 172 页。

③ ［美］小贾尔斯·伯吉斯：《管制与反垄断经济学》，冯金华译，上海财经大学出版社 2003 年版，第 4 页。

④ 宇燕、席涛：《监管型市场与政府管制》，《世界经济》2003 年第 5 期，第 4 页。

⑤ 《新帕尔格雷夫经济学大辞典》第四卷，中译本，经济科学出版社 1996 年版，第 135 页。

⑥ 同上书，第 137 页。

采取的一系列行政管理和监督行为。”①

夏大慰、史东辉认为：“政府规制政策其实包容了市场经济条件下政府几乎所有的旨在克服市场失败现象的法律制度，即以法律为基础的对微观经济活动进行某种干预、限制或约束的行为。政府规制的目的是为了维护正常的市场秩序，提高资源配置效率，增进社会福利水平。”②

谢地认为：“一般意义上看，规制包括规制主体——获得法律授权的政府机构或独立于政府机构的规制机构，对规制客体——各类微观市场主体，所进行的一切限制和监督。”③

综合上述国内外的各种概念，可以看出，政府规制是市场经济中政府为克服市场失灵，依法对微观经济主体行为所进行的规范与制约。其目的是弥补市场失灵，提高资源配置的效率，实现社会公平，增进社会福利。我们认为，无论从何种意义上说政府规制都应包括以下五个要素：

第一，规制的主体——规制者。规制是一种政府行为，规制主体是由立法机关设立的、相对独立的行政机构，它们通过立法或其他形式被授予规制权，通常被称为规制者。规制机构具有立法、行政和司法权力，通常以行政规章的形式创造法律和标准，通过守法的监督和实施法律制裁来贯彻法律。所以，规制机构又被称为无顶头上司的政府“第四部门”。美国规制信息服务中心的最新统计显示，现在联邦行政系统内负有规制职能的共有 58 个机构，这 58 个机构实施两种监管职能，即经济性规制和社会性规制。

第二，规制的对象——被规制者。规制是行政机构对市场经济主体的直接干预，市场经济主体就是被规制者，包括企业和个人。在发达的市场经济国家，政府一般不干预企业的活动。然而，当企业的活动具有负外部性或负内部性可能侵犯公众和消费者利益时，企业的活动就成为政府规制的对象。企业既是商品的供给者，又是劳动力和资源的需求者，因此，对企业的规制就是对市场的供应方和需求方的规制。

---

① 王俊豪：《管制经济学原理》，高等教育出版社 2007 年版，第 4—5 页。

② 夏大慰、史东辉：《政府规制：理论、经验与中国的改革》，经济科学出版社 2003 年版，第 1 页。

③ 谢地：《我国政府规制体制改革及政策选择》，《吉林大学社会科学学报》2003 年第 3 期，第 22 页。

第三，规制的依据——法律、行政法规和政府规章。无论是法律还是行政法规或政府规章都具有相当的强制力，所涉及的都是企业、个人或其他组织能做什么和不能做什么。

第四，规制的目标。政府规制的总体目的是弥补市场失灵，提高资源配置的效率，实现社会公平，增进公共利益。

第五，规制的方式。规制的方式是政府规制机构为实现特定的规制目标所颁布实施的规制政策和手段。

第二节　政府规制的类型

一　政府规制的类型

国内外学者从不同的角度或不同的目的出发，对规制进行了不同的分类。

黑夫兰把规制分为经济性规制、社会性规制和辅助性规制三类。经济性规制涉及行业行为的市场方面（费率、服务的质量和数量、竞争行为等）；社会性规制用以纠正不安全和不健康的产品以及生产过程的有害副产品；辅助性规制泛指与执行各类社会福利计划（如社会保险、公费医疗、药品、食品标签、老兵福利计划等）等有关的规制措施。

史普博在《管制与市场》一书中对规制进行了不同的分类。[①] 他首先以规制所要治理的市场失灵为基础，把纷繁复杂的政府规制活动分为进入壁垒性规制、外部性规制和内部性规制。进入壁垒性规制主要是指在电力、通信和管道运输等自然垄断行业，对价格、进入及服务质量所进行的规制，其目的是解决与进入壁垒有关的不充分竞争问题，也就是我们通常所说的经济性规制。外部性规制主要是为了解决因外部性引起的市场失灵问题，如治理空气和水污染以及自然资源枯竭等问题，也就是环境规制。内部性规制是为了解决因内部性引起的市场失灵，包括对产品质量、工作场所安全及合同条款进行的规制。这种分类方法有利于区分不同类型规制的原因。然后他又按照所规制的对象把规制分为三种

---

① ［美］丹尼尔·F. 史普博：《管制与市场》，余晖等译，上海人民出版社、上海三联书店1999年版，第10—11页。

类型："第一，直接干预市场配置机制的管制，如价格管制、产权管制及合同规则。第二，通过影响消费者决策而影响市场均衡的管制。对消费者选择的直接管制有汽车尾气排放量的限制及购买保险条件等。第三，通过干扰企业决策从而影响市场均衡的管制，此类约束包括施加于产品特征（如质量、耐久性和安全等）之上的限制。对企业投入、产出和技术的限制等。"① 这种分类方法有利于我们了解规制者从哪一点作用于市场。

日本学者植草益根据规制的主体把规制分为私的规制和公的规制：私的规制是指"由私人进行的规制，比如私人（父母）约束私人（子女）的行动（称为私人规制）。由社会公共机构进行的规制，是由司法机关、行政机关以及立法机关进行的对私人以及经济主体的行为的规制（称为公的规制）"。② 政府规制属于公的规制。根据规制的目的和手段不同，公的规制又可分为间接规制和直接规制，"间接规制是依照反垄断法、商法、民法等以制约不公平竞争为目的的规制"③；直接规制"是以防止发生与自然垄断、外部不经济及非价值物品有关的、在经济社会中不期望出现的市场结果为目的，并且这些规制具有依据由政府认可和许可的法律手段直接介入经济主体决策的特点"。④ 直接规制又可分为经济性规制和社会性规制。"处理自然垄断和信息偏在问题的规制称为经济性规制，处理外部不经济和非价值物品的规制被称为社会性规制。"⑤

表 2－1　　植草益对政府规制的分类

项目		主要目的	政府的主要活动
间接规制		反对不公平竞争	由反垄断法、民法、商法等产生的对垄断等不公平竞争行为的制约
直接规制	经济性规制	对应于自然垄断等	对自然垄断行业的进入、退出、价格、投资等的规制
	社会性规制	对应于外部性、非价值物品	防止公害、环境保护、保证健康、安全等

① ［美］丹尼尔·F. 史普博：《管制与市场》，余晖等译，上海人民出版社、上海三联书店 1999 年版，第 44 页。

② ［日］植草益：《微观规制经济学》，朱绍文等译，中国发展出版社 1992 年版，第 1 页。

③ 同上书，第 21 页。

④ 同上。

⑤ 同上书，第 22 页。

美国管理和预算办公室（OMB）与信息和管制事务办公室（Office of Information and Regulatory Affairs，OIRA）将联邦规制分为经济规制、社会规制和文牍规制。[①] 文牍规制是程序规制，是因政府管理而产生的格式文件。

综上可见，从不同的目的和不同的角度，可以对规制进行不同的分类。目前最普遍的分类是把政府规制分为经济性规制和社会性规制。经济性规制主要是指对自然垄断和信息不对称行业的规制，如对公用事业、铁路、航空运输业、金融行业的规制。经济性规制的主要内容有价格规制、进入和退出规制、投资规制、服务和质量规制等。社会性规制的领域主要包括环境规制、安全规制和健康规制。

二　经济性规制

美国是现代监管型国家的发源地，美国真正意义上的经济性规制始于19世纪70年代。1877年，具有里程碑意义的马恩对伊利诺伊州诉讼案的判决，促使伊利诺伊州政府着手规制粮仓和批发店制定的粮食价格。这一判决颁布了一项重要原则：当财产以一种具有公共效应的方式被使用，且对社会产生普遍影响时，它就被赋予了公共利益的意义，出于公共利益的目的，它必须接受公众的规制。对马恩对伊利诺伊州案例的通常解释是，政府对特定垄断行业的规制是合法的。可以说，这一判决为采用规制来防止垄断企业对消费者剥削奠定了基础。马恩对伊利诺伊州案判决前后，美国的铁路行业经历了一段混乱时期，整个19世纪七八十年代，铁路行业遭受了广泛的侵略性价格战。与此同时，铁路对不同的消费者实行价格歧视，那些被迫承担较高价格的消费者要求政府干预，铁路行业本身为了稳定价格也寻求政府支持。为了管制铁路价格，1887年美国国会出台了《州际商业法》，并依法成立了州际商业委员会（ICC），国会赋予ICC管制铁路价格的必要权力。ICC的成立作为对市场失灵的一种回应，是一个重要的发展，它标志着具有现代意义的规制产生。

早期的规制主要集中在铁路、电力、电话、城市运输等公共事业部门。1909—1916年，美国出现了第一次规制立法的高峰，如1910年《曼—埃利金法》开始对州际电话进行规制，1916年《航运法》、1920

① 宇燕、席涛：《监管型市场与政府管制》，《世界经济》2003年第5期，第14页。

年《运输法》对运输业进行规制。1933—1940 年美国形成了第二次经济性规制的浪潮，在联邦层次上出台了多部规制法，扩大了规制的范围。如 1930 年《石油分配法》、1933 年《银行法》和《保险法》、1934 年《银行法》和《通讯法》、1935 年《汽车运输法》《公用事业法》和《证券交易法》、1938 年《民用航空法》和《天然气法》、1940 年《运输法》等。20 世纪 40—60 年代，美国的经济性规制在持续增强，1968 年 FCC 开始管制有线电视，1954 年联邦能源委员会开始管制天然气源头价格，对石油价格的管制始于 1971 年。20 世纪七八十年代出现了解除经济性规制的浪潮，1977 年完全被规制行业的生产总值占美国国内生产总值的 17%，1988 年降至 6.6%。

从经济性规制产生和发展历史可以看出，经济性规制主要是为了解决垄断问题。伯吉斯认为："垄断问题引起了经济规制。"① 维斯库斯认为："经济性规制主要是指政府对企业在价格、产量、进入和退出等方面的决策进行限制。"② 植草益认为："经济性规制是指在自然垄断和存在信息偏在的领域，为防止发生资源配置的无效率，确保利用者的公平利用，政府机构用法律权限，通过许可和认可等手段，对企业的进入与退出、价格、服务的数量与质量、投资、财务会计等有关行为加以规制。"③

从上述定义中可以看出，经济性规制主要是对自然垄断和存在着信息不对称问题的行业的规制。典型的自然垄断行业包括电力、煤气、热力、自来水、电信、铁路运输等。在这些行业中，由一家或极少数几家企业提供产品和服务比多家企业提供产品和服务更有效率。但这些行业在获得生产效率的同时，会利用其垄断地位制定垄断价格来获得垄断利润，从而扭曲资源配置的效率。为提高资源配置的效率，需要进行政府规制。信息不对称的领域主要是指金融业和运输业，在这些领域中，消费者未必拥有完全信息以决定在多样化的服务和价格中选择哪一种，都

---

① ［美］小贾尔斯·伯吉斯：《管制与反垄断经济学》，冯金华译，上海财经大学出版社 2003 年版，第 23 页。

② ［美］W. 吉帕·维斯库斯、小约瑟夫·E. 哈林顿、约翰·M. 弗农：《反垄断与管制经济学》，陈甬军等译，机械工业出版社 2004 年版，第 172 页。

③ ［日］植草益：《微观规制经济学》，朱绍文等译，中国发展出版社 1992 年版，第 27 页。

难以实现帕累托最优。而且，一旦因过度竞争使企业发生倒闭时，难以保证消费者的资产安全，因此也需要政府对这些行业进行规制。

经济性规制包括对企业一系列决策的限制，规制机构限制的主要决策变量有价格、数量、企业的数目、产品的质量和投资，其中最关键的两个变量是价格和企业的数目。据此，经济性规制的主要内容有价格规制、准入和退出规制、质量规制、投资规制等，其中价格规制和准入规制是最主要的内容。

价格规制包括对价格水平和价格体系的规制，是规制机构为企业制定一个特定的价格，或者要求企业在一定的范围内定价。价格规制只是一种手段，规制机构借此达到的最终目的是限制企业的利润，使被规制企业获得一个正常的回报率。要控制企业的数目就必须实施市场进入和退出规制。进入规制的目的是维持行业的规模经济性和成本劣加性。对进入的控制既包括控制新企业进入，又包括对现存的受规制企业的进入。对退出进行规制的依据是规制能比自由市场为消费者提供更大范围的服务，这要求受规制的企业为无利可图的市场提供服务，不经规制机构的许可，受规制的企业不得退出这一市场。对物品和服务的质量进行规制的目的是防止质量下降，规制机构会为某些产品和服务制定最低标准，如果突破最低标准，规制机构就可能干预。对投资进行规制是为了防止因投资过多或过少造成价格波动，规制者既要鼓励企业投资，以满足不断增长的产品和服务需求；又要防止企业间过度竞争、重复投资，以保证投资的效率和效益。

对于经济性规制的目的，日本学者植草益（1990）把它归结为四个方面：一是达到资源配置有效率，这是实施价格规制的主要目的，为此，限制垄断定价是首要任务；二是确保企业内部效率，即价格规制在改善资源配置效率的同时还要能促使企业降低成本、技术进步等；三是避免收入再分配，即要保护消费者利益，避免将消费者剩余转化为生产者剩余和歧视性价格以及有差别的服务；四是企业财务稳定化，价格规制要实现企业内部的收支平衡，能保证企业的正常运转。

三　社会性规制

社会性规制产生于20世纪早期的美国。1906年，美国国会制定了《食品与药品法》（Food and Drug，ACT），建立了食品和药品管理局（Food and Drug Administration，FDA），承担对食品和药品领域的监管职能。1938年，国会对《食品与药品法》进行了修改，通过了《食品、药品和化妆品法》，不仅将FDA的职权扩大到化妆品领域，还建立了严格的市场准入制度。20世纪六七十年代，社会性规制得到进一步发展，1958年制定了《水污染控制法》，1958年制定了《德莱尼修正案》，禁止生产和销售含有致癌物质的食品添加剂，1963年制定了《清洁空气法案》，1965年制定了《水质量法》，1966年制定了《全国交通和汽车安全法》，成立了全国高速公路交通安全管理局（National Highway Traffic Safety Administration，NHTSA）。NHTSA的建立为美国20世纪70年代大规模创建社会性规制机构发出了一个信号，从1970年开始美国国会接连不断地建立了一系列以维护健康、安全和环境为己任的规制机构。根据1970年《清洁空气法修正案》，建立了环境保护署（EPA）。根据1970年《职业安全和健康法》，1971年建立了职业安全与健康管理局（OSHA）。根据1972年《消费品安全法》，建立了消费品安全委员会（CPSC）。这些机构开始全面介入政府对社会领域的监管。

尽管社会性规制活动由来已久，但“社会性规制”的概念出现得比较晚。1989年，史普博指出，经济学家和政策制定者称产品质量、工作场所和环境规制的复合物为“社会的”或“新潮的”规制，并经常把它视为一个独立的系统。1995年，小贾尔斯·伯吉斯认为：“社会性规制这个名词代表了如环境保护、工人的安全和健康保护、消费者保护、汽车和道路的安全管制等的集合。”①

对社会性规制给出明确定义的是植草益（1990）。他将社会性规制定义为：“以保障劳动者和消费者的安全、健康、卫生、环境保护、防治灾害为目的，对物品和服务的质量和伴随着提供它们而产生的各种活动制定一定标准，并禁止、限制特定行为的规制。”② 植草益根据日本的政策实践，将社会性规制的内容分为以下A、B、C、D四大类，各大类中又包括若干小类。具体介绍如下：

“A. 确保健康、卫生

A1. 确保健康、卫生（药品法、医疗法、传染病预防法、检疫法、

---

① ［美］小贾尔斯·伯吉斯：《管制与反垄断经济学》，冯金华译，上海财经大学出版社2003年版，第24页。

② ［日］植草益：《微观规制经济学》，朱绍文等译，中国发展出版社1990年版，第22页。

水道法及有关废弃物的处理与清扫方面的法律)；

A2. 麻药取缔(麻药取缔法、大麻取缔法、鸦片法、兴奋剂取缔法等)。

B. 确保安全

B1. 防止劳动灾害、疾病(劳动基本法、劳动基准法、劳动安全卫生法等)；

B2. 保护消费者(消费者保护基本法、消费生活用品安全法、家庭用品质量表示法、食品卫生法、分期付款销售法等)；

B3. 交通安全(道路交通法、道路运输车辆法、海洋交通安全法、船舶安全法、港口管理法、海上冲突预防法、水上遇难救护法、航空法等)；

B4. 消防(消防法)；

B5. 枪炮取缔(枪炮刀剑类持有等取缔法)。

C. 防止公害、保护环境

C1. 防止公害(大气污染防止法、水质污染防止法、噪声污染防止法、振动规制法、矿山安全法、金属矿业等公害对策法等)；

C2. 环境保护(自然环境保护法、自然公园法、水产资源保护法等)；

C3. 防止自然灾害(国土利用法、港湾法、沿岸法、河川法、森林法、矿山法等)。

D. 确保教育、文化、福利

D1. 提高教育质量(学校教育法、私立学校法、社会教育法等)；

D2. 提高福利服务(社会福利事业法、老人福利法、残疾人就业促进法等)；

D3. 文物保护(文物保护法、关于保护古都的历史性风土的特别措施法等)。"①

在美国，社会性规制通常包括健康、安全和环境保护三个方面，因此又把社会性规制称为 HSE 规制(Health, Safety and Environmental Regulation)。从世界各国对社会性规制的立法活动与政策实践看，各国对

---

① [日]植草益:《微观规制经济学》，朱绍文等译，中国发展出版社 1992 年版，第 282—284 页。

社会性规制内容的认识基本相同。

在本书研究中，我们把社会性规制限定在健康、安全和环境保护三个方面，包括环境规制、产品安全与卫生规制、职业安全与健康规制。环境规制是社会性规制最大的组成部分，包括大气污染规制、水污染规制、固体污染物规制、噪声污染规制等。1991 年，布什总统宣布：1990 年联邦规制条例对美国经济产生的直接成本高达 1750 亿美元，其中属于环保署规制条例大约有一半的成本，为 700 亿—800 亿美元。[①] 产品安全与卫生规制是社会性规制的重要领域，一般包括食品与药品规制、医疗卫生服务规制等。职业安全与健康规制是社会性规制的重要内容，是规制机构针对工作场所中可能造成的负内部性的客体或行为实施的旨在预防或减少工作场所事故发生率及事故伤害程度的规制政策和行为，其目的是保证劳动者有一个安全、卫生、健康的工作场所。

对于社会性规制的目的，时任美国总统理查德·尼克松在 1969—1972 年多次声明："享有洁净的空气和洁净的水，明智地利用我们的土地，保护野生动物和自然美景，是每一个美国人天赋人权的一部分，为了保障这种与生俱来的权利，我们必须有所作为，并且要果断地采取行为。"也就是说，保护环境的质量利益、职业安全利益、消费者安全利益是为了实现广大公众所拥有的权利。

日本学者植草益认为，对于社会性规制的目标，如果从经济学的观点加以考察，可表述为："以对付外部性、公共物品、非价值物品、信息偏在等市场失灵为目的，也就是说，社会性规制是以纠正在市场失灵下发生的资源配置低效率和分配的不公正性为目的。"[②] 但不能仅仅从经济学角度来谈论社会性规制的目标，"社会性规制还有维持社会秩序及经济社会稳定的目的"。[③]

美国学者维斯库斯（2003）认为，健康、安全和环境这三方面的规制是针对我们环境中的风险、工作场所的风险和消费产品的风险而制定的，规制机构所做出的努力主要集中在预防意外事故和控制风险方

① ［美］W. 吉帕·维斯库斯、小约瑟夫·E. 哈林顿、约翰·M. 弗农：《反垄断与管制经济学》，陈甬军等译，机械工业出版社 2004 年版，第 24 页。

② ［日］植草益：《微观规制经济学》，朱绍文等译，中国发展出版社 1992 年版，第 287 页。

③ 同上书，第 287 页。

面。小贾尔斯·伯吉斯认为，经济性规制是试图去辅助市场，其目的是直接或间接地对付垄断问题，尽可能让价格发挥作用。但社会规制却是试图超越价格，其目的是通过命令和规制来直接配置资源，以确保经济生产出政府认为应当生产的东西（更加清洁的空气、更加安全的工作场所）。社会性规制的目标是以牺牲市场物品为代价来增加非市场物品的供给，其目的是用集中的政治控制来取代分散的市场控制，它是经济过程向着为得到（政治上）更加喜欢的结果的方向变化（规制的目的可能是经济的，也可能是政治的，还可能既是政治的又是经济的）（H. Burgess，1995）。

王俊豪等（2001）认为，社会性规制的目标主要包括限制负外部性，保障人类社会可持续发展；激励正内部性，促进社会全面进步；保障信息劣势方的权益。谢地认为："社会性规制旨在规避人类活动中由于外部性和信息不对称所引起的各种问题，实现保护环境、防止公害、防止行业灾害，确保文化教育、福利和保障国民安全、健康、卫生等目标，从根本上增进社会福利。"①

综上可见，社会性规制以应对公共产品、外部性、信息不对称等市场失灵为目的，旨在通过保护环境的质量和个人在日常生活中的健康及安全，从根本上促进社会福利。或者说，社会性规制通过增加正外部性，减少负外部性，从而达到增进社会福利和维护社会经济可持续发展的目标。

四　经济性规制和社会性规制的区别

区分经济性规制和社会性规制的目的是更清晰地认识政府规制改革与发展的趋势。然而在现实中，经济性规制与社会性规制之间的界限并不十分明显，两者之间存在交集。比如，对于商品和服务质量的规制既是经济性规制的内容又是社会性规制的内容。虽然社会性规制和经济性规制之间存在交集，但社会性规制毕竟不同于经济性规制，两者之间的区别主要表现在以下四个方面：

（一）经济性规制和社会性规制产生的具体原因及目的不同

经济性规制和社会性规制都是为了应对市场失灵、增进社会福利。但是，由于它们所解决的市场失灵的类型不同，实现的具体目标也不尽

① 谢地：《政府规制经济学》，高等教育出版社2003年版，第135页。

相同。经济性规制偏重于效率目标，社会性规制偏重于社会公平和正义。经济性规制主要是应对因自然垄断和信息不对称引起的市场失灵，其目的是防止在自然垄断和存在信息不对称的领域里发生的资源配置无效率，确保利用者的公平利用。社会性规制主要是应对因外部性和内部性引起的市场失灵，其目的是保护公众的健康、安全和环境的质量。美国学者孙斯坦认为："20 世纪 60 年代和 70 年代的规制在实体上和结构上都不同于 20 世纪 30 年代的规制。在 60 年代和 70 年代，政府控制的主要目的不是稳定经济，也不是为恢复商业信心而进行的价格和准入控制。……在距今较近的 60 年代和 70 年代，国会的目标是要保护公共健康和安全免受各种各样的风险——工作中的风险、空气和水中的风险，以及消费者产品中的风险——并克服弱势群体的社会隶属。风险管理和反隶属等实体性议题是这一时期的主要目标。"①

（二）经济性规制和社会性规制的作用对象不同

经济性规制主要是指对自然垄断行业的规制，一般情况下，一个规制机构只规制一个行业。如美国的联邦通信委员会（FCC）只规制通信行业，我国的工业和信息化部只规制电信行业。由于经济性规制往往只关注某一个特定的行业，就很容易被这个行业收买，成为被规制行业的"俘虏"。社会性规制关注的是环境质量、消费者健康和劳动者安全问题，它在每一个行业都发挥着作用。如美国的环境保护署（EPA）对所有行业排放到空气和水中的污染物都要进行规制，我国的国家安全生产监督管理总局对所有行业中的安全生产都要进行监督检查。由于社会性规制跨行业发挥作用，所以，在经济性规制中普遍存在的"俘获"问题，在社会性规制中则很难发现。

（三）经济性规制和社会性规制的政策工具不同

经济性规制的主要政策工具是价格规制和进入规制。价格规制是对自然垄断行业的价格水平和价格体系的规制，规制当局进行价格规制的最终目的是防止自然垄断企业的垄断定价，使被规制企业获得正常的回报率。对自然垄断行业实行进入规制是为了确保规模经济效益和范围经济效益，对竞争性的行业实行进入规制主要是为了避免过度竞争。进入

① ［美］凯斯·R. 孙斯坦：《权力革命之后：重塑规制国》，钟瑞华译，中国人民大学出版社 2008 年版，第 32 页。

规制在几个层面上展开：首先是控制新企业进入，其次是对现存的受规制企业的进入也进行控制。社会性规制内容比较宽泛，涉及面广，所采取的方法也比较复杂。植草益在《微观规制经济学》一书中列举了社会性规制的规制方式。具体有："禁止特定行为，直接禁止那种被认为对社会不良的、有可能引起危害和不良后果的行为；营业活动限制，指通过批准、认可制度对与提供公共物品和准公共物品、非价值性物品有关的事业者及有可能因外部经济而产生受害的事业者进行营业活动的限制；资格制度，指从事确保健康、安全、环境方面的业务，要由国家对其专门知识、经验、技能等进行鉴定、认证的制度；检查、鉴定制度，指以产品的安全性保证、机械设备的安全运转和操作的确保为目的，规定事业者有各种检查（定期检查、使用前检查、使用后检查等）义务的制度；基准、认证制度，指从确保产品的安全性及设备操作、管理的安全性的观点出发，对于其结构、强度、爆炸性、可燃性等定出安全标准，没有贴上符合标准的标志或没有经过鉴定的产品，禁止其销售和利用。"①

（四）经济性规制和社会性规制的发展趋势不同

发达国家政府规制变迁的趋势是放松经济性规制，强化社会性规制。20 世纪 70 年代末 80 年代初以来，发达国家大范围解除了经济性规制。1978—1982 年，美国相继解除了对航空、铁路、货车运输和载客公共汽车的规制。1977 年，完全被规制行业的生产总值占美国国内生产总值的 17%，1988 年降至 6.6%。② 继美国之后，英国、日本、欧盟等都不同程度地放松了经济性规制。70 年代以来，发达国家在放松经济性规制的同时，社会性规制却日益强化。政府加大了对社会性规制的投入力度，增加了社会性规制机构和工作人员。从表2－2 和表 2－3 可以看出，社会性规制成本在整个规制成本中所占比例从 1979 年的 12% 上升到 2000 年的 37%，1976—2001 年，从事社会性规制的全职工作人员由 77049 人增加到 95719 人。面对巨大的规制成本，对社会性规制的批评与怀疑随之而来。但批评和怀疑并没有撼动社会性规制的地

① ［日］植草益：《微观规制经济学》，朱绍文等译，中国发展出版社 1992 年版，第 287—288 页。

② ［美］W. 吉帕·维斯库斯、小约瑟夫·E. 哈林顿、约翰·M. 弗农：《反垄断与管制经济学》，陈甬军等译，机械工业出版社 2004 年版，第 177 页。

位，克林顿在1993年9月30日签发的《12866号行政命令：规制的计划与审核》中，一开头就讲到：美国人民需要一种为他们工作的规制制度：这种规制制度是保护和改善美国人的健康、安全、环境和生存的质量，在没有强加于社会不可接受的或不切实际的成本下，促进了经济增长的绩效。

表2-2　　1977—2000年美国联邦规制成本的变化情况

单位：10亿美元

年份	社会性规制成本	经济性规制成本	文牍成本	总成本	年份	社会性规制成本	经济性规制成本	文牍成本	总成本
1977	86	478	151	715	1989	154	263	197	614
1978	95	454	152	701	1990	165	258	225	648
1979	102	426	152	680	1991	185	255	239	679
1980	108	398	156	662	1992	201	254	247	702
1981	109	375	161	645	1993	219	251	232	702
1982	109	356	157	633	1994	224	249	235	708
1983	113	341	176	630	1995	244	248	238	730
1984	117	325	178	620	1996	254	245	242	740
1985	122	312	180	614	1997	262	244	246	752
1986	129	297	180	607	1998	273	242	250	765
1987	137	282	190	609	1999	282	239	254	775
1988	144	267	189	600	2000	292	238	258	788

资料来源：Crews，Clyde Wayne，Jr.，2002。

表2-3　　1976—2001年美国联邦管制全职工作人员统计　　单位：人

年份	社会性规制	经济性规制	人员总数	年份	社会性规制	经济性规制	人员总数
1976	77049	30785	107834	1989	79549	31064	110613
1977	81347	27441	108788	1990	84078	33887	117965
1978	86013	29019	115032	1991	87597	33819	121416
1979	90448	29399	119847	1992	92630	35772	128402
1980	91178	30660	121838	1993	94807	37286	132093
1981	88631	28696	117327	1994	93917	36828	130745
1982	77822	28636	106458	1995	94987	36747	131734

续表

年份	社会性规制	经济性规制	人员总数	年份	社会性规制	经济性规制	人员总数
1983	74242	27085	101327	1996	93774	34028	127802
1984	75077	26803	101880	1997	92643	32805	125448
1985	75724	26496	102220	1998	93507	32945	126452
1986	74869	27091	101960	1999	93863	33187	127050
1987	75181	26649	101830	2000	96493	33027	129520
1988	77085	27357	104442	2001	95719	29905	131587

资料来源：OMB and OIRA，"Draft Report to Congress on the Costs and Benefits of Federal Regulation"，*Federal Register*，Volume 67，No. 60，2002，pp. 15014 - 15045。

第三节　政府规制的过程

维斯库斯把政府规制过程概述为规制立法、规制实施和规制解除三个阶段。规制的过程是一个规制机构、企业和消费者博弈的过程，在这一过程中，规制者、企业和消费者之间发生直接和间接的互动关系。

一　政府规制立法

规制立法是政府规制过程的第一步，是由立法机构颁布一项法律授予对某一特定行业或特定领域的规制权力，旨在为政府规制提供法律依据。规制立法机构既可以是全国性的，也可以是地方性的。比如，在我国，可以由全国人民代表大会立法，也可以由省、市、自治区的人民代表大会立法。在美国，必须由美国国会、州议会或类似市政委员会的地方政府机构颁布一项法令来建立对某一特定行业的规制权。

在规制过程中，立法机构有几项关键任务：

（1）明确政府规制机构的法律地位。即明确要由哪一个政府机构来行使政府规制的职能。可以新建立一个机构，也可以扩大现有规制机构的管辖范围。

（2）明确规制机构的权力和职责范围。即要对规制机构的职权进行明确界定，避免其越位或缺位。由于政府规制活动非常具体，且涉及面宽，所以，规制立法只能对规制机构的权力和职责范围做出原则性的规定。

(3) 明确规制政策的总体目标和基本内容。如立法机构通常会指示规制机构对价格做出合理和公正的规定，以确保消费者可得到某种服务。

规制立法的过程涉及众多机构。由于规制会影响企业和消费者的决策，进而会影响企业的利润和消费者的福利，所以，在规制立法阶段，无论是企业还是消费者、产业工人等都会参与到这一过程中，试图游说立法者，以影响立法的内容和它的通过。由此可见，在规制立法阶段，立法者是关键，立法者代表谁的利益立法对规制的效果影响很大。如果规制者不是基于公共利益立法而是被部门或利益集团俘获就会出现规制失灵。

二 政府规制的实施

规制过程的第二个关键阶段是规制的实施，很多规制失灵的原因都出在规制的实施上。规制的实施就是规制的执行，在执行过程中，规制机构取代立法者而成为这一阶段的主角。由于立法机构所制定的目标大多是原则性的，所以，规制机构在进行规制过程中，有很大的自由空间。在规制实施过程中，规制机构要面临规章制定（准立法）、信息收集和法律执行（行政）、裁决（准司法）等任务。

（一）规章的制定

由于立法机关不可能把实现规制目标所需的所有规则都制定出来，所以，它只能把一部分法规和规章的制定权授予规制机构。行政法规是规制机构实现规制目的的一种政策工具。法规的制定必须遵守授权立法及行政程序法规定的程序。按照行政程序法的规定，法规和规章的制定一般要经过公告、公开听证、法规的颁布、对新法规的观察与评价、对现行法规的修改建议等程序。比如，美国的《行政程序法》规定，规章制定的第一步必须是将拟制定的法规在联邦档案上公告。公告的内容包括："公开听证会的时间、地点及公开的法规制定程序的性质；建议法规所依据的法律授权的介绍；建议法规的条款和内容或所涉及的对象及问题的描述。"① 在公告之后，与规章制定有关的人就可以开始进入

① ［美］丹尼尔·F. 史普博：《管制与市场》，余晖等译，上海人民出版社、上海三联书店1999年版，第101页。

规章的制定程序。规则制定的程序可以是正式的，即有记录的听证会；也可以是非正式的，即没有听证记录但有对规则制定和公众评论的公告。公开听证是规制机构收集信息的一种重要机制，公开听证的目的是使相关利益方都有机会表达自己的意见，同时也有机会听取别人的意见。在听证过程中，各种观点都可以表达，所以，对法规的听证可以形成不同利益集团之间的争论。利益集团之间的争论实质上是以规制机构为中介的一个讨价还价的过程、一个博弈的过程。这种博弈在许多情况下能够保证出台的法规可以体现各方的一致意见，从而有利于减少法规的执行成本，提高规制的有效性。听证经常受到的批评是漫长的拖延和信息收集与交流的高成本。但拖延也有好处：一个是可以使各方的利益充分表达，另一个是可以使市场对即将变化的规制制度有所准备，可以使企业和消费者有时间对未来的法规做出反应。

通过分析规章的制定过程，史普博总结了有关法规制定过程的四种假说："①听证会是收集有关信息的手段，这种手段得来的信息较完全，成本较低；②听证过程不仅仅是市场参与者与管制者之间的信息交流，同时也是市场参与者之间的信息交流；③听证过程可以体现相关的利益集团之间的一致性；④法规的制定是一个动态的过程，法规将不断变换其形式，以适应现存的市场参与者之间的冲突及所观察到的现存法规对资源配置造成的复杂结果。"①

史普博强调规章制定过程中听证会的重要性，实质上就是强调公众参与的重要性。听证会、评论是公众参与规章制定的主要形式，公众参与法规制定过程对于提高政府规制的有效性具有十分重要的意义。通过让公众参与决策过程，可以防止个别利益集团操纵规章的制定过程，使规章成为实现集团利益和部门利益的工具；可以有效地传递信息，弥补规制中的信息不对称，提高规制决策的科学性；可以通过各利益集团之间的互动，消除或减少冲突，降低规制执行的成本；可以防止规制机构滥用自由裁量权，维护公民的权利和利益。

（二）信息收集

规制机构的一个主要活动是收集信息。规制机构之所以要收集信息

---

① ［美］丹尼尔·F. 史普博：《管制与市场》，余晖等译，上海人民出版社、上海三联书店 1999 年版，第 108 页。

是因为：第一，规制机构的目标之一是为企业和消费者提供有关信息。规制机构既有义务向公众提供有关环境保护、产品质量和卫生、生产安全标准等方面的信息，也必须为立法机构和最高行政机关提供相关的决策信息。第二，规制机构制定规制规则需要收集信息，如环境标准的制定、产品质量和工作场所安全标准的制定、费率的制定等都需要详尽的信息。第三，规制机构要监督被规制者对规制规章的执行程度需要大量的信息。第四，为应对司法机构对规制机构的监督、检查也要求相应的信息。总之，收集信息是规制机构执行法规的必备条件，但对规制者来说，有关市场资料和消费者及企业的特征，始终存在不完全和不对称信息。

规制机构可以通过自愿报告和正式程序的方式收集信息。自愿报告是指企业和消费者自愿向规制机构提供信息。企业和消费者之所以愿意自愿向规制机构提供信息，一方面是为了表明自己愿意服从规制法律的要求。比如，企业必须表明自己愿意遵从环境质量、产品质量、安全标准等。另一方面是适当的信息对规制政策的制定至关重要，企业为了能够影响规制政策的结果，愿意主动提供信息。如果规制的过程能产生可占用的租金，而信息的提供又能够影响规制的结果，为了获取租金，企业和消费者就会将大量的资源投入到向规制者提供信息上，这不可避免地会产生资源的浪费性配置。收集信息的正式程序有：记录和报告、对企业和家庭实地调查、立法听证会等、法院强迫索要的证词和档案等。

值得注意的是，规制机构收集信息是需要成本的，甚至成本是巨大的。所以，必须区分规制机构有用的和不必要的信息生产。如果信息具有公共产品的性质并能够以低成本的方式获得，这种信息生产是有用的；如果信息收集是执行法规所必需，即使生产信息的成本较高，这类信息仍然有用；如果在市场机制能够有效配置资源的地方，信息收集仅仅满足于规制机构的工作习惯，则这类信息收集是无用的。

（三）裁决

规制机构不但具有准立法和行政职能，而且还承担有准司法的职能。规制机构的司法职能反映在规制机构对特殊案件的具体裁决过程中。有时候规制机构像法院一样扮演冲突的裁决者角色，裁决是规制机构的一种政策工具。裁决和法规制定两者的区别在于：法规具有普适性，裁决只是对具体案例所做出的命令。规制机构的裁决既可以是正式的，也可以是非正式的。正式裁决要求举行有记录的听证会，在一项裁决开始之前，必须使相关人知道听证会的时间、地点、性质，举行听证会所依据的合法权利和正当理由，案情现状及法律推断等。听证会是为了给各相关方提供一个发表意见的正式机会，在听证会上，规制机构通常扮演检察官的角色，规制机构不允许私下和任何相关方交流。裁决要在听证会上做出，而裁决的结果直接依赖于规制机构。裁决的结果可能会产生一些副作用，尤其是当裁决直接干预企业内部决策时，常常会造成严重的低效率。比如，规制机构要对自然垄断企业的价格、产出、投入、技术、资产进行控制，由于裁决程序是一成不变的，而市场需求和企业的成本是不断变化的，就使规制机构的直接控制会导致资源配置的无效率。波斯纳认为，规制过程反映了规制的政治化，而非有效率的法制化规制。所以，规制政策的设计应致力于一般法规的制定，而不要对某些特殊的经济决策加以裁决。

三　政府规制的解除

政府规制的最后一个阶段是规制的解除。规制的解除，一方面在于被规制行业或领域技术经济与需求的变化。某些自然垄断行业或领域随着现代技术的发展和需求的改变，行业属性会发生变化，由自然垄断行业转变为竞争性行业，随着行业属性的变化就需要政府放松乃至解除规制。如随着现代电子技术的发展进步，电信业已逐渐失去其自然垄断的性质，所以，自20世纪70年代末起，美国率先开始在电信业中引入竞争机制。1996年2月，美国颁布了新《电信法》，撤除了电报、地方及长话服务之间的隔离。1996年6月，英国宣布废除英国电信（BT）和大东（C&W）对国际长途的垄断，在国内、国际电信业务全面引入了竞争机制。所有欧盟成员国决定从1998年开始，全面开放电信市场。另一方面在于政府对规制利弊的权衡与取舍。政府规制会带来一定的收益，同时也需要支付一定的成本，如果政府规制的成本大于收益，那么政府规制存在的必要性就会受到质疑。所以，政府需要对政府规制和市场机制的利弊进行权衡和取舍。如肯尼迪总统在1962年的运输咨文中提到，过分严格的规制政策阻碍了美国运输业的发展，因此，明确提出今后要多依靠市场力量，少依靠规制的限制。1977年，美国颁布了《航空货运放松规制法》，1978年颁布了《航空客运放松规制法》，依据这两部法律，美国政府撤销了民用航空局，解除了对航空市场的管制。

一般规制的解除需要通过立法，但政府规制机构和司法部门都对规制的解除起作用。在美国，如果规制机构和立法机构赞同解除规制，即使国会反对，他们仍然可以解除规制。如美国在航线解除规制法案之前，航空业就已经通过民用航空委员会解除了管制。在规制解除过程中，除立法机构、规制机构和司法机构以外，所有与行业有关的利益方如生产者、消费者、劳动者和潜在的企业等都参与其中，他们共同对规制的解除起作用。

分析规制的过程可以看出，从规制的立法、规制的实施到规制的解除，企业集团和消费者集团都参与其中。所以，史普博认为，规制过程是“消费者、企业和规制机构互相结盟并讨价还价的过程”。① 既然规制的过程是一个消费者、企业和规制机构讨价还价的过程，要使讨价还价的结果有效，一方面要求规制机构具有独立的地位，要求有独立的企业利益集团和独立的消费者利益集团能制约政府的行为。尤其是强大的消费者利益集团是政府规制过程中不可缺少的重要角色，它是制约企业和政府行为，防止政府和企业合谋共同侵害消费者利益的不可或缺的力量。另一方面要求规制过程中各行为主体必须处于互动关系之中。直接互动的核心是公开、公正，从信息收集到法规制定再到裁决都必须在“阳光”下进行，公开听证制度是收集信息、公开规制过程的重要途径。

本章小结

第一，政府规制又称政府管制或政府监管，是市场经济中政府的一项重要职能，是经济学的一个正式研究领域。政府规制是市场经济中政府为克服市场失灵，依法对微观经济主体行为所进行的规范与制约。其目的是弥补市场失灵，提高资源配置的效率，实现社会公平，增进公共利益。

---

① ［美］丹尼尔·F. 史普博：《管制与市场》，余晖等译，上海人民出版社、上海三联书店 1999 年版，第 85 页。

第二，政府规制包括以下几个要素：规制的主体——规制者、规制的对象——被规制者，规制的依据——法律和规章，规制的目标——提高资源配置的效率、增进社会福利，规制的方式——规制机构为实现规制目标所采取的规制政策和手段。

第三，政府规制的类型。从不同的角度和目的出发，可以对规制进行不同的分类，目前最普遍的分类是把政府规制分为经济性规制和社会性规制。经济性规制的领域主要包括自然垄断和信息不对称行业，其典型行业有公用事业、铁路、航空运输业、金融等。规制的主要内容有价格规制、进入和退出规制、投资规制、服务和质量规制等。社会性规制以应对外部性、信息不对称等市场失灵为目的，旨在通过保护环境的质量和个人在日常生活中的健康和安全，从根本上促进社会福利。主要包括环境规制、安全规制和健康规制。

第四，经济性规制和社会性规制的区别。经济性规制和社会性规制之间的区别主要存在以下四个方面：一是经济性规制和社会性规制产生的原因和目的不同。经济性规制偏重于效率目标，社会性规制偏重于社会公平和正义。二是经济性规制和社会性规制作用的范围和领域不同。经济性规制往往是针对一个单独的行业规制，社会性规制关注健康和安全问题，跨行业发挥着作用。三是经济性规制和社会性规制的政策工具不同。经济性规制包括一系列对企业决策的限制，主要政策工具是价格规制和进入规制。社会性规制内容比较宽泛，涉及面广，所采取的方法也比较复杂。四是经济性规制和社会性规制的发展趋势不同。20 世纪 70 年代以来，政府规制的一个发展趋势是放松经济性规制，加强社会性规制。

第五，政府规制的过程。政府规制过程为规制立法、规制实施和规制解除三个阶段。规制立法是政府规制的第一步，其目的是为政府规制活动提供法律依据。规制过程的第二步是规制实施，规制实施就是规制的执行，规制机构的主要任务就是实施政府规制。规制解除一方面在于被规制行业或领域技术经济和需求的变化，另一方面在于对政府规制利弊的权衡与取舍。

第三章　政府规制的理论基础

政府规制的理论基础旨在回答政府规制的必要性。围绕为什么要实施政府规制，形成了规制的公共利益规制理论和利益集团规制理论。公共利益规制理论强调政府是仁慈的，是追求社会利益最大化者；强调市场运行是脆弱的，存在市场失灵；认为通过政府规制可以矫正市场失灵，实现公共利益最大化。也就是说，公共利益规制理论认为，市场失灵是政府规制的原因，规制的目的是克服市场失灵，实现公共利益，因此，哪里有市场失灵，哪里就应该有政府规制。代表人物有卡恩、米特尼克、布雷耶、植草益等。利益集团规制理论和公共利益规制理论相对立，该理论强调政府的基础性资源是强制权，这一权力能使福利在不同的人之间进行转移。规制的需求方（行业）和规制的供给方（规制者）都是理性人，可以通过寻求行为实现自身利益最大化。强调利益集团通过寻求规制增进私人利益，强调利益集团在公共政策形成过程中的作用。也就是说，利益集团规制理论认为，规制并不是为了应对市场失灵，规制通常是行业自己争取来的，规制的设计和实施主要是为受规制行业利益服务的，其政策主张是取消规制。代表人物有施蒂格勒、佩尔茨曼、波斯纳、维斯库斯等。

事实上，经济学界对政府规制的兴起持有不同态度，一直有学者从不同的角度批评政府规制，尤其是在20世纪的最后20多年。在批评者看来，政府规制是对私人自由的不正当干预，不利于福利的最大化，应该解除规制，回归自由市场。与此相反，规制的支持者则认为，在自由放任的状态下，市场失灵会造成混乱和非理性的状态，而那些经常被讥为“父爱式”的规制，既有助于提高整体社会福利，又能增强私人的行动能力，促进私人选择。

通常意义上，规制源于市场失灵，是对市场失灵的一种反应。从理论上说，完全竞争是市场经济的理想状态，即使不存在控制经济系统的主体，由“看不见的手”引导完全可以实现资源的最优配置。但现实经济生活中，不存在理想的市场，即使在理想的市场中也存在着市场失灵。市场失灵是政府规制的一个逻辑起点，由自然垄断、外部性、内部性等引起的市场失灵，导致市场运行不能达到帕累托最优，从而使政府规制成为必要。

市场失灵作为一个独立的概念最早由庇古引入经济理论中（庇古，1912，1948），1985 年，在巴托发表市场失灵的剖析之后被广泛接受。最初的市场失灵，仅指微观层面的市场失灵即自然垄断、公共产品、外部性、信息不对称。到了现代，微观层面的市场失灵扩展到宏观层面，狭义的市场失灵扩展到广义的市场失灵。1977 年，加尔布雷思在《不确定的年代》中将宏观经济的不稳定、微观经济的无效率和社会不公平看作市场失灵的三个重要表现。政府规制和微观层面的市场失灵相联系。

第一节　自然垄断与经济性规制

经济性规制的一个核心理由是自然垄断，正如谢勒（1980）所言：规制最传统的理由是假设自然垄断的存在。一般认为，最早提出自然垄断概念的是英国古典经济学家约翰·斯图亚特·穆勒。1848 年，穆勒在其《政治经济学原理》一书中提出了“自然垄断”的概念，他认为，自然垄断是产生于周围特定的环境下，而不是由法律规定产生的。早期的自然垄断与资源条件的集中有关，在 19 世纪，经济学家把自然垄断的原因主要归结为制度的垄断和自然要素的稀缺性。近代的自然垄断理论建立在规模经济的基础之上，认为规模经济是自然垄断存在的必要和充分条件。现代自然垄断理论把成本劣加性定义为自然垄断的基本特征，认为即使没有规模经济存在，只要满足成本劣加性特征，这个行业就是自然垄断行业。随着自然垄断理论的发展，政府规制的思想也在发生着变化。

一　规模经济、自然垄断与政府规制

近代的自然垄断理论建立在规模经济之上。规模经济以企业的技术为基础，是指在单一产品生产过程中，在生产要素价格不变的前提下，

随着供给市场产出的增加，企业平均成本递减。卡恩（1971）认为，自然垄断是指那些拥有如下技术或服务特点的行业：通过一个单一企业或有限数量的设施，让消费者能以最低的成本或最大的净收益获得服务。谢勒（1980）认为，自然垄断存在于规模经济非常持久，以至于单一企业就能以相对于两个或更多企业而言更低的成本为整个市场提供服务。萨缪尔森和诺德豪斯（1998）认为，自然垄断最明显的经济特征是平均成本在其产出规模扩大到整个行业的产量时仍然下降，因此，由一个厂商垄断经营就会比多个厂商提供全部产品更有效率。

根据建立在规模经济基础之上的自然垄断理论，当企业拥有规模经济特征时，平均成本曲线随产出增加而下降。相应的逻辑是：如果由一家企业来供应全部市场，就会取得成本效率，如果进入市场不受限制，就会导致重复建设，资源浪费甚至毁灭性竞争。所以，为了取得成本效率和避免毁灭性竞争，必须要对进入进行规制。当存在进入规制时会导致垄断性价格产生，所以进入规制必然伴随着价格规制。但价格规制存在边际成本（MC）定价和平均成本（AC）定价的矛盾。在自然垄断存在的情况下，由于企业的边际成本（MC）小于企业的平均成本（AC），如果采取最优的定价策略即价格（P）等于边际成本（P = MC），则价格必然小于平均成本（P < AC），企业的总成本大于总收益，企业亏损，自然垄断者无法生存；如果采取平均成本定价策略即价格等于平均成本（P = AC），企业收支相抵。但这是一个次优的价格（P = AC > MC），配置效率受损，社会总福利受损。这就形成了一个定价悖论，政府必须在企业福利和社会福利之间进行选择。一般的情况是，采取边际成本定价，伴有政府补贴；采取平均成本定价，企业收支相抵。

二　成本劣加性、自然垄断与政府规制

近代自然垄断理论存在一个缺陷，它蕴含着一个假设，企业只生产一种产品，这种假设与实际情况不符合。新的研究表明，自然垄断是基于成本劣加性，而不是规模经济。规模经济既不是自然垄断的充分条件，也不是必要条件，决定自然垄断的是成本劣加性。

首先，对把规模经济作为自然垄断特征进行质疑的是鲍莫尔。鲍莫尔首次以多产品企业的成本劣加性来定义自然垄断，他认为，规模经济对于自然垄断而言既不必要也不充分，成本劣加性才是自然垄断的特征（Baumol，1977）。成本劣加性与范围经济紧密联系，是指由一家企业

生产多种产品比多家企业分别生产成本低，即联合生产比单独生产能节省费用。1981 年，潘扎和威利格在《范围经济》一文中以成本劣加性来定义自然垄断。后来，鲍莫尔、潘扎、威利格和夏基等西方经济学家纷纷用成本劣加性来定义自然垄断。《新帕尔格雷夫经济学大辞典》对自然垄断的解释是："由一个企业生产整个行业产出的总成本比由两个以上企业生产这个产出的总成本低，这个行业就是自然垄断。一般而言，自然垄断的特点在于一个代表性企业成本函数的劣加性。"① 用成本劣加性来定义自然垄断，意味着：第一，对单一产品的自然垄断而言，规模经济只是自然垄断存在的充分条件，但不是必要条件。某行业只要有规模经济（此时成本必然是劣加的）存在，就必然有自然垄断性，但自然垄断不一定要求必须存在规模经济。当自然垄断的产出超出规模经济范围而出现规模不经济时，只要其生产成本比两个企业或多个企业分别提供产品成本更低，则该行业仍然具有自然垄断特征。第二，在多产品条件下，只要成本函数是劣加的，即使没有规模经济的作用，即使平均成本上升，但只要单一企业提供多种产品的成本比多家企业分别提供多种产品生产的成本低，那么这个行业就存在自然垄断。由此可见，成本劣加性和规模经济相比拓展了自然垄断的存在范围。

依据建立在成本劣加性之上的自然垄断理论，仍然需要进入规制和价格规制。当一个行业具有成本劣加性时，就应该保持一个企业的垄断地位，因为这样的市场结构能够保证生产成本最小化，这对整个社会来说是最优的选择。因此，现代自然垄断理论的进入规制和近代自然垄断理论一样，没有变化。建立在成本劣加性之上的自然垄断仍需要价格规制，但价格规制中存在的边际成本定价的矛盾不一定存在。在平均成本曲线处于下降阶段，即边际成本小于平均成本时，边际成本定价的矛盾依然存在，此时，$P = MC$，但 $MC < AC$，按 MC 定价，企业亏损；在平均成本等于边际成本时，边际成本定价，企业盈亏相抵；在平均成本处于上升阶段，即边际成本大于平均成本时，边际成本定价，企业盈利，定价悖论不复存在。建立在成本劣加性之上的自然垄断理论告诉我们，针对不同的自然垄断，需要不同的规制政策。

1988 年，伯格和奇尔哈特在平均成本递减和成本劣加性的基础上，

---

① 《新帕尔格雷夫经济学大辞典》第三卷，经济科学出版社 1996 年版，第 648 页。

提出了强、弱自然垄断概念。他们认为，在相关产出范围内，如果一个企业的成本函数满足规模经济的要求即边际成本递减，平均成本递减，这个企业就是强自然垄断企业；如果这个企业的成本函数不满足规模经济的要求，但满足成本劣加性的要求，即平均成本递增，但单个企业生产的成本小于多个企业生产的成本，这个企业就是弱自然垄断企业。对于“U”形成本曲线而言，前者意味着平均成本递减，后者意味着平均成本在最低点开始递增。他们认为，在强自然垄断阶段，进入规制和价格规制不发生变化。在弱自然垄断阶段，当边际成本等于平均成本时，垄断企业具有防止潜在竞争者进入的能力，不需要政府对市场进行进入规制；当边际成本大于平均成本、企业盈利时，如果没有进入障碍、企业可维持时，不需要政府规制，但为了防止自然垄断企业制定垄断价格，可用潜在进入者的竞争压力来约束企业，当企业不可维持时，政府需要对进入者进行规制。

1992 年，维斯库斯等在《反垄断与管制经济学》一书中阐述了永久性自然垄断和暂时性自然垄断。永久性自然垄断是指“长期平均成本曲线随产出增加而连续下降。无论市场需求多大，单个企业都能以最小成本生产来满足需求”。[①] 也就是说，对单一的自然垄断企业而言，无论产出增加多少，长期平均成本曲线必然是下降的，这种自然垄断具有永久性。暂时性自然垄断是指在一定的产出范围内，自然垄断是存在的，但随着市场需求的扩展，产出超出一定范围时，自然垄断特性消失，自然垄断变成竞争。自然垄断的消失还会因技术的变化而变化，如新技术、新知识应用到生产过程中，使成本函数变化，竞争变得可行。也就是说，自然垄断是有边界的，边界的变化可能是由于需求的变化也可能是由于技术的变迁。对永久性自然垄断政府规制可一直存在，对于暂时性自然垄断，当因需求或技术因素而引起自然垄断特性消失时，相应的政府规制就应该解除。

梳理自然垄断理论的变迁可知，对某些自然垄断的规制是合理的、必要的，有些则是不必要的。正如伯格和奇尔哈特所言，自然垄断和产业组织理论的新近发展，证明了对某些自然垄断进行更广泛规制的合理

---

① [美] W. 吉帕·维斯库斯、小约瑟夫·E. 哈林顿、约翰·M. 弗农：《反垄断与管制经济学》，陈甬军等译，机械工业出版社 1992 年版，第 177 页。

性，但又提出对另一些自然垄断没有必要进行规制。

第二节　外部性与社会性规制

从庇古、科斯到史普博、植草益，许多学者都从许多不同的方面提出了社会性规制的理论依据。庇古（Pigou，1920）认为，当存在外部影响时，政府干预可以改进福利。科斯（Coase，1960）认为，外部性导致市场失灵的原因在于产权没有明确的界定。史普博（1989）认为，因外部性、内部性引起市场失灵是社会性规制的原因。植草益（1990）认为，社会性规制是以对付外部性、公共物品、非价值物品、信息偏在等“市场失灵”为目的的。小贾尔斯·伯吉斯认为，社会性规制既有经济方面的理由又有社会方面的理由（Burgess，1995）。维斯库斯和弗农（2000）认为，在我们的生活中，需要更多规制的部分原因是社会影响的增加。由此可见，早期的学者更多地从市场失灵角度解释社会性规制存在的原因，现在的学者既关注市场失灵对社会性规制的需求，又关注社会性规制产生的非经济因素。我们认为，社会性规制作为一种“新式”规制出现是经济、政治、社会等多方面因素共同作用的结果，由外部性和内部性引起的市场失灵仅仅是社会性规制的必要条件，而非充分条件。

一　外部性的含义、特征与类型

社会性规制的最大的组成部分是环境规制，外部性是环境规制的主要原因。外部性概念最早是由马歇尔在1890年发表的《经济学原理》中提出的。1920年，庇古在《福利经济学》中对外部性的实质进行了分析，形成了外部性理论。1960年，科斯在其《社会成本问题》一文中予以发展，外部性理论日臻完善。

外部性概念最早可追溯到马歇尔。马歇尔在其1890年出版的《经济学原理》中首次提出了“外部经济”的概念。他指出：“我们可以把因任何一种货物的生产规模之扩大而发生的经济分为两种：第一种有赖于该行业的一般发达所造成的经济；第二种有赖于某行业的个别企业自身资源、组织和经营效率的经济。我们可以把前一类称为‘外部经济’，将后一类称为‘内部经济’。”[①] 在这里，马歇尔讲的“外部经济”实质上是想说明组织能够产生规模效益，提高效率。自此之后，外部经济的概念就进入了经济学家的视野之中。

庇古在《福利经济学》中对外部性加以充实和完善，形成了外部性理论。庇古（1920）认为，当社会边际净生产和私人边际净生产之间存在差异时，就会产生外部性。外部性分为负外部性和正外部性，当社会边际净生产小于私人边际净生产时会产生负外部性；当社会边际净生产大于私人边际净生产时会产生正外部性。可以用税收和补贴的办法来解决负外部性和正外部性。

科斯在其经典论文《社会成本问题》中对外部性的性质、原因、解决的途径提出了新的看法。他认为，外部性问题具有相互性，“我们正在分析的问题具有相互性，既避免对乙的损害将会使甲遭受损害，必须决定的真正问题是：是允许甲损害乙，还是允许乙损害甲？关键在于避免较严重的损害”。[②] 科斯（1960）认为，外部性产生的原因在于缺乏明确的产权界定和存在交易成本。由于缺乏明确的产权界定和交易成本过高，对外部性商品和外部性行为无法形成经济交易，即无法通过市场交易解决。如果产权得到明确的界定，不存在交易成本，通过私人之间的谈判（市场交易）可以解决外部性。也就是说，在交易成本很低的情况下，通过界定产权，市场可以发挥解决外部性的作用。科斯的分析为解决外部性问题提供了新的方法。

史普博对外部性做了如下定义：“外部性是指在两个当事人缺乏任何相关的经济交易的情况下，由一个当事人向另一个当事人提供的物品束，是由经济交易的第三方所经受的成本和收益。”[③] 这个定义所强调的是外部性是在两个当事人缺乏任何经济交易的情况下发生的。关于外部性的范围和任何补偿性支出，供应者和接受者在事实发生之前缺乏任何谈判。也就是说，外部性可能是两个当事人之间唯一的经济联系。由

① ［英］马歇尔：《经济学原理》上卷，朱志泰译，商务印书馆 1997 年版，第 279—280 页。

② ［英］罗纳德·哈里·科斯：《企业、市场与法律》，盛洪等译，上海三联书店 1990 年版，第 76 页。

③ ［美］丹尼尔·F. 史普博：《管制与市场》，余晖等译，上海人民出版社、上海三联书店 1999 年版，第 56—64 页。

于外部性发生在市场交易之外，所以，市场在解决外部性问题上存在市场失灵。

从不同学者对外部性的解释可以看出，外部性具有如下特征：

第一，外部性是一种副产品，是生产过程的伴随物，是一种跟随效应。比如，污染就是经济活动的无用的副产品，这些无用的副产品和具有经济价值的产品的生产联系在一起，这些无用的副产品被排放到环境中，消费者不得不消费它们。对消费者来说，它们具有负的价值，是生产者强加给他们的。正是这个特点决定了污染为什么如此不受欢迎。

第二，外部性存在于市场运行机制之外。市场机制的基本要求是：如果某一经济主体的活动引起了其他经济活动主体成本或收益的增减变化，那么这一变化必须反映在市场交易价格之中。但外部性是由经济交易的第三方所承受的成本和收益，由于外部性的制造者和外部性的接受者之间根本不存在相关的经济交易，所以，这种成本和收益无法反映在市场交易价格之中。萨缪尔森等认为："外部性是一个经济机构对他人施加的一种未在市场交易中反映出来的影响。"①

外部性的上述两个特点，决定了市场在解决外部性的问题上存在失灵。市场失灵导致负外部性的产品和行为过多，正外部性的产品和行为过少，资源的配置无法达到帕累托最优。

对于外部性的类型，根据不同的标准，可以分为不同的类型：

从外部性接受者的角度分，外部性可分为正外部性和负外部性。这是外部性的根本分类。如果外部性的实施者（B）的行为使外部性的接受者（A）的收益增加，则B对A具有正外部性。正外部性又叫作外部经济，如穆勒描述的"灯塔"对过往的船只是一种典型的正外部性。如果外部性的实施者（B）的行为使外部性的接受者（A）的成本增加，收益减少，则B对A具有负外部性，如化工厂排放的废气对周围的居民来说就是一种典型的负外部性。任何外部性不是正外部性就是负外部性，环境污染是一种典型的负外部性。

根据产生外部性的行为是生产行为还是消费行为，可分为生产的外部性和消费的外部性。生产的外部性主要发生在生产领域，当一个生产

---

① ［美］保罗·萨缪尔森、威廉·诺德豪斯：《经济学》第十六版，肖琛译，华夏出版社1999年版，第267页。

者的生产活动对其他主体产生了有利影响，却没有从中获得收益时就产生了生产的正外部性。当一个生产者的生产活动对其他行为主体产生了不利影响，却没有向受害者支付赔偿时就产生了生产的负外部性。消费上的外部性发生在消费领域，表现为一个人的消费活动对其他人产生的不利和有利影响，却没有对这种影响承担责任或得到补偿。消费上的外部性也可分为正外部性和负外部性，消费上的负外部性在现实生活中广泛存在，如在公共场合吸烟、乱丢垃圾都是一种典型的负外部性。环境污染既可以来自生产行为，也可以来自消费行为。

根据外部性是否发生在一代人之内或是多代人之间，可分为代内外部性和代际外部性。如果外部性的成本转移时间较短或几乎没有时间滞留，可将这类外部性视为发生在一代人之内，称为代内外部性。如果外部性的成本转移涉及多代，这种外部性可称为代际外部性。代际外部性可分为代际正外部性和代际负外部性。如"前人栽树，后人乘凉"的行为属于代际正外部性行为；"竭泽而渔"行为是一种典型的代际负外部性行为。环境污染既影响当代人又影响子孙后代，既是一种代内的负外部性又是一种代际的负外部性。

外部性又可分为公共外部性和私人外部性。公共外部性是一种公共产品，具有供给的普遍性和消费的非排他性。受害者是一个群体，受害者的增加并会不减少其他人承受的外部性，所以，公共外部性具有不可减少性。如河水受到污染后，受害者是整个下游领域，在下游无论受害者增加多少，都不会减少其他受害者所受到的不利影响。当存在公共外部性时，由于受害者众多，通过市场交易（私下谈判）很难解决外部性问题。私人外部性是可减少的，受害（益）者是明确的，这种外部性具有私人物品的性质，一个受害（益）者对外部性的消费减少了其他人的消费。比如，在邻居的门口堆放自家的垃圾就属于私人外部性。由于危害程度容易决定、交易成本低，通过私下谈判就可以解决私人外部性问题。环境污染是一种公共产品，属于公共外部性，市场在解决环境污染问题时往往无效，需要政府规制。

二　外部性对资源配置的影响

外部性的存在使市场配置资源无法达到最优状态，原因就在于由外部性造成了社会成本和私人成本之间的偏离。私人成本是生产或消费一种产品所发生的全部成本，社会成本不仅包括私人成本还包括外部成本，即社会成本 = 私人成本 ± 外部成本，用字母表示 SC = PC ± EC（SC 表示社会成本，PC 表示私人成本，EC 表示外部成本）。当不存在外部性即外部成本为零时，私人成本等于社会成本；当存在外部性时，私人成本和社会成本之间就发生了偏离。正外部性是一种社会收益，外部成本为负，所以，当存在正外部性时，私人成本大于社会成本；负外部性是一种社会成本，所以，当存在负外部性时，社会成本大于私人成本。由此可见，外部性的实质是私人成本和社会成本之间的偏离。

为了分析外部性对资源配置效率的影响，可以用边际私人成本（MPC）、边际社会成本（MSC）和边际外部成本（MEC）三者之间的关系来表示外部性。

边际社会成本 = 边际私人成本 ± 边际外部成本

用字母表示为：MSC = MPC ± MEC

当存在外部性时，边际私人成本和边际社会成本发生偏离，偏离的结果使资源配置无法达到最优状态。因为，对于个人而言，最优的决策原则是边际私人收益等于边际私人成本。但对于整个社会来说，一种经济行为的最优供给量是按照边际社会成本等于边际社会收益的原则进行的。其结果必然导致经济行为的实际供给量与社会最优供给量之间的偏差，正外部性的商品和服务低于社会最优水平，负外部性的商品和服务高于社会最优水平。

图 3－1 表示出了负外部性的效率损失。AB 代表边际收益曲线，MSC 代表边际社会成本曲线，MPC 代表边际私人成本曲线，MEC 代表外部成本。MEC = MSC － MPC。由于存在负外部性，所以，MSC 曲线必然处于 MPC 曲线上方。私人为了利益最大化，按照私人边际成本等于边际收益（MPC = AB）的原则决定产量 Q_1 和价格 P_1。但对于社会而言，最优的决策应按照边际社会成本等于边际收益（MSC = AB）的原则做出。当 MSC = AB 时，产量为 Q_2。显然，Q_1 大于 Q_2，P_1 小于 P_2，因为 P_1 只包括私人边际成本，没有反映外部成本。由于市场没有把外部性算作成本，导致了过多的产出。即实际的产出水平超出社会需要的最优产出水平，超出的部分（Q_1 － Q_2）是一种效率损失，表现为图 3－1 中的 BCA。现实中日益严重的环境污染就是负外部性的一种典型体现。

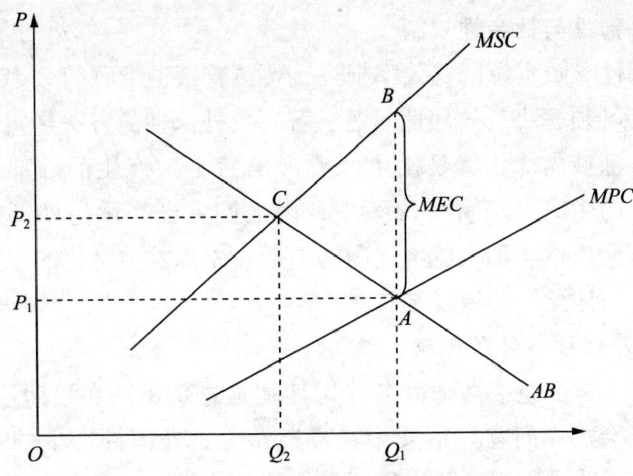

图 3－1　负外部性的效率损失

相反，当存在正外部性时，边际私人成本大于边际社会成本，私人的最优决策根据 MPC = AB 做出，其结果是实际的产出水平低于社会所需的最优水平。社会所需要的产出水平为 Q_1，实际为 Q_2，缺口是 $Q_1 - Q_2$。即市场机制导致过少的产出，这种过少的产出也是一种资源配置效率的损失（见图 3－2）。

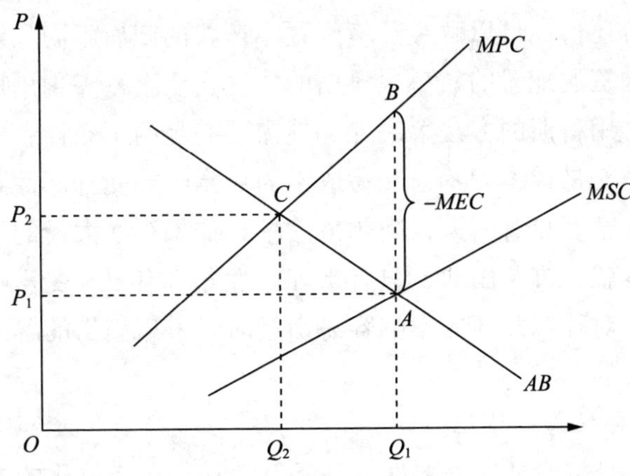

图 3－2　正外部性的效率损失

三 外部性与社会性规制

负外部性导致资源配置效率损失，要改善资源配置的效率，克服市场失灵，就必须解决负外部性问题。解决负外部性的方法是实现外部性内部化，外部性内部化就是使生产者（消费者）产生的外部成本，进入他们自己的生产（消费）决策中，由他们自己来承担外部成本，以此来弥补社会成本和私人成本之间的差额。外部性内部化的主要途径有科斯定理、一体化和环境规制。

（一）外部性与科斯定理

科斯定理是由施蒂格勒命名的，其基本思想反映在科斯于 1960 年发表的《社会成本问题》一文中。科斯认为，外部性产生的根本原因在于产权没有明确界定。环境资源是一种公共资源，无论是污染的制造者还是污染的受害者都认为自己对公共资产拥有合法的权益。解决外部性的办法是明晰产权，如果政府能够确立原则，决定谁拥有公共财产的权利，通过私人之间的谈判即通过市场就可以有效地解决外部性问题。科斯的方法很简单，具体来说，就是如果污染的受害者有享受快乐和呼吸新鲜空气的权利，则污染的制造者因为污染就必须支付赔偿。如果污染权是财产权的一部分，即生产者有污染的权利，则受害者就必须付钱，弥补生产者的损失，让他们少生产产品，少制造污染。科斯认为，如果交易成本为零，只要明确界定产权，不管产权界定给哪一方，通过个体间的讨价还价，可以解决环境问题。产权的归属不同只影响收入的分配，不影响资源配置的效率。科斯的方法实质上是一种用市场解决外部性的方法，用科斯的方法解决外部性需要满足两个条件：一是产权明确界定；二是交易成本为零。交易成本为零意味着受外部性影响的人数不多。如果受害者只有一人，问题最简单；如果存在大量的受害者，要控制交易成本就很难。因此，只有当外部性非常有限，受影响的人不多且容易识别、对环境破坏的影响容易衡量时，科斯提出的解决外部性的办法才是可行的。

（二）外部性与一体化

一体化也是解决环境外部性的一条有效途径。一体化的方式就是通过联合、兼并等手段把环境污染的制造者和污染的受害者结合到一个企业中，一体化后的联合体在决策时会充分考虑到环境污染问题。比如，河流上游的化工厂排放的废水污染了下游的鱼塘，化工厂排放废水的行为对养鱼场来说是一种负外部性。一种解决的途径就是把两个企业合二为一，实现一体化。一体化的方法也是一种市场方法，在许多场合一体化可以解决环境污染问题。因为，一体化后，产权不确定的因素消失了，同时还降低了交易成本。

（三）外部性与环境规制

通过界定产权和一体化来实现外部性内部化，实质上都是利用市场机制来解决外部性问题。的确，在一定的条件下，市场机制发挥作用可以克服因外部性引起的市场失灵，无须政府规制。但是，无论是用科斯的方法解决外部性问题，还是通过一体化来实现外部性内部化，都须满足一定的条件或适用于一定的范围。如果不具备这些条件或超出了一定的范围，市场便无法发挥作用，这就为政府规制提供了理由和空间。

通过前面的分析可知，科斯定理发挥作用的前提条件是：产权明确界定，交易成本为零。然而在现实中，这一假定前提很难满足。首先，环境资源是一种公共产品，产权无法明确界定。其次，环境污染的受害者众多，而且对环境污染的受害程度很难准确判断。所以，施害者和众多的受害者之间通过谈判达成一致的意见，交易成本巨大，甚至不可能实现，所以，用科斯的方法解决环境污染问题条件十分严格，有很大的局限性。通过一体化的方法解决环境污染问题一般只适用于生产者之间，对于生产者和消费之间、消费者和消费者之间的环境问题无法采用一体化的方法解决。即使生产者之间的一体化也只有在一体化的收益大于一体化的成本时才能发生。但是，一体化必然导致企业规模的扩大，一般情况下，随着企业规模的扩大，企业的管理成本会大大增加，从而抵消一体化带来的收益。

市场机制解决环境污染问题的局限性为政府规制提供了空间和可能。科斯在《社会成本问题》一文中指出：“政府有能力以低于私人组织的成本进行某些活动。但政府行政机制本身并非不要成本。实际上，它的成本有时大得惊人。……基于这些考虑，直接的政府管制并不必然带来比由市场和企业更好的解决问题的结果。但同样也不能认为，这种政府行政管制不会导致经济效率的提高。尤其是在烟尘妨害这类案例中，由于涉及许多人，因而通过市场和企业解决问题的成本可能很高。”① “以可能影响许多从事各种活动的人的烟尘妨害问题为例，其行政成本可能如此之高，以至于在一个单个企业范围内解决这个问题的任何企图都是不可能的。一种替代的方法是政府的直接管制。政府不是建立一套有关各种可通过市场交易进行调整的权利的法律制度，而是强制性地规定人们必须做什么或不得做什么，并且要求人们必须服从之。因此，政府（依靠成文法或更可能通过行政机构）在解决烟尘妨害时，可能颁布可以采用或不许采用的生产方法（例如，应安装防烟尘设备或不得燃烧某种煤或油），或者明确特定区域的特定经营范围。”②

综上所述，虽然在一定的范围和场合下，市场机制可以部分地解决环境污染问题，但在普遍的意义上解决这一问题，仅靠市场的力量是远远不够的，还必须发挥政府规制的作用。只有市场的力量和政府的力量结合起来，才能更好地解决环境污染问题。这正是世界各国普遍实施环境规制的动因所在。

第三节　内部性与社会性规制

一　内部性的普遍性

史普博认为，政府对环境的规制可用外部性来说明，但政府对产品质量和工作场所安全的规制只能用内部性来解释。外部性是大家非常熟悉的概念，而内部性这一概念却少为人知。

首次将内部性概念引入经济学中加以使用的是美国经济学家丹尼尔·F. 史普博。史普博认为：“内部性是指由交易者所经受的但没有在交易条款中说明的成本和收益。”③ 与表述外部性的定义相对应，内部性又可表述为：“某种内部性是指在经济交易参与者之间交换但没有在

① ［英］罗纳德·哈里·科斯：《企业、市场与法律》，盛洪等译，上海三联书店 1990 年版，第 94 页。

② 同上书，第 93 页。

③ ［美］丹尼尔·F. 史普博：《管制与市场》，余晖等译，上海人民出版社、上海三联书店 1999 年版，第 64 页。

交易条款中反映的商品束。"[①] 史普博把内部性分为正内部性和负内部性，正内部性和负内部性也可以称作内部经济和内部不经济。负内部性对应于内部成本，正内部性对应于内部收益。负内部性的一个例子是产品缺陷给消费者带来的伤害，而这种缺陷的性状和范围在合约条款中未得到充分的预计。负内部性也可以指合约的一方因另一方的毁约而遭受的损害，违约事件构成内部性的条件是毁约的后果没有在合约条款中明确反映。正内部性的例子是某就业者非正式的上岗培训，非正式的上岗培训使就业者在知识、技能等方面都得到提高，大大缩短了上岗后的适应期，对厂商有明显的好处，但这种好处并不一定在合约条款中体现。从史普博的分析中，可以看出内部性与外部性有明显的区别：外部性的商品和行为不存在任何事前的市场交易，是一种强加于交易之外的第三方的一种成本与收益；内部性发生在市场交易双方，是一种经过了市场交易但没有在交易合约中反映出来的成本与收益。为什么这些收益或成本没有反映在交易合约中呢？即造成内部性的原因是什么呢？

史普博认为："有三类主要的'交易成本'是造成内部性的原因：第一，在存在风险条件下签订意外性合约的成本；第二，当合约者的行为不能完全观察到时所发生的观察或监督成本；第三，交易者收集他人信息和公开自身所占有的信息时所发生的成本。"[②]

在存在风险条件下，签订意外性合约的成本和信息不完全与不确定性相联系。由于信息不完全、未来的不确定性和人的有限理性，要把将来可能出现的各种结果（意外）都预测出来并写进合约，需要支付很大的成本，甚至是不可能的。昂贵的意外事件使签订的合约只能是不完全合约，不完全合约意味着有些成本或收益根本无法在合约中反映出来。既然存在一些没有在合约中反映出来的成本与收益，在合约的执行过程中，拥有信息优势的一方，就会利用自己的信息优势，攫取在合约中没有说明的潜在的收益，对另一方造成损失，产生内部性。

对合约者行为的观察和监督成本同样来自信息不对称。信息不对称是指有关交易的信息在交易双方之间的分布是不对称的，一方比另一方

---

① ［美］丹尼尔·F. 史普博：《管制与市场》，余晖等译，上海人民出版社、上海三联书店 1999 年版，第 83 页。

② 同上书，第 65 页。

占有较多的信息而处于优势地位，另一方则处于劣势地位。从发生的时间上看，信息不对称可分为事前的（签约前）信息不对称和事后的（签约后）信息不对称；从内容上看，信息不对称可能是某些参加者的行为，也可能是某些参加者的知识。事后的信息不对称导致合约双方的行为不可完全观察或观察、监督成本太高。当合约双方的行为不可观察或观察、监督成本太高时，合约一方有可能不按合同条款进行合作，在追求自己利益时做出对对方不利的行为，产生所谓的道德风险（又称败德行为）。道德风险是指在市场交易中一方的行为影响到另一方的收益，而另一方却不能完全监督或控制其收益。道德风险的经典例子是保险市场。在保险市场上，有关投保人防范风险的努力程度的信息在保险公司和投保人之间的分布是不对称的，投保人购买保险后会降低对风险的防范程度，从而提高风险的发生概率，风险发生概率的提高直接导致保险公司的赔付率上升。一般情况下，当监督不完全时，道德风险就会产生，道德风险使交易的一方受益，另一方受损，产生内部性。

交易者收集他人信息和公开自身信息时发生的成本是由于事前的信息不对称引起的。签约前交易双方占有的信息是不对称的，如在劳动力市场上，雇员拥有自身能力的私人信息、雇主拥有有关工作场所安全的信息；在产品市场上，企业拥有产品质量和安全方面的私人信息；在保险市场上，投保人拥有自身风险水平的私人信息。由于收集和观察这些信息需要支付成本，有时成本会很高，市场交易的参与者有可能隐藏信息，如投保人隐瞒其风险水平、工人夸大其能力、厂商谎报其产品质量等。隐藏信息的结果会导致逆向选择产生，逆向选择的经典例子是阿克罗夫的旧车市场。在旧车市场上，卖主知道车的真实质量，但买主不知道车的真实质量，只知道车的平均质量，因此，买主只愿意按平均质量支付价格，结果使高于平均质量的旧车退出市场。这种因信息不对称而引起的高质量的车退出市场的现象被称为“逆向选择”。“逆向选择”使劣质产品驱逐优质产品，或者是消费者把低质量的产品当作高质量的产品购买。可见，“逆向选择”使交易的一方受益，另一方受损，内部性的产生在所难免。

综上可见，上述三类交易成本产生的根源都在于信息不完全和信息不对称，不完全信息可能导致交易参与方不能完全分配交易所产生的净收益，拥有信息优势的一方利用自己的信息优势攫取收益，使信息劣势一方承受在合约中没有反映的损失（额外成本）。这种没有完全分配的净收益就是一种内部性。所以，内部性问题也就是标准微观经济学分析的信息不完全和信息不对称问题（程启智，2002）。

由于信息不完全和信息不对称是普遍存在的，所以，内部性也是普遍存在的。在现实生活中，内部性的例子（主要是负内部性）比比皆是：如全球共同面临的食品、药品安全问题给消费者的健康和生命带来的损害，像在食品中添加塑化剂、三聚氰胺、瘦肉精、染色馒头、假药等；如制造和销售假冒伪劣商品给消费者的健康和财产带来的损失，如假农药、假种子坑农等；如工作场所不安全给员工的健康和生命带来的危害，像频繁发生的矿难；等等。此外，投保人的败德行为给保险公司造成的损失、经理人的道德风险对股东利益的侵蚀等都是内部性的表现。

二 内部性与社会性规制

内部性涉及的是市场中交易一方对另一方的侵权和伤害，这似乎表明只要市场完善、法律体系健全就可以通过市场交易和法律程序来解决内部性问题。但是，现实中因交易成本和不完全信息导致市场失灵，在市场无效时，政府规制可以作为一种替代机制发挥作用。事实上，市场机制、法律程序、社会性规制都在一定范围内、一定程度上对解决内部性问题发挥作用。

（一）市场机制对内部性自动调整

信息不对称是产生内部性的根本原因，解决内部性问题的关键在于建立有效的传递机制，减轻信息不对称的程度。市场是信息传递的最有效机制。比如，在产品市场上，厂商可以通过价格、广告、卖方的信誉等多种途径向消费者传递有关商品的信息。价格是传递市场信息的主要途径，价格提供有关消费者边际替代率、生产者边际成本、商品相对稀缺程度的数据，同时价格也是产品质量的重要信号。一般情况下，较高的价格反映了较高的质量，消费者可以通过观察产品的价格来获得有关产品质量的信号。广告作为一种主要的信息来源给消费者提供有关产品的价格、特性和种类的信息，同时广告也提供有关产品质量的部分信息。广告对于高质量的经验性商品效益较大，因此，企业愿意花大量的钱为高质量的产品做广告，消费者可以通过广告密度来判断商品的质量。引进时间因素，从长期看，卖方的信誉可以为消费者提供重要的信息。信誉是企业经过长期努力形成的，信誉是一种无形资产，一旦形成就会成为企业恒久的财富之源。良好的商誉代表着优质的产品和服务，许多消费者都是根据企业的信誉做出购买决策的。除价格、广告和商誉外，消费者还可以通过有关产品质量的合同条款（质量保证、担保、服务协议等）来判断产品的质量，一般质量好的产品愿意提供更多的附加条款。总之，竞争性市场会通过多种途径促使企业披露信息，尤其是从长期来看，卖方的商誉能有效地传递信息。这意味着在交易双方（如厂商和消费者）之间存在的信息不对称问题可以通过市场竞争得到缓解，尤其是在多次重复的购买中，消费者完全能够在市场提供信息的基础上进行有效的选择，不一定必须由政府规制。但是，如果交易的一方凭借其信息优势对另一方造成了极大的伤害，并且这种伤害因交易成本太高而很难通过多次重复交易得以解决，这类内部性问题就需要通过政府规制加以解决。如产品的卫生与安全、工作场所的安全，这些不仅直接关系到人们的健康与生命安全，而且大多为一次性博弈，对于这些内部性问题就需要政府规制。所以，“内部性只是有限数量的市场交易的重要特征”。①

（二）内部性法律解决机制

风险的存在使签订完全合约十分昂贵，昂贵的意外事件导致内部性产生，减少内部性就是要降低合约成本，减少风险和不确定性。普通法在帮助个人使其交易成本最小化方面有许多办法，如合同法就是降低合约成本、减少风险的一种重要方法。简明的合同能降低谈判的精力和时间，对违约行为进行处罚可以使签约者对合约行为进行有效的选择，并在其未履行合约条款时对受害方进行补偿。波斯纳指出，合同法降低签约成本有两条途径：“其一，通过提供一套在缺乏合同法的情况下交易者必须坦白谈判的正式条款，以减少复杂性从而降低交易成本。”法律的这一功能类似于标准化或格式化的合同的功能。“其二，为未来的交易者提供有关可能毁害某一交易的诸多信息，从而帮助交易者合理计划他们的交易。”② 总之，法律规则不仅能降低合约签订和执行的成本，

---

① ［美］丹尼尔·F. 史普博：《管制与市场》，余晖等译，上海人民出版社、上海三联书店 1999 年版，第 580 页。

② 同上书，第 70 页。

而且还能对侵权行为进行惩罚。但对违约事件逐个诉诸法律有时需要很高的成本，当成本太高时，通过规制机构制定违约的标准罚金并强制执行可以降低成本。谢维尔认为，规制的罚金与法律责任在减少因毁约者承担罚款而引起的风险方面具有相似的作用，尤其是当诉讼因难以发现证据而无效时，规制会导致更低的交易成本。

（三）社会性规制

解决内部性问题的关键在于有效的信息传递，市场固然可以提供信息传递的许多渠道，但高昂的信息传递成本有时会使市场无效。在市场不能提供信息或市场提供信息成本很高时，社会性规制可以发挥潜在的作用。社会性规制是针对环境中的风险、工作场所的风险和所消费产品的风险而制定的，其目的是减少人们在环境、工作场所和消费产品中面临的风险，保护个人的健康和安全。实现社会性规制目标的政策取向有两种：一是提高市场传递信息的能力。所采取的政策行为包括：取消信息沟通方面的限制，消除进入信息市场的障碍；要求市场参与者之间信息沟通的词语标准化；强制的信息披露；政府直接生产并传播信息等。二是直接干预消费者和厂商之间的交易。如确定产品质量、工作场所安全卫生的标准，限制或禁止某些行为等。社会性规制的收益是降低了人们在健康、安全和环境方面面临的风险，但规制也有成本，只有当规制的收益大于规制的成本，且政府提供信息比市场提供信息成本更低时，社会性规制才能发挥作用。

总之，交易成本或不完全信息是内部性产生的主要原因，由于交易成本和不完全信息是普遍存在的，所以，内部性也是普遍存在的。但并不是所有的内部性都需要政府规制，市场机制、法律程序、社会性规制都可以在一定范围、一定程度上对解决内部性问题发挥作用。只有当因交易成本过高而使市场解决内部性无效时，社会性规制才作为一种替代性的机制发挥作用。社会性规制的主要目的是通过减少信息不对称程度来降低人们在健康、安全和环境等方面面临的风险，所以，规制的政策取向首先是要提高市场信息传递的能力。

三　社会性规制兴起的非经济因素分析

小贾尔斯·伯吉斯（1995）认为，社会性规制的建立既有经济方面的理由又有社会方面的理由。经济方面的理由是不受规制的市场不能完美地运行（市场失灵），政府干预能使它变得更有效。对于社会方面的理由，有人强调在存在重大外部性的条件下，不能依靠个人的选择来恰当地评估资源的价值和决定它的配置；有人强调对生活质量（个人的健康和安全以及环境的生存能力）的保护是一种公共产品；有人重视非市场物品的生产等。伯吉斯把它们归结为："政府（而非市场）才是确保生存能力的合适工具，即使政府干预的成本要由那些购买政府服务的人承担，或者由那些从事于受管制的生产的人承担。"① 维斯库斯（2000）认为，在我们的生活中，需要更多规制的部分原因是社会影响的增加。因为我们的社会越富裕，我们对个人健康状况及提高物质福利水平的努力也就越关注。

从社会性规制产生的历史可以看出政治、社会因素在社会性规制建立中的作用。美国是现代监管型国家的发源地，美国的社会性规制最早可追溯到20世纪早期，扩大于20世纪60年代，70年代得到进一步发展。20世纪60年代后期和70年代初期的政治情况导致了社会性规制在美国的兴起，当时占统治地位的是人民党主义，人民党主义代表了真正的、人民的革命，他们坚信在急剧迈向工业化的进程中，普通人被忽视了，政府有责任为普通人的利益服务。在20世纪以后的时期里，人民党主义具体表现在绿党革命、环境保护运动以及为保护消费者而组织起来的某些公共利益团体中。如环保主义者集团，1971年是221个，1980年增加到380个，1990年增加到396个。这些利益集团对美国经济增长的代价是否过大也提出了批评，批评者指出，美国的经济增长是建立在掠夺环境和消费者及劳动者基础之上的虚假繁荣，对人类而言，这样去追逐繁荣并不值得。人权运动者指出，美国的成功并不是人人有份，一些受到歧视的牺牲者被排除在美国的主流生活之外，没有公平的机会去享受这一切，也就是说，他们批评的不是增长本身而是增长的利益如何分配。环境保护运动者认为，市场有组织地产出了太多错误的东西，人民有权利享受更加清洁的空气、更加安全的居住和工作条件。大量公共利益集团的出现以及它们在政治生活中的作用极大地推动了社会性规制政策的出台。20世纪60年代和70年代，美国出台了一系列社会性规制的法律，如1962年《空气污染控制法》、1965年《水质量

① ［美］小贾尔斯·伯吉斯：《管制与反垄断经济学》，冯金华译，上海财经大学出版社2003年版，第322页。

法》、1972年《水污染控制法》和《噪声污染和控制法》、1970年《职业安全和健康法》、1972年《消费品安全法》等。建立了一系列社会性规制机构，如环境保护委员会（EPA）、职业健康和安全管理局（OSHA）和消费品安全委员会（CPSC）。

社会性规制的兴起还有道德上的原因，在美国，污染控制、有害物排放限制是关乎公众的健康水平的大事。劳伦斯特认为，对环境、健康和安全的规制仍然看成主要是道德问题。对环境的规制也关乎美学上的问题和自然本身的需要，为了人类的欣赏需要保护自然，有些环保主义者说，为了自然界本身的缘故也要保护自然。地球并不仅仅是人类的地球，所有动植物的生命都与环境保护相关。

由此可见，在社会性规制建立的过程中，非经济因素也起到了很大作用。可以说社会性规制的出现是人类社会发展、进步的表现和必然结果。正如伯吉斯所说："社会管制的出现，仍然是我们经济增长取得成功的一个标志：在20世纪30年代，我们希望的是经济复苏；在20世纪50年代，我们实现了20世纪30年代梦寐以求的经济增长和价格稳定；到了20世纪60年代和70年代，我们已经有能力来考虑追求更高的生活质量了。"①

从分析政府规制的理论基础可知，规制源于市场失灵，是对市场失灵的弥补和校正。但市场失灵只是政府规制的必要条件，不是充分条件。市场解决不好的，政府也不一定能解决好，在政府规制过程中也会存在各种各样的问题，也会出现规制失灵。正如佩尔茨曼所说：市场失灵的存在不是产生规制需求的充分条件，因为取得规制的社会利益目标所必需的机制不能被忽略。

本章小结

第一，政府规制的理论基础旨在回答为什么要实施政府规制，围绕为什么要实施政府规制，形成了规制的公共利益规制理论和利益集团规

① [美] 小贾尔斯·伯吉斯：《管制与反垄断经济学》，冯金华译，上海财经大学出版社2003年版，第331页。

制理论。公共利益规制理论认为，市场失灵是政府规制的原因，规制的目的是克服市场失灵，实现公共利益，因此，哪里有市场失灵，哪里就应该有政府规制。利益集团规制理论认为，规制并不是为了应对市场失灵，规制通常是行业自己争取来的，规制的设计和实施主要是为受规制行业利益服务的，其政策主张是取消规制。

第二，通常意义上说，规制源于市场失灵，是对市场失灵的一种最通常的反应。市场失灵是政府规制的一个逻辑起点，由自然垄断、外部性、内部性等引起的市场失灵，导致市场运行不能达到帕累托最优，从而使政府规制成为必要。

第三，经济性规制的一个核心理由是自然垄断，自然垄断理论有一个发展过程。早期经济学家把自然垄断的原因主要归结为制度的垄断和自然要素的稀缺性，近代的自然垄断理论建立在规模经济的基础之上，现代自然垄断理论把成本劣加性定义为自然垄断的基本特征。规模经济以企业的技术为基础，是指在单一产品生产过程中，在生产要素价格不变的前提下，随着供给市场产出的增加，企业平均成本递减。根据建立在规模经济基础之上的自然垄断理论，必须要对进入进行规制，进入规制必然伴随价格规制。但是，价格规制存在边际成本（MC）定价和平均成本（AC）定价的矛盾。成本劣加性与范围经济紧密联系，是指由一家企业生产多种产品比多家企业分别生产成本低，即联合生产比单独生产能节省费用。依据建立在成本劣加性之上的自然垄断理论，仍然需要进入规制和价格规制，但价格规制的悖论不一定存在。

第四，社会性规制作为一种“新式”规制出现是经济、政治、社会等多方面因素共同作用的结果，由外部性和内部性引起的市场失灵仅仅是社会性规制的必要条件。外部性是指在两个当事人缺乏任何相关的经济交易的情况下，由一个当事人向另一个当事人提供的物品束，是由经济交易的第三方所经受的成本和收益。由于外部性发生在市场交易之外，所以，市场在解决外部性问题上存在市场失灵。要克服市场失灵，就必须解决负外部性问题。解决负外部性问题的方法是实现外部性内部化。外部性内部化的主要途径有科斯定理、一体化和政府规制。内部性是指由交易者所经受的但没有在交易条款中说明的成本和收益，内部性分为正内部性和负内部性，正内部性和负内部性也可以称作内部经济和内部不经济。负内部性对应于内部成本，正内部性对应于内部收益。在存在风险条件下签订意外性合约的成本，当合约者的行为不能完全观察到时所发生的观察或监督成本，交易者收集他人信息和公开自身所占有的信息时所发生的成本是造成内部性的原因。上述三类交易成本产生的根源都在于信息不完全和信息不对称，所以，内部性问题也就是标准微观经济学分析的信息不完全和信息不对称问题。由于不完全信息是普遍存在的，所以，内部性也是普遍存在的。市场机制、法律程序、社会性规制都在一定范围内、一定程度上对解决内部性问题发挥作用。

第五，规制源于市场失灵，是对市场失灵的弥补和校正。但市场失灵只是政府规制的必要条件，不是充分条件。市场解决不好的，政府也不一定能解决好，在政府规制过程中也会存在各种各样的问题，也会出现规制失灵。

第四章　政府规制有效性的影响因素

市场失灵是政府规制的必要条件，但不是充分条件。市场解决不好的，政府也不一定能解决好；即使政府能够解决，也不一定就是最优的。在政府规制过程中也会存在各种各样的问题，会出现规制失灵。在市场失灵和规制失灵都存在的情况下，既需要通过政府规制来弥补市场失灵，校正市场机制作用的消极后果；又需要采取各种手段来克服规制失灵，提高政府规制的有效性。本章主要界定政府规制有效性的含义，介绍政府规制有效性的度量方法，分析影响政府规制有效性的深层因素，在此基础上提出提升政府规制有效性的理论路径。

第一节　政府规制有效性的含义与度量

一　政府规制有效性的含义

政府规制的目的是弥补市场失灵，确保市场的有效运转。经济合作与发展组织（OECD）认为，好的规制政策“必须推动有效市场的运转，必须尽可能地利用市场激励机制来实现社会政策和保护措施，至少要尽可能地避免对市场运行的压制和扭曲。监管必须以这样的一种方式进行：确保在追求静态目标时不损害动态效率”。[①] 也就是说，有效的政府规制必须能确保其目标实现。国内学者张会恒认为：“政府规制的有效性是衡量政府规制作为制度、行为或政策法规执行的结果逼近规制目标的程度。”[②]

① 经济合作与发展组织编：《OECD 国家的监管政策》，陈伟译，法律出版社 2006 年版，第 13 页。

② 张会恒：《我国公共事业政府规制的有效性研究》，中国科学技术出版社 2007 年版，第 60 页。

政府规制有效性是反映规制结果逼近规制目标程度的一个概念，包括规制效果和规制效率。规制效果主要反映规制目标的实现程度，规制效率是指达到特定的规制目标所花费的成本，即规制收益和规制成本的对比程度。根据规制有效性的定义，有效的政府规制一方面要求政府规制有效果，另一方面要求政府规制有效率。即要求规制机构以较低的成本实现政府规制的目标。当代美国著名法学家凯斯·R. 孙斯坦（Sunstein，1990）认为，只要规制实现了其预期目标，并且以最低的可能成本实现了这些目标，它们就是成功的；如果没有实现规定目标，或者虽然实现了基本目标但同时造成了严重的消极的副作用，或者成本超过了收益，就是失败的。

二　政府规制有效性的度量

规制的有效性既包括规制效果，又包括规制效率，对规制有效性的评价与度量相应地也要从规制效果和规制效率两方面进行。

（一）政府规制效果的评价与度量

规制效果反映的是规制目标的实现程度，度量和评价规制效果就是检验和评价规制目标的实现程度，所以，规制效果的评价以规制目标为基础，对规制目标具有很强的依赖性。规制的总体目标是效率和公平，即通过政府规制既要提高资源配置效率，又要实现社会公平；具体目标，即各项规制政策的具体目标，如对自然垄断的价格规制是为了保证一个合理的价格水平，对环境的规制是为了改善环境质量，安全规制是为了降低人们在生产和消费中面临的风险等。随着经济社会的发展，规制目标也会随之调整，所以，规制效果的评价具有动态性。

对规制效果进行评价和度量是一件十分困难的事情，因为规制效果评价是一种事后评价，是对规制方案出台并付诸实践后实际产生的经济影响和社会影响的一种评价。也就是说，规制效果评价的对象是规制产生的经济效果和社会效果。经济效果主要是为了弥补市场失灵，提高资源配置效率，主要通过规制对产量、价格、成本、技术创新、产品质量、生产率等相关变量的影响来反映。社会效果主要是为了实现社会公平，提高社会福利水平，主要通过规制对收入分配状况和社会福利的影响来体现。因此，要估算规制效果必须对这些变量在受规制之下的数值和没受规制之下的数值进行比较，其中心任务是找出一个无规制的基准，决定这些变量在没有规制时的数值。维斯库斯等在《反垄断与管制经济学》中介绍了三种估算无规制基准的方法：跨时期方法、跨市场方法和反实事方法。①

跨时期（时间序列）方法：是把所研究的行业在受规制期间与没有受规制期间做对比，这个方法要求提供的数据的样本包括行业受规制时期和不受规制的时期，适用于由规制到解除规制的行业。这种方法的问题是把受规制期间的数据和不受规制期间的数据进行对比具有一定的误导性，因为经济变量除受规制的影响外，还受其他许多因素的影响，而这些因素会随时间的变化而变化，也就是说，经济变量的变动仅仅部分归结为规制的变化。因此，在利用跨时期方法时，必须考虑其他相关因素在不同时期会发生变化，需要对这些变量进行控制。

跨市场方法（横截面分析方法）：是比较提供相似产品和有着相似需求和成本函数的两个市场，这两个市场在本质上是不同的，一个市场受到规制，而另一个市场没有受规制，通过比较这两个市场的经济变量可以看出规制的影响。这种方法适用于已经被规制了相当长时间而且仍处于规制之中的行业。利用这种方法需要注意的是，被比较的两个市场不仅仅有地理位置的不同，还可能存在投入要素价格和需求弹性的不同，而这些因素都会影响经济变量，所以，利用跨市场方法估算规制效果时，需要控制两个市场上的这些因素。

反实事方法：是通过利用行业受规制时的数据来模拟行业在不受规制时的情况，也就是说，可以构造一个无规制基准。它适用于既不能用跨时期方法，也不能用跨市场方法。维斯库斯认为，在三种方法中，反实事方法是最不可取的。因为它存在两个缺点：第一，这种方法需要对在没有规制的条件下行业将是什么样子做大量的假设，它通常假设成本曲线在有规制和没有规制时是一样的，并且竞争性均衡能够达到，这一假设可能会低估或高估解除规制带来的收益。第二，这种方法很难阐明规制造成的生产无效率。

乔克斯和诺尔总结了规制效果评价的四种经验研究方法："第一种方法是在规制和无规制条件下对两个企业或两个市场样本进行比较，如果两对样本仅存在有无规制的差异，那么可以认定是规制引起了市场行

---

① ［美］W. 吉帕·维斯库斯、小约瑟夫·E. 哈林顿、约翰·M. 弗农：《反垄断与管制经济学》，陈甬军等译，机械工业出版社 2004 年版，第 300—303 页。

为和绩效的变化。这种方法既可以利用横截面数据比较相似企业在不同规制环境下的差异，也可以利用时间序列数据比较同一企业不同规制环境下的绩效变化。因变量一般为价格、成本或技术进步率，然后构建一个包括这些因变量和规制与否的哑元变量函数，通过回归分析哑元变量系数的符号和大小来衡量规制效果。这种方法实际上就是维斯库斯所说的跨时期和跨市场的方法。第二种方法是比较不同规制强度下的企业绩效。当找不到存在根本上的规制差异的企业时，只能通过规制量上的差异进行分析，但需要注意的是，规制效果还受规制过程和经济环境变化的影响。第三种方法是利用环境控制试验。当现实条件不能提供评价规制效果的完备信息时，就需要根据假设设计出类似的试验。一种是区域性试验，即在一定的区域范围内通过设计经济环境和制度结构的系统变化，查看真实规制政策的影响；另一种是实验室试验，即根据人们在不同的市场和制度结构下面临的经济环境设计一系列试验计划，观察实验主体的反应。第四种方法是受规制企业和市场的结构性模型，这种方法需要详细的高质量的数据。"①

对规制目标的实现程度进行评价，目的是检验规制效果，为今后的规制决策提供信息。最早利用计量经济模型对规制效果进行评价的是施蒂格勒和弗里德兰（Stigler and Friedland，1962）。施蒂格勒认为，衡量规制效果大小的准则只能从行业的实际行为中甄别出属于规制的那部分影响。"所谓规制效果的大小其含义是：在某一产业部门可观察的经济行为中，有多大部分是只能由规制来加以说明。"运用这一思想，施蒂格勒和弗里德兰1962年在《规制者能够规制什么——电力部门实例》一文中，对美国电力部门规制的效果进行了检验。检验结果显示，对电力规制的两个目标——制止供电企业制定垄断高价和消除价格歧视的某些形式——在实践中均未实现，规制并没有带来较低的电价。据此，施蒂格勒认为，规制并不是为了所谓的公共利益，规制机构可能被受规制的行业俘获。

（二）政府规制效率的评价与度量

政府规制需要支付一定的成本，同时也会为社会带来一定的收益，

① 肖兴志等：《中国垄断产业规制效果实证研究》，中国社会科学出版社2010年版，第6页。

对规制效率的度量，包括对规制成本、规制收益以及成本和收益对比关系三个方面的衡量。成本—收益分析方法是衡量规制效率的一种基本方法，该方法的基本判定原则是：如果规制收益大于规制成本，则规制有效率；如果规制收益小于规制成本，则规制无效率。一个简单的计算方法是收益对成本的比例或收益—成本比率，收益—成本比率超过 1.0 时，规制才有吸引力。这意味着规制政策的目标应该是收益与成本之间的差额最大化，或收益最大化，成本最小化。收益成本方法蕴含的经济推动力是希克斯潜在补偿原则，即从那些政策中所获得的可以潜在的补偿损失者，使社会的所有成员更好一些。正如植草益所说："如果规制收益大于规制成本，则实施规制是有意义的；如果相反，就必须改革规制。另外，即使规制收益大于规制成本，尽可能降低成本的制度性措施也是必要的。"①

由于规制效率反映的是规制成本和规制收益的对比状况，所以，要度量规制效率首先必须明确界定规制成本和规制收益。对于什么是规制成本和规制收益，不同的学者、不同的机构有不同的认识。

施蒂格勒从福利经济学角度分析了规制成本和规制收益。他认为："管制成本可分为两类：一是'服从成本'——垄断者使管制机构顺从他的意愿，这一成本是垄断者承担的；二是'实施成本'——一项管制从产生到实施的成本，这一成本是由公众承担的。"② 规制收益可通过消费者剩余和生产者剩余的变化来表示。测度规制绩效"应当加总消费者剩余和生产者剩余的变化量，减去管制成本。如果管制的成本小于消费者剩余增量与生产者剩余增量之和，则管制增加了福利，也就是说，管制的社会成本是负的！如果相反，管制的社会成本是正的。"③ 施蒂格勒对规制成本和规制收益的分析为我们评价规制效率提供了一种有益的方法，但消费者剩余、生产者剩余是一种心理上的感觉，在现实中很难计量。

植草益把规制失灵等同于规制成本。他认为，规制失灵包括企业内

---

① ［日］植草益：《微观规制经济学》，朱绍文等译，中国发展出版社 1992 年版，第 150 页。

② ［美］乔治·J. 施蒂格勒：《产业组织与政府管制》，潘振民译，上海三联书店 1989 年版，第 244 页。

③ 同上书，第 245 页。

部无效率的生产、规制关联费用的增加、规制当局的自由裁决权和“寻租”成本的产生、由规制滞后产生的企业损失。他把这些统称为“由规制引起的成本增大，在实施规制的情况下，消费者就必须以任何一种形式来负担这项费用”。①

哈恩和赫德把政府规制的成本分为效率成本和转移成本两类。效率成本是指在生产者剩余和消费者剩余上的净损失，它表明一项规制政策的总影响。转移成本表示一个集团向另一个集团的转移支付，是指获益从一方转移到另一方。

美国国会会计总署规定了划分规制成本的两种方法：一是把规制成本分为直接成本和间接成本，直接成本是指与规制要求直接相关的成本，包括落实规制要求的人员工资成本、雇员培训成本、设备支出成本等；间接成本是指由规制引起的产量下降、竞争程度下降以及资源配置不当等造成的效率损失。二是将规制成本划分为完全成本和增加成本。完全成本是指与特定规制要求有关的全部成本，增加成本是指因特定规制要求而增加的成本。

美国预算和管理办公室对规制成本和收益分别做了具体规定。规制成本包括直接成本和间接成本。直接成本或预算成本，联邦政府拨款给联邦行政机构管理与运行的行政经费，拨款给州、地方和种族地区政府执行联邦规章的资金。间接成本或服从成本，在没有联邦预算拨款的情况下，执行和服从联邦规章的成本，被认为是强加给地方各级政府、小企业、非营利组织、个人的支出；总成本 = 预算成本 + 服从成本。规制总收益包括经济收益、安全收益、健康收益和环境收益。规制净收益等于总收益减去总成本。如果净收益是负值，对市场产生副作用；如果是正值，对市场产生积极作用（OIRA，2000，2001）。

王俊豪认为，政府规制的过程包括政府规制立法、政府规制执法、法规的修改与调整、放松或解除政府规制等环节，在政府规制的每一个环节都会发生相当的成本。因此，“在政府规制的总成本结构中应当包括规制立法成本、规制执法成本、规制修改与调整成本。政府规制的成本一部分要由政府承担，主要表现为政府规制机构的各种成本费用；另

---

① ［日］植草益：《微观规制经济学》，朱绍文等译，中国发展出版社 1992 年版，第 149 页。

一部分主要由被规制企业承担，主要用于向政府规制立法者和执法者游说，甚至进行‘寻租’活动。这一类成本在企业的财务报表中往往是被掩盖掉的，因此比较难以估量”。[①] 他认为，可以通过“预计实行某项政府管制后，消费者支出的减少数量和生产者因效率提高而增加收益的数量的加总数以计算政府管制的收益，而以政府管制立法成本和运行成本等的加总数以计算政府管制成本，然后通过对比政府管制收益与成本，以决定对特定领域是否值得采取某项政府管制，如果政府管制收益大于政府管制成本，则这种政府管制是必要的，否则，就没有必要采取政府管制”。[②]

对规制收益与规制成本进行计量，一直是一个特别有争议的问题。原因之一是对规制收益与规制成本计量存在货币化难题。尤其是对社会性规制成本和规制收益更是如此，比如人们很难确定更清洁的空气、更清洁的水、更安静的环境收益为多少。原因之二是规制政策制定者不愿使用如“人类生命价值”这类的货币计量手段，来评估规制（主要是社会性规制）的得与失。尽管如此，规制经济学家还是设计了一些方法来度量规制成本与规制收益。可以用规制机构的预算、规制机构的职员配备、规制法典的页数等来衡量规制成本。如由里根总统经济咨询理事会主席默里·韦登鲍姆（Murray Weidenbaum）领导的华盛顿大学美国商业研究中心，用规制机构的预算和职员的变动来估算联邦规制机构的成本。“据他们的估计，1970—1999 年，社会性规制成本从 1116 百万美元增加到 14367 百万美元；经济性规制成本从 1408 百万美元增加到 17923 百万美元。”[③]

衡量规制收益（主要是社会性规制）的方法有两种：一是间接市场法；二是直接调查法。间接市场法是指“为那些可能会在市场上隐性交易的、具有社会风险的商品估算隐性价格”。[④] 例如，可以利用环境质量与各种市场化产品之间关系的技术，从市场化产品与其相关的物品价格，来测量环境规制的收益。比如，一个地区环境的质量影响房屋

---

① 王俊豪：《政府管制经济学导论》，商务印书馆 2003 年版，第 28—29 页。

② 同上。

③ ［美］W. 吉帕·维斯库斯、小约瑟夫·E. 哈林顿、约翰·M. 弗农：《反垄断与管制经济学》，陈甬军等译，机械工业出版社 2004 年版，第 30—32 页。

④ 同上书，第 388 页。

的价格，较高的污染标准会降低房屋的售价，可以用房屋价格的变化来测度环境的收益。当缺乏可被用于估算隐性价格的市场有效数据时，直接调查法也可以评价政策的效果。直接调查法是直接通过询问了解人们愿意为规制政策付出的金额。比如，可以通过面谈来询问个人为获得较清洁的空气而愿意支付的金额。调查法只能是对市场方法的补充，绝不能以此种研究方法得出的结果来得出一般性的研究结论，因为调查方法的可靠性可能存在一些问题。

第二节　政府规制失灵

一　政府规制失灵的表现

规制有效性反映了规制结果逼近规制目标的程度，如果规制结果和规制目标一致或比较一致，就说明规制有效；如果规制的结果偏离规制的目标就说明规制无效，规制无效就是规制失灵。从一般意义上说，规制失灵和规制有效性一样，也包含两层含义：一是规制无效果，即规制不能实现弥补市场失灵，提高资源配置效率，实现社会公平的目标；二是规制无效率，即实现规制目标的代价过高，得不偿失。根据这两层含义，肖兴志把规制失灵分为三类："规制有效果但无效率——规制对于修正市场失灵有效果，但缺乏效率，对社会而言成本太高；规制有效率但无效果——规制本身可以产生净收益，但未能达到改善市场失灵的目的；规制既无效果又无效率——规制既无法克服市场失灵，又产生了极高的社会成本。"①

对于规制失灵的表现，日本学者植草益（1990）在《微观规制经济学》一书中，将规制失灵的表现总结为："第一，企业内部无效率的生产，即规制具有弱化激励企业降低成本的倾向。由于用边际成本定价会造成自然垄断企业的亏损，所以，现实中往往以平均成本定价来代替边际成本定价，即所谓的公平收益率规制（Rate of Return Regulation，ROR）。在这一规制方式下，收费标准的调整以实际发生的成本为基础

① 肖兴志：《自然垄断产业规制改革模式研究》，东北财经大学出版社 2003 年版，第 79 页。

进行核算，这样，必然就会弱化企业降低成本的激励。因为企业可以通过增加成本来提高利润。第二，规制关联费用增加。即规制当局和被规制企业两方面都会发生较大费用。规制者为了有效地执行任务，必须成立专门的机构，聘请专职人员，必须收集信息，分析被规制企业的财务、会计状况等，这些都需要费用；被规制者为了遵循和服从规制也需要支付成本。第三，规制当局的自由裁量权和‘寻租’成本的产生。由‘寻租’所产生的费用不能使社会剩余增大，是资源的一种浪费性支出。第四，由规制滞后产生的企业损失。规制滞后是指规制调整从申请到许可需要很长的时间，规制滞后的结果会使企业的行为落后于市场的变化，使企业蒙受损失。”①

随着规制的激增，人们对规制失灵的关注也在增加，对规制的批评也日趋严厉。美国联邦最高法院大法官史蒂芬·布雷耶在其《规制及其改革》一书中指出：人们对规制的典型批评（也可以理解为规制失灵）有以下几种：“第一，强调规制的巨大成本。一些批评者认为，政府规制花费了巨大的成本。据估计，政府每年用于规制的直接花费在30亿—60亿美元，间接花费在600亿—700亿美元，甚至是这个数字的2倍或3倍。联邦文书作业委员会对规制成本做出的最大数目的估计是，每年这一花费要超过2000亿美元。第二，指责这些巨额的花费并没有带来多大的收益。麦卡沃伊认为，规制的代价是显而易见的。例如，在20世纪70年代对健康、安全与环境的规制开始之前，后来受到规制特别影响的行业比其他行业发展得要快，而现在它们的发展要缓慢得多，它们的价格也要相对高得多，而产出则相对较低。然而，工作条件或环境质量是否有了与之相称的提高，则尚未能得到证明。有些批评者认为，对航空、卡车运输、天然气等的规制导致价格居高不下，或者造成短缺的结果，或者两者兼而有之，已经损害了普通大众的利益。第三，抱怨规制程序不公平并且可操作性不强。有些人批评规制过程充满了延迟，这方面最为著名的例子是，美国食品药品管理局花了10年的时间为花生油中花生应占的百分比设定标准。许多人抱怨无法实际参与重要政策的制定过程。第四，批评规制过程根本上是不民主的并且缺乏

---

① ［日］植草益：《微观规制经济学》，朱绍文等译，中国发展出版社1992年版，第146—149页。

正当性。规制者是经任命而非选举产生的官员，拥有几乎不受控制的自由裁量权……而且不受职业操守制约。最后，规制效果是不可预见的，甚至是随意的。规制内容的复杂性使规制者不可能考虑到所有的相关因素或预见到规制的可能后果。……规制要求越广泛，其技术性越强，成本越高，就越难以预测到该变化在微观经济与宏观经济上的效果。这些批评可以归结为：高成本；无效率与浪费；程序上的不公平，复杂与延迟；不受民主控制；最终的结果在根本上无法预测。这些批评也反映了公众对规制改革的需求。”①

总之，规制有效和规制失灵都是研究规制结果及规制目标的一致与偏离程度，只不过是规制失灵是从质疑规制存在合理性的角度去研究问题，而规制有效在承认规制存在合理性的前提下研究如何提高政府规制的有效性。

二　政府规制失灵的原因

传统的规制理论（公共利益规制理论）认为，市场失灵是政府规制的原因，通过政府规制可以矫正市场失灵，提高资源配置效率，保护社会公众利益。这一结论的得出建立在三个基本假设之上：

第一，市场自行运转脆弱，易发生无效率和不公平，即存在市场失灵。

第二，政府是仁慈的，总能以实现社会福利最大化为行为目标。即政府是“道德人”，除公共利益之外，没有自己的独立利益，因此，政府总以公共利益最大化作为自己行动和政策的最终目标。

第三，政府是无所不知、无所不能的。即政府被假设为“理性人”，具有完全无懈可击的能力，无所不能。同时，政府对所规制对象的情况具有完全信息，无所不知，可以代表公众对市场做出一定理性的计算，实现社会福利最大化。

在满足上述假定条件的前提下，政府规制是有效的。即通过政府规制可以达到矫正市场失灵，实现社会公共利益的目标。也就是说，政府规制的有效性要求规制者必须具备三个条件：第一，规制者总能追求社会福利最大化；第二，规制者拥有完全信息；第三，规制者具

---

① ［美］史蒂芬·布雷耶：《规制及其改革》，李洪雷等译，北京大学出版社2008年版，第2—6页。

有充分理性。然而在现实中，这些假设条件很难满足，其结果是产生了规制失灵。

（一）不完美的规制者与规制失灵

传统的规制理论认为，规制者是道德人，其行为目标是追求社会利益最大化，规制的出发点是为了满足公众需要。在这一前提下，规制应该是有效的。然而在现实中，规制者并不是“道德人”，而是“经济人”，规制者的行为目标不仅仅是社会利益最大化，还有自身的利益要求。不同的行为目标必然导致不同的行为选择不同的政策，进而带来不同的结果。拥有自由裁量权的规制者为了最大化自己的利益，会进行“设租”、政治“创租”和“抽租”，这必然会扭曲理想的规制行为，最终致使规制无效，规制失灵。

不完美的规制者首先表现为规制者行为目标并不总是追求社会利益最大化。公共利益规制理论认为，规制行为的目标是社会利益最大化。然而，利益集团规制理论的代表人物施蒂格勒认为，规制者和企业一样，都是“经济人”，其行为目标不是为了社会利益最大化，而是为了自身利益最大化。施蒂格勒（1971）在其开创性的论文《经济规制论》中指出：“国家拥有一个在纯理论上即使最有实力的公民也不能分享的资源：强制权。国家可以通过文明社会法律所允许的唯一方法——税收——获取金钱，还可以决定物质资源的运用和在未经同意的情况下决定家庭和厂商的经济决策。这些权力就为一个行业利用国家提高盈利提供了可能性。”[①] 也就是说，国家拥有的强制性分配资源的权力可以为某一行业带来好处，可以使社会福利在不同的人之间进行转移。这就形成了行业对政府权力的需求即对规制的需求。同时，施蒂格勒认为，规制的供给者（政治家）和规制的需求者（行业）一样，都是理性的“经济人”，都具有自利动机，都可以选择自身利益最大化的行为。“谋求政治权力的行业必须找到合适的‘买主’，那就是政党。政党需要为自身的运行、维持组织、竞选支付成本。……谋求管制的行业必须支付两项政党所需要的东西：选票和资源。资源包括竞选经费、筹集经费的服

---

① ［美］乔治·J. 施蒂格勒：《产业组织与政府管制》，潘振民译，上海三联书店 1989 年版，第 212 页。

务及较间接的方式，比如为政党雇用工作人员。”[①] 在此，政治家被假设为自我利益最大化者，其效用函数的具体目标是选票和资源，获取选票和资源的最终目的是获得和保持权力。佩尔茨曼进一步认为，规制政策制定者效用最大化的行为将是寻求最广泛的政治支持。总之，利益集团规制理论认为，规制者并不是道德人，而是“经济人”，规制者的行为目标并不是为了公共利益，而是为了自身的利益最大化。作为规制供给者的政治家和规制需求方的行业互相交换效用函数，即选票、金钱与规制。对双方来说，最重要的是自己的福利最大化，而非社会福利或公共利益最大化。这就意味着规制的需求者能通过向规制者提供金融或其他支持来影响规制的结果，使规制有益于特定行业而不是社会公众。“管制过程在某些方面通常有利于受管制行业，当条件有利于该行业时，该行业是管制过程的主要获利者。”[②]

以施蒂格勒、佩尔茨曼等为代表的利益集团规制理论，把规制者看成是“经济人”，其规制的目标是自身利益最大化。但在他们那里，规制者是一个整体，政府是一个“黑箱”。事实上，规制体系并非一个整体，其内部存在层次，不同层次之间存在委托—代理关系。现代政治学文献对规制体系持有非整体观，不是将政府体系作为一个整体，而是将其分为两层：一层是当选的政治家（国会或政治委托人），另一层是政府机构。在国会和政府机构之间存在委托—代理关系，国会是委托人，政府机构是代理人。新规制经济学吸收了现代政治学的最新研究成果，突破了传统规制理论将规制机构看作是“黑箱”的暗含假设，打开了规制结构的“黑箱”，把规制结构分为国会和规制机构两个层次。当规制结构的“黑箱”被打开以后，两层的委托—代理关系变成了国会—规制机构—企业三层科层结构（见图 4 - 1）。

在三层次的委托—代理关系中，国会是委托人，是仁慈的，其目标函数是追求社会福利最大化；规制机构作为中间层，具有双重身份，对国会而言是代理人，对企业而言是委托人，其行为目标不再是社会利益最大化而是自身收入和效用最大化。企业作为最终的代理人，其目标是

---

① ［美］乔治·J. 施蒂格勒：《产业组织与政府管制》，潘振民译，上海三联书店 1989 年版，第 224 页。

② 同上书，第 238 页。

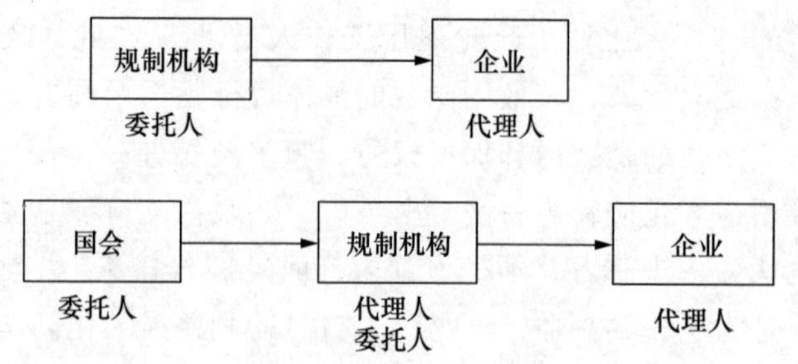

图 4-1 国会—规制机构—企业三层科层结构

利润最大化。在这样的科层结构中，规制机构的行为对利益集团的利益攸关，这一特点决定了它有可能和被规制者（利益集团）合谋，规制对象有可能贿赂、收买规制机构。

总之，无论是把规制者作为一个整体看待，还是打开规制机构的"黑箱"，规制机构的行为目标都不是所谓的社会福利最大化，而是最大化自身利益。

此外，不完美的规制者表现为规制机构的行为扭曲。不同的行为目标必然会带来不同的行为选择，规制机构在规制过程中拥有很大的自由裁量权，拥有自由裁量权的规制者，为了最大化自身的利益，有可能被规制对象俘获，或者与被规制者合谋，从而产生"寻租"和腐败现象，导致规制无效，即规制失灵。拉丰和梯若尔列举了利益集团俘获规制者的几种具体途径："①金钱贿赂是可行的，尽管由于其非法性而不常见。②对督察员和规制机构员工更有吸引力的是将来可以在受规制企业或其法律事务所或公共律师事务所谋求职位。③私人关系是政府官员善待他们的行业伙伴。④行业会迎合规制机构对'风平浪静'的需要，不会公开批评规制机构的管理问题。⑤最后，但并不是最不重要的，行业可以通过一些对规制机构有影响的重要的当选官员实现间接转移支付。这些方式包括对竞选活动的政治献金，也包括'一般民众'（员工、股东、供应商、工厂所在地居民）的投票和院外游说活动。"① 利益集团为了自身利益，通过种种手段收买规制者，影响规制者的决策制

① ［法］让-雅克·拉丰、让·梯若尔：《政府采购与规制中的激励问题》，石磊等译，上海三联书店、上海人民出版社 2004 年版，第 406 页。

定，其结果使规制不是为了公共利益，而是为了迎合特定利益集团的需要而产生。

在规制实践中，规制者并不仅仅是被动地适应行业的需求，为利益集团创造一个租金，而且还会主动考虑从私人那里获利，进行“抽租”。因为，政治家拥有一种产权，这种产权不仅使他能依此创造政治租金，而且能依此给私人租金施加消灭的威胁来抽取租金，即用它让他人受损，自己获利。麦克切斯尼认为，政治家不仅仅是面对竞争性私人需求进行财富分配的中间人，而且是有自己需求的独立行为人。因此，政治家除考虑“创租”外，还考虑从私人那里获利的其他方式。他认为，政治家为了获得选票和金钱向私人提供“租金”只是他们最大化自己利益的特例，更为一般的现象是政治家首先通过威胁，然后通过豁免，抽取已存在的私人租金，以获取收益。他提出了两种一般化的“抽租”方式：一是使用降价来威胁生产者（或者采用功能一样的策略，如取消国家授予的特权和许可）；二是通过增加一些负担而增加企业成本来威胁。“抽租”现象在欠发达国家较为普遍，在发展中国家，“抽租”实践更为公开化（McChesney，1987）。

总之，当规制者作为“经济人”出现时，自由裁量权会扭曲理想的规制行为。扭曲性的规制行为表现为：规制机构不能尽心尽力地监督企业，或与被规制者合谋来实现自己的目标，最大化自己的效用，导致规制的最终结果偏离规制的初始目标，规制无效。

（二）不对称信息与规制失灵

传统规制理论假设规制者和被规制者之间的信息是对称的，而且获取信息是无成本的。在此信息结构下，规制者通过制定相应的规制政策就可以进行最优决策，且没有规制失误。也就是说，政府规制的有效性建立在完全信息和对称信息的假设之上。然而在现实中，规制领域的信息结构是规制者与被规制者之间的信息不对称。信息不对称是指有关交易的信息在交易双方之间的分布是不对称的，一方比另一方占有较多的信息而处于优势地位，另一方则处于劣势地位。从发生的时间上看，信息不对称可分为事前的（签约前）信息不对称和事后的（签约后）信息不对称；从内容来看，信息不对称可能是某些参加者的行为，也可能是某些参加者的知识。与事前的信息不对称相联系的是逆向选择，与事后的信息不对称相联系的是道德风险。米尔利斯（Mirrless，1971）认为，由当事人错误报告信息引起的问题称为逆向选择，由当事人错误选择行为引起的问题称为道德风险。

规制领域的信息不对称主要是指有关规制对象的成本、绩效、努力程度、产品的市场需求状况等方面的信息在规制机构和企业之间的分布是不对称的。和规制者相比，企业对自己的成本、努力程度比规制者更加了解。信息约束会影响规制政策和规制工具的选择，从而影响规制的有效性。因为，在不对称的信息结构下，规制领域的逆向选择和道德风险不可避免。拉丰和梯若尔认为："道德风险指的是规制者观察不到内生变量。……当企业比规制者掌握了更多关于外生变量的信息时，逆向选择就产生了。"① 在这里，内生变量信息指的是企业降低成本、改善产品质量等行为的努力程度。对于企业的努力程度，企业自己很清楚，但规制者很难准确观察到，也就是说，有关企业行为的信息双方是不对称的。当规制者无法准确地观察到企业的努力程度时，企业就会降低努力程度或"负努力"。即企业可以把它降低成本的活动减少到社会最优水平之下，甚至把生产成本提高到降低效率情况下的水平。这种"负努力"就是一种典型的道德风险。外生变量信息主要是指有关企业的成本、技术、市场需求等方面的信息。和企业相比，政府对这类外生变量的了解要少得多。由于政府在这一方面处于信息劣势，企业为了自身利益，就有可能向政府错误地报告成本（技术）或需求信息等外生变量。企业向政府错误报告外生变量信息的行为就称为逆向选择。逆向选择会使企业在与政府的互动过程中攫取一定的租金。

逆向选择和道德风险的存在，会影响规制政策的效率。比如，收益率规制（Rate of Return Regulation，RORR）是一种传统的价格规制方式，在收益率规制下，规制当局允许企业获得一个基于资本投资的公平回报，即允许企业收回运营成本加上一个投资的公平回报。回报率规制的实质是平均成本定价。但对于企业平均成本的大小，规制者和企业拥有的信息是不对称的，为了自身利益，规制者有夸大成本的激励。而且，在回报率规制下，企业没有最小化成本的激励，企业的投资所发生的资本支出或运营费用很容易转移到产品或服务的价格中。一个追求利

① ［法］让-雅克·拉丰、让·梯若尔：《政府采购与规制中的激励问题》，石磊等译，上海三联书店、上海人民出版社2004年版，第1页。

润最大化的受规制企业在所选择的任何产出上，资本—劳动比率要大于一个追求成本最小化的企业所做出的选择，产生所谓的 A—J 效应。又如，在环境规制领域，各国主要的规制政策和手段是制定有害物的排放标准。根据经济学的基本原理，要使规制机构制定的标准水平有效率，必须把污染造成的损害和治理污染的成本结合起来，使污染的边际损害和污染的边际治理成本相等。只要规制者知道厂商的边际污染治理成本曲线和边际环境污染曲线，就很容易制定出有效率的规制标准。也就是说，有效率的环境标准要求政府了解与制定最优规制标准有关的企业信息。然而，这些信息掌握在企业手中，规制机构要想获取真实的信息具有很大的困难，需要支付很高的信息成本，有时甚至是不可能的。一般情况下，政府主要通过由污染者向政府报告获得上述信息，并根据污染者提供的信息制定标准。为了自身利益，企业会向规制部门隐瞒信息或提供虚假信息。在这样的信息结构中，标准的有效性很难保证，制定的标准不是过低就是过高。而且，在制定标准时，由于各地区、各个污染源治理污染的边际成本不同，所以，对不同地区、不同污染源制定不同的标准是有效的。制定不同的标准要求规制机构准确掌握每一个污染源的边际治理成本信息，要求规制机构投入大量的时间和精力来搜寻高质量的有关各企业边际治理成本的信息。但是，由于各个企业在生产方法、技术等方面不相同，政府同样主要通过污染者自身获得上述信息。为了自身利益，污染者会向规制部门提供虚假信息，以显示他们的边际污染治理成本会随着污染物排放量的削减而大幅度增加。所以，当政府试图设定不同的标准时会遇到很多困难。这使政府只能制定统一的标准。统一标准看起来公正、简单、便捷，但它却不能以最低的成本有效地削减排污量。一般情况下，厂商之间边际治理成本差异越大，使用统一标准所获得的绩效水平就会越低。一项研究表明，“对杜邦公司的国内所有工厂的碳氢化合物的排放来说，标准规制和最低成本方法所需成本的差距是 22 倍”。[①] 总之，由于信息不对称导致的逆向选择问题，使环境规制的主要方法——标准规制效率低下。

在政府规制领域，不仅规制机构和企业之间存在信息不对称，而且

① ［美］保罗·R. 伯特尼、罗伯特·N. 史蒂文斯：《环境保护的公共政策》，穆贤清等译，上海三联书店、上海人民出版社 2004 年版，第 43 页。

国会和规制机构之间也存在信息不对称。新规制经济学的代表人物拉丰和梯若尔认为："规制结构包括两个层次：规制机构（'监督者'）和国会（'委托人'）。与国会不同，规制机构有时间、资源和技能来获得有关企业技术水平的信息。国会依赖于规制机构提供的信息。规制机构的技能使它可以对国会隐藏信息以取悦行业或受价格决策影响的消费者群体。也就是说，利益集团可以贿赂规制机构使其不汇报特定信息。"① 国会和规制机构之间存在的信息不对称，同样会产生逆向选择和道德风险问题。逆向选择表现为规制机构对国会隐瞒企业的真实信息，和企业合谋；道德风险表现为规制机构对企业疏于监督。规制机构是一个监督者，主要职能是监督和制约规制对象的行为，但由于规制机构在监督方面的努力程度国会无法准确观察，为了自身利益，规制机构就会降低监督的努力程度，对规制对象疏于监督甚至不监督。规制机构的逆向选择和道德风险必然影响规制的效率。

综上可见，在信息不对称的情况下，拥有自由裁量权的规制者，为了实现自身利益有可能会扭曲规制行为，最终导致规制失灵。拉丰和梯若尔认为，有三个原因可以说明为什么规制不是最优的。"不对称信息，缺少承诺和不完美的规制者。不对称信息采取了道德风险和逆向选择的形式。它限制了规制者可以向企业施加的控制。由于合约和法律方面的原因，规制者对激励方案进行承诺的困难也降低了规制的效率。一个善意的规制者在未来的行为方式与他现在的行为方式可能背道而驰。最后，规制者或政治家可能是无能的，他们有自己不可告人的小算盘，或者干脆被利益集团收买，所以，他们就不会最大化社会福利。"②

第三节　政府规制有效性的决定因素

通过上述分析可知，政府规制有效性建立在一系列假设条件之上，然而，现实的环境与理想的条件相去甚远，在现实中，不完全的信息结

① ［法］让－雅克·拉丰、让·梯若尔：《政府采购与规制中的激励问题》，石磊等译，上海三联书店、上海人民出版社 2004 年版，第 407 页。

② 同上书，第 28 页。

构和不完美的规制者是一种客观存在，在这样的规制环境中，由规制者行为扭曲导致的规制失灵有其客观必然性。要解决规制失灵，提高政府规制的有效性就必须矫正扭曲的规制行为。根据新制度经济学的原理，主体行为是特定制度的产物，有什么样的制度就必然有什么样的行为。新制度经济学的代表人物诺斯指出："制度是一系列被指定出来的规则、守法程序和行为的伦理规范，它旨在约束追求主体福利或效用最大化利益的个人行为。"① 从诺斯的论述可以看出，制度是一种博弈的基本规则，其主要作用是约束追求个人利益最大化的主体的行为。

制度大体上可分为三种类型：第一，宪法秩序。宪法是一个国家的根本大法，是制定规则的规则，其约束力是普遍的。第二，制度安排。制度安排是指在宪法秩序下约束特定行为和关系的一套行为规则。包括成文法、习惯法和自愿性契约。第三，伦理道德和行为规范。伦理道德规范主要通过习惯、教育等形式潜移默化地形成，对一个社会的运转起着关键作用。在制度的三种类型中，宪法秩序和制度安排属于正式的制度或正式的约束，伦理道德规范属于非正式的约束。人的行为正是在正式制度和非正式制度的共同约束下展开的。

制度的主要功能是通过约束人的行为来维持一定的秩序。制度形成秩序的机理是：制度影响人的预期，预期引导行为，行为决定结果。也就是说，在制度、行为和结果之间存在直接的因果关系，制度是决定结果的最终因素。它们之间的关系用函数关系表达就是：

O = f（Inst）　　（O 代表结果，Inst 代表制度）

用图表示如图 4－2 所示。

图 4－2　制度—行为—结果

① ［美］道格拉斯·C. 诺斯：《经济史中的结构与变迁》，陈郁等译，上海三联书店 1991 年版，第 225—226 页。

传统的规制效果研究只关注从规制行为到规制效果的直接因果关系，其着眼点在于规制行为。随着新制度经济学的兴起，研究者越来越重视行为背后的制度因素。规制效果实现机制的逻辑链条应该是规制制度影响规制机构和规制对象的行为，进而作用于规制目标（见图4－3）。

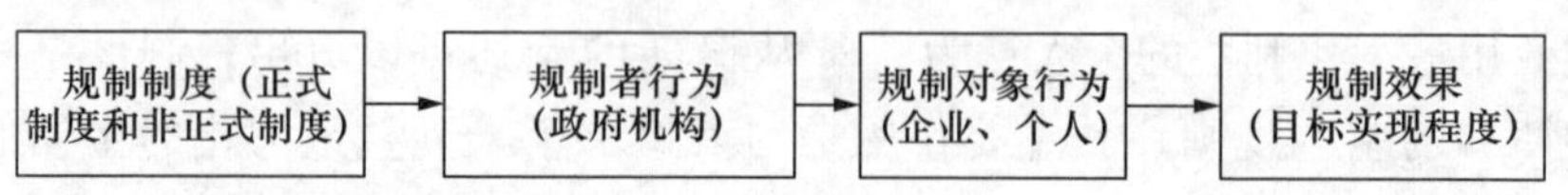

图4－3　规制制度—规制行为—规制效果

据此，我们认为，影响规制目标实现程度，即影响规制有效性的最终因素在于规制制度。完备的规制制度能有效地约束规制机构和规制对象的行为，提高规制的有效性；反之，制度的缺失和不足必然会带来规制效果和效率的损失。陈富良认为："要保证政府规制的有效性，理论上至少要有三个互相独立的主体，即规制确立者、规制实施者和被规制对象。"[①] 张会恒认为："决定规制有效性的主要因素是规制立法本身的合理性、执行规制的有力性以及规制者、被规制者和消费者等因素对立法和执法的影响。"[②]

规制制度是一个完整的体系。斯特恩和霍德（Stern and Holder, 1999）及斯特恩和库宾（Stern and Cubbin, 2003）指出，高质量的规制体系应具有以下特征：明确的法律框架、独立的规制机构、可靠的规制者等。肖兴志（2006）认为，规制制度应包括立法体系、监督体系、机构存在性、独立性规制。我们认为，政府规制制度是一个体系，规制体系是指规制制度的基本构成要素及其各要素之间的内在联系。从行政学角度看，政府规制既是一种公共行政过程，又是一个公共行政体系。行政过程涉及规制问题的确认、规制立法、规制执行、规制评估与监控、规制终结等环节。规制过程的每一个环节都影响规制结果的有效性。公共行政体系包括规制依据、规制主体、规制客体、规制方式等要

① 陈富良：《规制政策分析》，中国社会科学出版社2007年版，第85页。

② 张会恒：《我国公共事业政府规制的有效性研究》，中国科学技术大学出版社2007年版，第68页。

素，行政体系的每一个组成要素都影响规制绩效。

政府规制体系是指政府规制的各个组成要素及其各要素之间的相互联系与相互作用。从行政体系角度看，政府规制体系由规制立法、规制机构、规制对象、规制方式、规制监督机构等要素组成（见图4－4）。

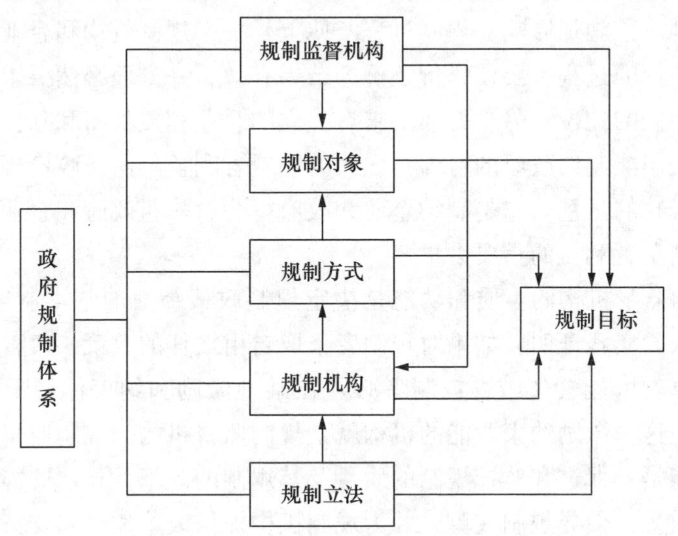

图4－4　政府规制体系框架

在政府规制体系框架中，规制立法是整个规制体系的基础，是政府规制的第一步，其目的是为政府规制活动提供法律依据。规制立法不仅赋予了规制的合法性和规制机构的合法性，而且从总体上规定了规制政策的目标。它既影响规制主体的行为，又影响规制对象的行为。在立法阶段，立法者是关键，立法者代表谁的利益，以什么样的原则立法，对规制的结果影响很大。

规制机构是规制的主体，是规制政策的制定者和执行者。在规制执行过程中，规制者取代立法者成为这一阶段的主要行为者。由于立法机构所制定的目标常常不具体，所以，规制机构在具体决定对某一行业或某一领域如何实施规制时有很大的自由空间。尽管立法机构可以约束规制机构，但起直接作用的还是规制机构。规制机构的结构、特征和行为直接影响规制效果。

规制方式是规制机构制定的实现规制目标的具体政策和手段。规制方式的选择直接影响规制效率和效果。规制目标和规制方式的不匹配是导致规制失灵的重要因素之一。

规制对象是被规制者，是市场经济中从事经济活动的主体，既可以是企业也可以是消费者。在规制过程中，规制者通过制定和实施规制政策对规制对象施加影响。规制过程实质上是一个规制机构和企业、消费者讨价还价的过程。要使讨价还价的结果有效，一方面必然要求规制主体具有独立的地位；另一方面要求有独立的企业利益集团和独立的消费者利益集团能制约政府的行为。强大的消费者利益集团是政府规制过程中不可或缺的角色，它是制约企业和政府行为、防止政府和企业合谋共同侵害消费者利益的重要力量。

规制监督机构的本质和功能是决定规制政策绩效的基本制度因素。发达国家的实践证明，如果对规制者采取自由放任的政策，改善规制质量的改革就可能会失败，规制者必须在某种激励和约束体制下履行职责。承担这一激励约束职能的机构就是规制监督机构。规制监督机构的主要职能是：促进和监控规制的质量及其规制的改革；具体职能是：审查规制质量，倡导规制改革，并为规制机构提供改革建议和支持。

建立政府规制体系的目的就是有效地实现政府规制的目标。目标的实现程度反映了规制效果的好坏。规制结果与规制目标越接近，说明规制效果越好、越有效；规制结果与规制目标偏离度越大，说明规制效果越差。所以，政府要想有效地实施政府规制，必须构建一个完善的政府规制体系。发达国家政府规制实践和改革的过程就是政府规制体系完善的过程。

本章小结

第一，政府规制有效性是反映规制结果逼近规制目标程度的一个概念，包括规制效果和规制效率。规制效果主要反映规制目标的实现程度，规制效率是指达到特定的规制目标所花费的成本，即规制收益和规制成本的对比程度。根据规制有效性的定义，有效的政府规制一方面要求政府规制有效果，另一方面要求政府规制有效率。即要求规制机构以较低的成本实现政府规制的目标。

第二，度量和评价规制效果就是检验和评价规制目标的实现程度，所以，规制效果的评价以规制目标为基础，对规制目标具有很强的依赖性。对规制效果进行评价和度量是一件十分困难的事情，因为，规制效果的评价是一种事后评价，是对规制方案出台并付诸实践后实际产生的经济影响和社会影响的一种评价。也就是说，规制效果评价的对象是规制产生的经济效果和社会效果。经济效果主要是为了弥补市场失灵，提高资源配置的效率，主要通过规制对产量、价格、成本、技术创新、产品质量、生产率等相关变量的影响来反映。社会效果主要是为了实现社会公平，提高社会福利水平，主要通过规制对收入分配状况和社会福利的影响来体现。因此，要估算规制的效果必须对这些变量在受规制之下的数值和没受规制之下的数值进行比较，其中心任务是找出一个无规制的基准，决定这些变量在没有规制时的数值。

第三，度量政府规制效率就是要看规制是否平衡了成本与收益的对比关系。具体地说，对规制效率的度量，包括对规制成本、规制收益以及成本和收益对比关系三个方面的衡量。成本—收益分析方法是衡量规制效率的一种基本方法，该方法基本的判定原则是：如果规制收益大于规制成本，则规制有效率；如果规制收益小于规制成本，则规制无效率。一个简单的计算方法是收益对成本的比例或收益—成本比率，收益—成本比率超过 1.0 时，规制才有吸引力。

第四，规制无效就是规制失灵。规制失灵会使资源配置无效率，社会福利水平降低。从一般意义上说，规制失灵和规制有效性一样，也包含两层含义：一是规制无效果，即规制不能实现弥补市场失灵，提高资源配置效率，实现社会公平的目标；二是规制无效率，即实现规制目标的代价过高，得不偿失。不完美的规制者和不对称信息的共同作用会导致规制失灵。

第五，影响规制有效性的最终因素在于规制制度。完备的规制制度能有效地约束规制机构和规制对象的行为，提高规制的有效性；反之，制度的缺失和不足必然会带来规制效果和效率的损失。政府规制体系是指政府规制的各个组成要素及其各要素之间的相互联系与相互作用。从行政体系角度看，政府规制体系由规制立法、规制机构、规制对象、规制方式、规制监督机构等要素组成。

第五章　政府规制体系

规制体系是由规制立法、规制机构、规制对象、规制方式、规制监督机构等组成的一个有机整体，其中，规制立法、规制机构和规制方式是最重要的构成要素。本章主要从规制立法、规制主体、规制方式和规制监督机构四个方面分析有效的规制体系应该具有什么样的性质、特征。旨在为分析我国政府规制体系存在的问题，构建我国完善、有效的政府规制体系寻找理论依据。

第一节　政府规制立法

一　规制立法的任务和功能

政府规制的有效性和政府规制的过程密切相关，并体现在规制过程的方方面面。规制过程中有两个关键阶段：一是规制立法；二是规制执法。

规制立法是规制过程的第一个阶段。在规制过程中，立法机构有两项关键任务：一是要明确哪一个政府机构对某一行业或某一领域进行规制。可以是新建一个规制机构，也可以扩大现存规制机构的管辖范围。如美国1887年出台的《州际商业法》，要求建立州际商业委员会（ICC）来行使对铁路的管辖权，1935年的《汽车运输法》将汽车运输划归ICC管辖。二是划定规制机构的权力。在经济性规制领域，规制机构的主要权力是控制价格和行业的进入与退出。如1887年的《州际商业法》尽管赋予了ICC对铁路行业的规制权，但直到1906年的《赫普伯恩法》和1920年的《运输法》颁布后，ICC才有了控制铁路价格的权力。此外，规制立法经常对一些常规政策目标做出详细说明，以便规制机构可以遵照执行。比如，立法机构会指示规制机构对价格做出合理公正的规定，以确保消费者可得到某项服务。

规制立法的功能，可以把它总结为以下三个方面：

（一）规制法是为了弥补市场失灵，提高效率

这是规制法最基本的功能。当代美国最负盛名的法学家凯斯·R. 孙斯坦认为："很多制定法都是为了回应新古典经济学所理解的市场失灵。"① 这些市场失灵来自垄断、集体行动的难题、协调的难题和交易成本、外部性、信息不对称等。规制法是为了应对产生垄断的危险，这一点没有异议，禁止垄断行为的规制是为了确保市场的良好运作。集体行动的难题是指单独的私人理性行为有可能造成集体的或公共的非理性。如果每个人都根据自己的利益采取行为，有时候就可能造成严重的危害。环境法就是一个很好的例证，洁净的空气和洁净的水具有公共产品的性质，每一个排污者从自己的利益出发都会理性地选择排污行为，结果使整个社会的环境状况恶化。制定环境法就是对这个问题的回应。协调的难题无处不在，在协调的难题中，将某些愿望留给私人自行解决只会造成混乱和无序，通过政府对私人行为的规制却可以更好地满足这些愿望，政府对航空和交通的规制就是一个很好的例子。在航空和交通规制中，政府不是要迫使人们做他们不想做的事情，而是通过强制使他们能够做及他们想做的事情。"集体行动和协调的难题惊人的普遍，考虑到这些难题的存在，经常被讥笑为'父爱式'的规制其实在很多情况下都是必要的。"② 信息不对称问题在安全和健康领域中特别重要，在这些领域人们常常是缺少信息或根本无法得到信息，很多现代安全规制就是对这类问题的回应。在现代化的民主国家中，外部性几乎无处不在，外部性要求对环境和健康进行规制。此外，动物和自然的问题实质上是一个代际外部性问题，通过政府规制可以减少代际外部性。

（二）规制法是为了实现公益性的再分配，促进社会公平

"很多制定法的目的都是为了要将资源从一个集团再分配给另外一些集团……受益集团就相关资源拥有合法的权利主张。"③ 如《社会保障法》《食品券法》《失依儿童家庭保障法》都是为了将资源转移给穷

① ［美］凯斯·R. 孙斯坦：《权力革命之后：重塑规制国》，钟瑞华译，中国人民大学出版社2008年版，第52页。

② 同上书，第3页。

③ 同上书，第60页。

人或弱势群体，健康和安全规制有时是为了将资源从雇主和生产者转移给工人和消费者。还有一些规制法是为了反对歧视，实现公平。如《平等报酬法》《发育残障者帮助和权利法》就是如此。实现再分配是规制的一个功能，但规制再分配的效果是复杂的，有时候还是不幸的，甚至会伤害到那些境况最差的人。如最低工资立法，减少了就业；一些职业安全立法，既减少了就业，也降低了工资，这被称为“规制悖论”。

（三）利益集团转移和“寻租”

有些规制法源于自利的私人利益集团寻求对自己进行有利的财富再分配。如对运输业的规制最初以公共利益为理由，事实上，它却以牺牲公共利益为代价，设立了有利于特定利益集团的卡特尔。利益集团转移从任何意义上都无助于公共福利，公众是利益集团转移的输家，为了利益团体转移的规制本身就是失败的。

二　规制立法的失灵

由于规制将限制企业的一些决策，它会影响企业和消费者的利益，所以，在立法阶段，无论是行业还是消费者都会游说立法者，并试图影响立法的内容和立法的通过。在这一阶段，立法者是关键，立法者代表谁的利益立法，立法的质量直接影响规制有效性。如果规制立法本身存在问题，就会导致规制失灵、规制无效。孙斯坦认为，政府规制失灵既可能是规制制定法本身存在问题，也可能是制定法实施中存在的问题。他在其《权力革命之后：重塑规制国》一书中指出：“规制失灵常常源自颁布该项法律的立法机关的错误。忠实地实施一项差劲的制定法不可避免地会使事情变得更糟而不是更好；无论行政管理者多么能力超群并大公无私，他们都不可能获得成功，除非他们决心一点都不实施这项法律。”①

引起规制立法失灵的原因有以下三个方面：

（一）立法者受利益集团影响，规制法成了利益集团实现利益转移的工具

“那些相当于私人财富转移的制定法本身就是规制失灵。可以想

① ［美］凯斯·R. 孙斯坦：《权力革命之后：重塑规制国》，钟瑞华译，中国人民大学出版社2008年版，第96页。

象，这样的制定法无论从再分配、经济生产率、社会抱负或其他方面进行分析，都不会促进任何公共目标。当一项规制法沦为利益集团转移这种类型时，剩下的唯一争议就是损害到底是多少。”① 在规制立法阶段，立法者代表谁的利益立法，直接影响规制有效性。规制法失灵的原因之一是，立法者不是出于公共利益立法，而是为了实现私人利益集团的利益转移。通常创设一项规制法案的初衷并不是纯粹为了利益集团的利益交换，但是，当规制法案的内容和范围受到组织严密的利益集团势力的不当影响时，规制法就可能会成为利益集团实现私人利益的工具。在这方面，环境规制提供了很多例子。例如，由于环境保护组织和东部高硫煤炭生产厂商之间存在某种微妙的关系，美国《空气净化法》中的某些条款要求所有的煤炭生产厂商使用同样的技术来净化煤炭。这项要求使西部低硫煤炭生产厂商在经济上处于十分不利的地位，因为它要求西部的低硫煤炭生产厂商和东部的高硫煤炭生产厂商使用同样的技术来擦洗他们本来已经十分干净的煤炭。这项法案的后果是阻碍人们将使用低硫燃料作为一项反污染的策略，而且对高硫燃料生产厂商有充分的经济激励，变成了对高硫燃料生产厂商数十亿元的经济援助。再如在美国职业安全和健康管理立法中规制有毒物质的苛刻规定部分是工会游说的产物，其结果造成了成本与收益极不相称，成本远远大于收益。

（二）拙劣的规制方案设计

有时规制法之所以失灵是因为立法者已对所规制问题做出了错误的诊断，实施了拙劣的政策。当立法者试图对公众呼吁强烈的事件给予迅速的回应时，或者试图在技术复杂的领域进行细致入微的立法时，这种情况最有可能发生。孙斯坦认为：“在更一般的层次上，规制方案为三种普遍存在的拙劣的政策分析所累：依赖命令和控制策略而不允许市场激励存在的灵活政策；没有认识到貌似有益的规制方案有可能会产生副作用；未能使规制功能和规制策略匹配。”②

立法者通常习惯于使用命令和控制的方法来实现各种规定的目标，命令和控制策略试图由中央集权的全国性官僚体系指导私人的行为，它

---

① ［美］凯斯·R. 孙斯坦：《权力革命之后：重塑规制国》，钟瑞华译，中国人民大学出版社 2008 年版，第 96 页。

② 同上书，第 99 页。

常常要求所有的或大多数企业利用统一的方法实现既定的目标。例如，在环保领域对污染源提出“最佳可得技术”的规制要求就是如此。这种方法最大的优点是简单，容易操作，但以技术为依据来设计反污染策略的一个重大问题是忽略了不同企业之间、不同地区之间的差异，效率比较低下。而且要求所有企业都采用同一种技术会使新产品处于不利地位，不利于新技术的开发和利用。

规制往往会产生复杂的后果及意料之外的副作用。在规制实践中，规制事实上的效果要远比立法机关的预期复杂得多，甚至与其所追求的效果会南辕北辙。但立法者在设计方案之初，往往不理解或意识不到。例如，美国的社会性规制立法都反映了一种立法信念即极度严格的规制要求将自动实施规制的目标，即洁净的空气和水、安全的工作场所、卫生的食品等。但事实是严格的规制反而造成了规制不足，产生了规制悖论。如禁止在食品添加剂中使用任何致癌物质的德莱尼条款就造成了两个不幸的后果：一是已经大大改善的现代检测技术使基本上安全但却有致癌性的物质无法进入市场，而以前被批准的物质是因为使用了更加原始的检测技术才得以进入市场的，结果是安全性更小了，而不是更大了；二是一些生产商开始使用实际上比低风险致癌物质更加危险的食品添加剂。再如，《最低工资法》的初衷是为了将财富直接从雇主转移到雇员手中，但其再分配效果是相当复杂的。同样，国会认为，通过《职业健康和安全法》对工人提供非常主动的保护，就能轻易地实现从雇主到雇员的再分配，但其结果却是过于苛刻的制定法标准造成对工人的保护不足。

有时候，立法者对私人市场中存在的问题会以不匹配的规制手段加以回应，即规制的手段和应规制的问题不匹配。一般情况下，自然垄断可以通过价格规制得到合理的控制，外部性可以通过依赖市场的激励制度得到最佳规制，信息披露和甄别应该是对信息不对称的最好回应。但在很多场合，立法者设计的规制策略与其要解决的市场失灵之间没有这种关联性。例如，航空业存在的问题本应以托拉斯法加以解决，但政府通常采用的是价格控制，导致的结果是高成本、高超额利润和消费者的不便利。在环境领域普遍存在的命令控制其效率要低于市场激励的方法。以价格控制的方式实施对电力、天然气等自然垄断领域规制，会使这些不可或缺的商品发生严重短缺。

（三）协调失灵

有些规制法失灵是因为它们与规制同一事项的其他制定法不协调，即各种法律不一致和不连贯。协调的缺失降低了问责性和回应性，加剧了针对势力范围的内部斗争，使政府无法提出连贯一致的规制方案。比如，美联邦残障者政策就是一例，将责任分散于数个联邦行政机构必然会造成矛盾百出和混乱不堪。再如，美国有不少于20部制定法对致癌物质进行规制，有十几个行政机构实施，却产生了一个奇特的结果——从严格的规制到干脆没有规制。

要提高规制的有效性，首先要避免规制立法失灵。克服规制立法失灵，需要对立法过程进行改革，规制法方案要不被利益集团所左右，要充分考虑规制复杂的体系化效应，各种规制法要尽可能地协调、连贯一致。

第二节　政府规制机构及行为制衡

规制机构是规制主体，是规制法的具体实施者。很多规制法失灵的原因是规制机构未能忠实地执行规制法。规制法没有被充分实施的原因很多，如规制机构被利益集团俘获、规制机构掌握的信息有限、规制法的自利等。这些都和政府规制机构有关，规制机构的性质及行为特征与规制有效性密切相关，提高政府规制有效性的一个重要途径就是建立独立而专业的规制机构，设计一套有效的规制者行为制衡机制。

一　政府规制机构的性质与特征

规制机构是指承担规制职能的机构，也就是规制主体，亦称为规制者。由于规制有广义和狭义之分，所以，对规制机构的界定也有广义和狭义之分。从广义上看，规制是指依据一定的规则对个人和组织的活动进行限制的行为。规制主体既可以是个人，也可以是政府，还可以是企业和其他非政府组织。英国劳拉·麦格雷尔、托尼·普鲁瑟和夏洛特·维利尔斯等认为，规制不一定必须由政府当局进行，也可以采取私人秩序的方式。因此他们认为，规制主体应包括社会公共机构（其中包括国家立法机构、行政机构和司法机构）、行业协会及其他形式的社会中介组织、私人（如企业内部的自我规制机构）等。欧洲的学者一般采用这种观点，一些欧洲国家也采纳这种界定。比如，英国电信规制办公室1995年发表的《关于1999/2000年电信市场管理计划》就将规制分为专门规制机构规制、行业自律性规制、竞争对手互相提供的行为约束和其他政府机构规制四类。从狭义上看，规制是指政府规制，因此，规制主体只是政府机构，不包括立法机关、司法机关、行业协会和其他社会组织。目前，美国大部分学者采用这一观点。

我们认为，市场经济需要一个多层次的规制体系，政府规制、非政府规制与企业自我规制等是相互配合、相互补充的关系，充分发挥社会多元力量的作用对改善政府规制质量，提高政府规制效率具有重要意义。但政府规制与非政府规制在规制依据、规制方法、规制程序等方面都存在很大的差异。本书采用狭义的观点，把研究范围仅限于政府规制机构。政府规制机构行使的是一种公权力，具有国家强制力。

对于政府规制机构性质的规定，不同国家之间存在差异，甚至同一国家对不同规制机构的定性也不一致。概括起来，有三种情况："第一，行政机构说。在美国历史上，关于政府规制机构的性质曾众说纷纭，有'国会武器说''准司法机构说''行政机构说'等。但现在美国无论是官方还是学者已基本上倾向于将规制机构作为一种行政机构。美国政府手册也一直将独立的规制委员会作为行政部门的分支来介绍。第二，公法人说。在以英国为首的英联邦国家，规制机构多被定位为公法人。公法人是指在具有一般职权范围的中央行政机关和地方行政机关以外，享有一定的独立性和单独存在的法律人格并从事某种特定的公共事务的行政机构。第三，事业单位说。在我国大部分规制机构为国务院组成部、国务院直属机构或国务院组成部门管理的国家局，其性质为行政机构确认无疑。但一些新建的规制机构如中国证券监督管理委员会、中国银行业监督管理委员会、中国保险监督管理委员会等，被定性为国务院的直属的事业单位。"①

政府规制机构是一个非常复杂的群体，根据不同的标准，可以分为不同的类型。

根据独立程度的不同，可以分为隶属于传统部门的规制机构（the Dependent Regulatory Agencies，DRA）和独立于传统部门的规制机构

① 马英娟：《政府监管机构研究》，北京大学出版社2007年版，第36—38页。

(the Independent Regulatory Commission，IRC)。DRA 是指承担政府规制职能，但隶属于现存的行政部门。这些规制机构存在于行政系统内部，不能完全摆脱部长或最高行政首长的影响，但法律赋予了他们很大的独立权力，在一定范围内可以单独地决定规制政策。DRA 在英国最常见，如英国的电信规制机构设置在贸易和工业部下。美国的社会性规制机构多为从属性规制机构，比如，食品药品管理局隶属于卫生和公共服务部，环境保护署隶属于总统。IRC 是指承担政府规制职能，但独立于传统官僚阶层之外的规制机构。IRC 在美国最常见，如美国联邦贸易委员会、证券交易委员会、联邦通信委员会等都属于独立的规制机构。

根据承担的职能不同，可以将规制机构分为经济性规制机构和社会性规制机构。经济性规制机构主要承担政府的经济性规制职能，如美国的联邦贸易委员会、证券交易委员会等。承担社会性规制职能的机构是社会性规制机构，如美国的环境保护署、食品药品管理局等。

根据行政级别和规制区域的不同，可以将规制机构分为中央规制机构和地方规制机构。中央规制机构主要对全国范围内的经济社会问题进行监管，地方规制机构的监管范围仅限于地方性经济社会问题。

无论是把规制机构看作行政机关、公法人还是事业单位，无论是独立的规制机构还是从属的规制机构，它们都履行政府的规制职能，通过行使准立法权、行政权和准司法权完成行政任务，都具有一些共同的特征：

第一，独立性。独立性是政府规制机构的核心特征，是规制者能否扮演好公共利益维护者角色的决定性因素。唯其独立，规制机构才能摆脱政治干预和行政影响，客观、公正地行使规制权；才能保持规制政策的一致性、可信性和可问责性。规制机构的独立性有两层含义：一是规制机构与政府其他行政机构的政策制定职能分离，即规制机构要独立于传统的官僚体系，规制机构的决定不受不正当的政治干预和行政影响，独立自主运作。要使规制机构真正地独立于政治，必须保证规制机构的人事独立、职权独立和经费来源独立。二是规制机构要与规制对象分离，即规制机构要与企业和其他利益集团保持一定的距离，不受它们影响。规制者被利益集团“俘获”一直是规制机构受到的最常见、最猛烈的批评，规制机构和规制对象保持一定的距离是避免规制者被利益集团“俘获”的重要条件。

建立独立的规制机构目前已成为各国和国际组织的共识。如 OECD 于 2005 年 1 月在伦敦举行了“为实现高质量规制设计独立且负责任的规制机构”的专家会议，各成员国和与会专家一致认为，独立是规制机构实现高质量规制的核心要素之一。OECD 提出，可以通过以下几种机制提升规制机构的独立性：“①监管机构在制度上必须与负责政策制定的部会有所区隔；②新的监管机构委员由最高行政首长任命，经国会同意；③监管机构采取合议制，并有任期保障，委员任期交错；④监管机构有人事任免的自由权；⑤监管机构有独立的预算来源；⑥除依司法程序外，其他行政机构无权推翻监管机构做出的决定。”①

值得注意的是，规制机构的独立是相对独立而非绝对独立。在保证规制机构独立性的同时，要确保建立独立的问责机制，要确保独立机构与政府机构之间的政策协调。

第二，可问责性。规制机构具有独立性，享有广泛的自由裁量权，这使规制机构有可能成为“无责任的地带”。史普博认为：“管制机构有多种形式。然而，它们中的大多数都具有广泛的权力，制定政策时有相当的自由，还能独立行为。……是无‘顶头上司’的‘第四部门’，一种因偶然因素设置的不承担责任的机构。”② 正因如此，在强调规制机构独立性的同时，不能忽视独立性可能给规制机构带来的缺陷，必须保持规制机构的可问责性。规制机构的可问责性主要涉及决策过程和激励机制两个层面。首先，决策过程必须是透明、公开的，并且从属于法定的审查机制；其次，违规行为能够轻松地认定并使之受到惩罚。斯蒂格利茨认为：“可问责性的具体要求如下：①有明确的目标；②有可靠的途径评估是否实现了这些目标；③不同的行为应承担不同的行为后果。”③

为了简便，OECD 设计了规制机构可问责性的具体衡量指标。如表 5 -1 所示。

---

① 马英娟：《政府监管机构研究》，北京大学出版社 2007 年版，第 95 页。

② ［美］丹尼尔 · F. 史普博：《管制与市场》，余晖等译，上海人民出版社、上海三联书店 1999 年版，第 86—87 页。

③ Joseph E. Stiglitz，Democratizing the International Monetary Fund and the Word Bank：Covernance and Accountability，*Goveranace*，Vol. 16，No. 1，2003，pp. 111 - 139.

表 5-1　　政府规制机构可问责性的衡量指标体系

<table>
<tr><th>范围</th><th>变量</th><th>考察指标</th></tr>
<tr><td rowspan="4">激励机制</td><td rowspan="3">规制政策的目标</td><td>(1) 适用的法律是否规定了规制目标?</td></tr>
<tr><td>(2) 如果存在多重目标，是否规定了明确的优先次序?</td></tr>
<tr><td>(3) 目标是否被量化（或用明确的语言表述）?</td></tr>
<tr><td>评估程序</td><td>(4) 对规制目标的实现程度是否有定期评估程序?</td></tr>
<tr><td rowspan="8">透明度</td><td rowspan="3">经济上的透明度</td><td>(5) 公众是否能获得制定规制政策的数据资料?</td></tr>
<tr><td>(6) 规制机构是否公布用来进行政策分析的正式经济模型?</td></tr>
<tr><td>(7) 规制机构是否发表经济预测?</td></tr>
<tr><td rowspan="5">程序上的透明度</td><td>(8) 规制机构是否提供表明其规制政策的明确的规制规则或策略?</td></tr>
<tr><td>(9) 规制机构是否在合理的时间内解释其政策决定?</td></tr>
<tr><td>(10) 规制机构是否公开每一个决定做出的过程?</td></tr>
<tr><td>(11) 规制机构是否公开未来可能采取行动的明确的迹象?</td></tr>
<tr><td>(12) 规制机构对规制目标的实现程度是否进行定期评估?</td></tr>
<tr><td rowspan="3">决策的公开</td><td rowspan="3">参与</td><td>(13) 规制机构是否征求咨询委员会的意见?</td></tr>
<tr><td>(14) 咨询委员会是常设的还是临时的?</td></tr>
<tr><td>(15) 咨询委员会由哪些代表组成? 各自的比例如何?</td></tr>
<tr><td rowspan="3">法定的审查</td><td rowspan="3">申诉机制</td><td>(16) 对规制机构的决定可以申诉吗?</td></tr>
<tr><td>(17) 如果可以，可以向哪些机构申诉?</td></tr>
<tr><td>(18) 申诉理由有哪些?</td></tr>
</table>

资料来源：转引自马英娟《政府监管机构研究》，北京大学出版社 2007 年版，第 96 页。

分析表 5-1 中所列指标体系可以看出：规制机构可问责性的实现，在很大程度上依赖于制度设计，包括法律明确规定的规制目标及其评估程序，透明、公开、参与、申诉和监督等。其中，明确的目标提供了可问责的依据，透明、公开、参与提供了可问责的程序机制，监督提供了可问责的渠道。

第三，专业性。所有规制的领域如电力规制、电信规制、金融规制、环境规制、食品药品规制等都具其特殊的技术特性和专业性。传统的行政机构一般缺乏专业知识和能力，无法达到有效规制的目的。由各方专家组成的专业化规制机构能够做出比较正确、权威的裁决。如 1887 年美国国会创立第一个规制机构——州际商业委员会（处理与铁路运费有关事务的规制机构）的初衷就是因为，在这一领域里，规制机构同国会或法院相比拥有更多的时间、知识和经验。一旦它被赋予相应的权力，就有可能降低立法或司法的成本，从而取得专业化带来的节约。史普博指出："组织起一支专业化的雇员队伍，让他们将注意力长期专注于某特殊行业或某组织，从而熟知这些行业的特征。因此，在信息收集方面，行政机构能产生专业经济。行政机构可以重复多次地执行特殊任务，如EPA（环境保护署）在不同的行业里对污染进行管制。"[①]规制机构专业化的好处有很多：台湾政治大学的许樱纯（1998）列举了规制机构专业化的十大好处：[②] ①知识的权威性可以使规制体系免受外界的质疑；②专业的声明可以使规制机构的存在与运作取得一定的正当性；③专业的规范与标准可以增加规制官员的责任性；④专业化可以解决一些官僚问题；⑤专业化有助于政治和科学的相互了解；⑥专业化可以为专业人员提供内在的激励；⑦专业化可以增进行政领域的公共地位；⑧专业化可以提高公共计划在学院中的地位；⑨专业化对于界定知识体系和构建适当的伦理行为有较多的共识；⑩专业化可以改进组织的能力。总之，规制机构的专业化是实现有效规制的重要因素。

规制机构只有具备上述特征，才能够独立、专业地行使政府的规制职能，才能保证政府规制的有效性。否则，规制机构就无法正常地行使其职能，就会影响政府规制的有效性。

二　规制机构的行为及制衡机制

规制机构的行为是实施政府规制，在实施政府规制过程中，规制机构要完成规章制定（准立法）、法律规章执行（行政）和裁决（准司法）等方面的任务。由于立法机构不可能制定实现规制目标所需的所有规则，它只能将一部分规章的制定权授予规制机构。规制机构以行政法规的形式创造法律和标准。法规为达到规制机构的特殊目的提供政策工具。规制机构通过守法的监督和实施法律制裁来执行规章，行使其行政职能。规制机构在行使其执法职能时，需要收集信息。规制机构不仅有义务向大众提供有关环境、消费品、行业技术等方面的信息，而且也需要大量的信息以监督法律或行政法规的执行情况。此外，大部分直接

---

① ［美］丹尼尔·F. 史普博：《管制与市场》，余晖等译，上海人民出版社、上海三联书店1999年版，第87页。

② 许樱纯：《公共行政专业主义之研究》，硕士学位论文，台湾政治大学，1998年。

规制都需要充分的信息，如环境标准的制定、产品质量和工作场所安全标准的制定、费率的制定等都需要详尽的信息。规制机构不但具有准立法和行政职能，而且还承担着司法任务。规制机构承担的司法任务反映在规制机构对特殊案件的具体裁决过程中，规制机构有时像法院一样扮演冲突的裁决者角色，裁决是规制机构的一种政策工具。

通过对规制机构行为的分析可以看出，政府规制行为是一种集立法、司法、执行于一体的行政行为。由于规制机构在规制过程中拥有很大的自由裁量权，如果没有相应的制衡机制，就可能会导致规制权的滥用，从而影响政府规制的有效性。要保证规制的有效性，必须规制规制者。对规制行为的制衡主要来自以下四个方面：

（一）立法机关的控制

规制机构的行为必须要受到立法机关的控制，这种控制主要表现在立法上的控制、预算上的控制、人事上的控制和调查权的控制等方面。

立法机关既然能通过立法赋予规制机构权限，也可以通过立法限制、缩小甚至取消其职权。如美国食品药品管理局曾试图禁止使用唯一核准的人工糖料——糖精，激起了民众的强烈反对，国会为此停止了这项规制行为。此外，立法机关还可以通过立法创立监督控制机制，防止规制机构揽权违法，如制定行政程序法对规制过程进行控制。预算上的控制是立法机关控制规制机构最有效的武器。国家预算由立法机构审议，这是世界各国的通例。立法机关可以增加规制机构的预算，扩大其活动；也可以减少其预算，缩小其活动。如美国国会有一个拨款委员会，由资深的议员组成，对规制机构监管的事项及财政事务了如指掌。同时还有一个审计部，负责监督预算的执行，严格控制规制机构的财政。立法机关主要通过人事批准权对规制机构进行人事控制，规制机构的人选一般由最高行政长官提名，但最后要经立法机关批准。比如美国独立规制委员会的委员都由总统提名，但要经参议院批准才能任命。此外，各国立法机关都对行政机关具有调查权，如美国国会为防止规制机构腐败，设立了一个特别调查委员会，专门调查独立规制委员会的工作。

（二）行政控制

规制机构虽然具有较大的独立性，但仍然受最高行政长官的影响。在不同的政治体制下，最高行政长官对规制机构的控制和影响程度不同。传统上，欧洲最高行政长官对规制机构拥有较大的控制权；美国总统对独立规制机构的控制权受到国会的严格限制。最高行政长官主要通过人事任免权来实现对规制机构的行政控制。最高行政长官对规制委员会的委员具有任免权。他可以提出自己赞同的人选，也可以对不称职的委员免职。如美国《联邦贸易委员会法》规定，总统对“无能、不称职、违法失职”的委员具有免职权。但对“何为无能、不称职”没有明确的规定，总统对此具有相当大的自由裁量权。

（三）司法控制

司法机关对规制机构的控制主要是通过司法审查进行的。司法审查是防止规制机构滥用权力、维护公共利益的最后一道防线。规制机构拥有法规制定权和裁决权，但当当事人对规制机构的裁决不满时，可以向法院请求司法审查。法院有权依法对规制机构做出的裁决进行复审，从而保护公民的利益。值得注意的是，法院对规制机构的控制是一种被动控制，法院不能主动干预或代理规制机构进行裁决，只有在当事人不服规制机构的裁决而向法院提起诉讼时，法院才可以进行审理。

（四）社会力量控制

社会力量是制约公共权力的一种重要力量。社会力量主要包括社会团体、公众、媒体等。尤其是新闻媒体，如果其权力得到充分行使，对规制者的行为有很大的约束力。美国在 1966 年出台了《信息自由法》，要求规制机构的档案必须向公共利益集团、学者、新闻记者及其他有关团体开放，以便于社会力量的监督。

第三节　政府规制方式的选择

政府规制方式的选择和规制的有效性密切相关，不同的政府规制方式具有不同的特点，也会带来不同的效果。经济性规制的主要方式有价格规制和准入规制，社会性规制的主要方式有标准制定，税收与补贴、许可证交易、信息披露、自愿规制等。其中，标准制定是传统的规制方式，也是一种命令—控制型的规制方式；税收与补贴、许可证交易等是以市场为基础的激励型规制方式；信息披露、自愿规制是传统规制替代措施。

一　经济性规制方式

经济性规制包括对企业一系列决策的限制，规制机构限制的主要决策变量有价格、企业数目、产品质量和投资，其中最关键的两个变量是价格和企业数目。据此，经济性规制的主要内容有价格规制、准入和退出规制、质量规制、投资规制等，其中价格规制和准入规制是最主要的内容。在此，我们只分析价格规制的方式。价格规制包括价格水平规制和价格结构规制，价格水平涉及总成本和总收益之间的关系，通常是根据正常成本加合理报酬算出来的。在此，我们只分析价格水平规制。价格水平规制包括边际成本定价和偏离边际成本定价两种形式。在规制实践中，发达国家传统的价格规制模式是收益率规制，即平均成本定价。

（一）收益率规制

收益率规制（Rate of Return Regulation，RORR）是一种传统的规制方式，又被称为服务成本规制。指规制当局允许企业获得一个基于资本投资的公平回报，即允许企业收回运营成本加上一个投资的公平回报，而不允许获得一个超过公平回报率的利润。收益率规制的主要对象是企业的资本收益率，而不是价格。只要企业的资本收益率不超过规定的公正报酬率，企业就可以自由地选择价格、产量和投入。资本回报率由当局公布，回报率制定的原则是公平、合理，没有歧视，确定的依据是：用收益减去非资本投入的成本，再除以资本投资水平。当企业提供一种产品或服务时，资本回报率模型是：

$$(pq-c)/k\leqslant r$$

式中，p 表示价格，q 表示产量，c 表示非资本投入的总成本，k 表示资本投入，r 表示规制当局规定的回报率。

据此，$\mathrm{p}\leqslant(\mathrm{rk}+\mathrm{c}/\mathrm{q})$，即价格不超过平均成本，由此可见，回报率规制的实质是平均成本定价。

收益率规制是被广泛地运用于美国公用事业的规制。它的优点是：保证企业收支相抵，避免自然垄断企业破产风险，通过承诺一个公平的资本回报率，确保企业长期投资。缺陷是：导致企业过度投资。在回报率规制下，企业没有最小化成本的激励，企业投资所发生的资本支出或运营费用很容易转移到产品或服务价格中。一个追求利润最大化的受规制企业在所选择的任何产出上，资本—劳动比率要大于一个追求成本最小化的企业所做出的选择，产生所谓的A—J效应。

（二）价格上限规制

价格上限规制，是指规制机构对被规制企业的产品或服务的价格设定上限。价格上限公式是：

$P = RPI - X$

式中，P 表示行业产品价格变动率，RPI 表示零售物价指数，X 表示该行业的技术进步率。技术进步率由各行业的规制当局核定，每隔4—5年核定一次。根据这一公式，即被规制企业价格的平均增长率不超过零售物价指数（RPI）减去X。

价格上限是对传统价格规制方式的一种替代措施。如果说传统的回报率规制是一种成本加成机制的话，那么，价格上限定价就是一种固定价格机制，实际上是一种存在道德风险时的剩余索取合同。1984年，英国最早将价格上限规制运用到电信业中，美国联邦通信委员会（FCC）在1989年3月开始对AT&T采用价格上限规制代替原来的收益率规制。美国1995年只有9个州采用价格上限规制，到2003年实施价格上限的州已增至40个。

价格上限规制有许多优点，它能够激励企业技术进步，降低成本，提高生产效率。因为价格上限为通货膨胀率减去生产率的增长率，如果企业能够将生产率提高到合同规定的X水平以上，企业就可以由此而获得额外的报酬。对消费者而言，消费者能够享受到企业效率提高的好处，能优化资源的配置效率。例如，英国自实行价格上限规制以来，通信公司价格下降27%，电力价格下降25%，天然气价格下降13%。但价格上限规制也有许多局限性，比如，各个企业的价格常常会停留在上限价格的水平上等。

（三）收益率规制和价格上限规制的比较

价格上限规制与收益率规制的目的都是避免被规制的垄断企业实施限制产量、提高价格的行为，都是为了增加消费者剩余，减少社会福利的损失。但两者在运行机理、作用方式上不同。于立和于左（2003）通过对美国的收益率规制和英国的价格上限规制的比较研究发现，价格上限规制与收益率规制的不同之处有："一是规制对象不同。收益率规制的对象是资本收益率，价格上限规制的对象是价格。二是对节约成本的激励效果不同。在收益率规制下，被规制企业倾向于过多地使用资本，缺乏节约成本的动力，是一种低强度激励合同。价格上限规制能够激励企业追求技术进步，降低成本，提高效率，是一种高强度激励合同。三是对被规制企业产品或服务质量的影响不同。在收益率规制下，企业有过多地使用资本的倾向。但通常过多的资本支出意味着产品质量的提高。在价格上限规制下，企业为了节约成本，可能降低质量标准。四是规制时间间隔不同。收益率规制的时间间隔较短，一般为 1 年左右。价格上限规制的时间间隔较长，一般为 3—5 年。较长的时间间隔也为被规制企业提供了降低成本的激励。"①

二　社会性规制方式

（一）命令—控制型规制方式：标准制定

1. 标准的类型

标准制定是一种传统的规制方式，属于命令—控制型（Command - and - Control，CAC）方法。这种方法主要通过制定不同的标准，并强制执行这些标准来达到政策的目的。制定标准的目的是增进工作场所和产品的安全，是为了更清洁的环境，是为了消费者的利益。为了保证标准得以贯彻实施，对不遵守标准的行为主体进行惩罚是不可缺少的。所以，标准控制与罚款制度必须同时制定和实施，这也体现了政府规制的强制性。

根据政府控制的严厉程度，标准可分为绩效标准和技术标准两大类。绩效标准是指对企业设定统一的控制目标，但在目标的实现途径上给予一定的自由度。绩效标准代表的是一个最终结果，至于企业如何达到这个结果由自己决定。如环境规制领域的排放标准就是一种绩效标准，政府只设定企业排污量的上限，至于如何达到这个标准则由企业自由选择。对高速公路上汽车行驶时速的限制也属于绩效指标。技术标准是指政府要求企业必须采用一定的生产工艺、技术或措施来达到规定的目标，通常包括设计标准和工程标准。如政府要求汽车必须安装安全带及尾气催化剂，发电厂必须安装废气洗涤器等。技术标准和绩效标准存在根本的区别，绩效标准依据绩效指标设定一个上限或下限，然后允许人们自由选择其最佳的方式来达到这项标准；而技术标准则是政府要求企业必须采纳某项建议，或采用某种技术，或购买某种设备等。从政府

---

① 于立、于左：《美国收益率规制与英国价格上限规制的比较》，《产业经济研究》2003 年第 1 期。

控制的程度看，技术标准严于绩效标准。

制定标准被广泛地应用于环境规制、职业安全与健康规制、产品质量、卫生与安全规制等领域。目前，各国解决环境污染问题的主要方法之一，是制定有害物质的排放标准。以美国为例，从内容上看，美国的环境标准有周边环境标准、排放标准和技术标准三类。周边环境标准就是法律上限定的一定地理范围内的最高排污量，通常以一段时间内物质的平均浓度来表示。排放标准是由政府设定的企业排污量的上限，通常用单位时间内排放的污染物数量表示，如千克/分钟、吨/周。技术标准是指政府要求污染者必须采用一定的生产工艺、技术和措施。技术标准包括设计标准和工程标准。制定标准也是健康和安全规制的主要形式。在美国，OSHA 开始运作后不久，便制定了 4000 多个一般行业的安全和健康标准，其中以安全标准为主。比如，美国关于汽车安全的标准就有头部支撑系统标准、刹车标准、被动安全装置标准、轮胎标准、保险杠标准、燃料经济性标准等。

2. 标准与政府规制的有效性

（1）标准与竞争。竞争是效率的源泉，但标准在一定程度上可能会成为阻碍竞争的因素，会产生不利于竞争的效果。因为，第一，标准会提高被规制行业的进入壁垒。因为企业遵守标准需要支付成本，单个标准可能不会提高进入壁垒，但安全、健康、环保一系列的标准会大大提高企业的成本，使新企业很难筹集到足够的资金进入。尤其是在集中度高的行业，情况更为严重。第二，标准会影响被规制行业内部企业间的竞争，一项新标准既可能会影响当下的竞争也可能会影响未来的竞争。如果一项标准专门针对某个企业制定，只有这个企业能够达到，那就会影响已经进入该行业的企业间的竞争；如果一项标准会影响潜在的进入者，那就会对未来的竞争产生影响。但对于标准可能会成为影响竞争的因素，规制机构并没有给予足够的重视。

（2）标准与效率。效率包括两方面的内容：一是成本有效性，即能否以最低的成本实现政策目标。如果一项规制政策能够在成本一定的情况下，最大限度地实现政策目标；或者在实现目标程度一定的情况下，耗费最少的资源，那么这项政策就具有成本有效性。二是效率性，即一项政策是否平衡了实施政策的成本与收益。要实现效率性，必须保持边际成本和边际收益的相等。比如一项有效率的环境政策应该使排污量定在边际治理成本与边际损害相等的那一点。对一项政策而言，如果它是有效率的，那么，它一定是成本有效的；但是，成本最低的政策不一定是有效率的政策，有效率的政策除要符合成本有效性外，还必须平衡成本和收益之间的关系。由于规制尤其是社会性规制的收益有时无法准确测量，所以，成本有效性被作为评价规制政策效率的主要标准。

以环境规制为例，制定标准是政府控制污染的主要政策，所以，标准水平高低的确定对环境规制的效率至关重要。由于污染是经济活动的一种副产品，所以，把所有的排放标准都设定为零是不可能的，也是不现实的。最优标准水平的确定既要考虑污染造成的损害，又要考虑污染的治理成本。只有将标准设定在边际损害和边际治理成本相等的水平上，才能保证环境规制的成本有效性。如图 5 -1 所示。

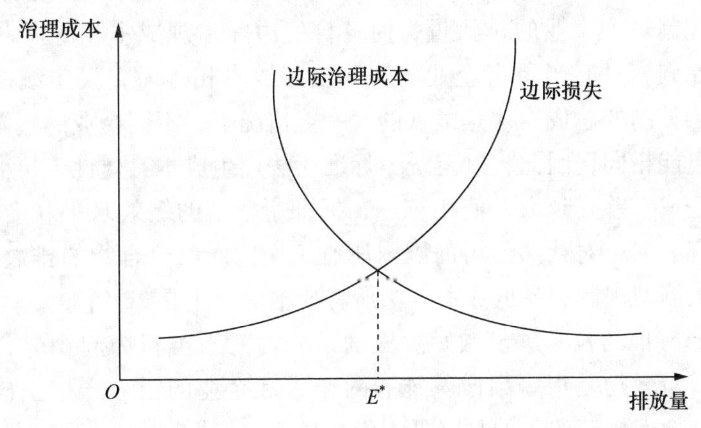

图 5 -1 最优排放标准

图 5 -1 中，横轴代表排放量，纵轴代表治理成本，把污染造成的损失和治理污染的成本结合起来考虑，有效率的污染水平应该是 E^*，即效率意味着边际治理成本等于边际损害。

政府在制定标准过程中会面临一个非常实际的问题，即对所有地区设立一个统一标准，还是根据不同的环境设定不同的标准。规制实践中，政府通常倾向于对不同的污染源设定统一标准，如美国的周边环境空气质量标准就是全国统一的。设定统一标准对政府来说，既减轻了它们的工作负担，又使人们觉得很公平、公正。但只有当各污染源的边际治理成本相等时，政府运用统一标准才具有成本有效性（以最低的成本达到污染治理的目标）。实际上，由于各地区影响环境损害的因素不同，治理污染的边际成本也不同，所以，对不同地区制定不同的标准，才能保证成本的有效性。制定不同的标准要求政府必须掌握每一个企业的边际治理成本信息，要求政府机构投入大量的时间和精力来收集高质量的有关企业的治理成本信息。这些信息掌握在企业手中，企业不愿意与政府共享，现实中政府无法准确获得。所以，政府只能设定统一的标准。

统一标准不能以最低的成本削减排污量，影响环境规制的效率。因为有效率的排污水平是由最小的边际治理成本函数决定的。“这意味着当由多个厂商同时排放同一类污染物时，应按照等边际原则来设定标准。即在总治理成本一定的情况下，为了使排污削减量达到最大化，政府需要控制每个企业的排污量，使各自的边际治理成本相等。”① 根据等边际原则，只有当所有企业的边际治污成本相等时，设定统一的标准，污染控制的总成本才是最低的。一般情况下，不同企业的边际治污成本不可能相同，因此，制定统一标准无法产生成本有效性。厂商之间边际治理成本差异越大，使用统一，标准所获得的绩效水平就会越低。一项研究表明，对杜邦公司的国内所有工厂的碳氢化合物的排放来说，命令—控制型规制和最低成本方法所费成本的差距是 22 倍。②

（3）标准与技术进步激励。激励是一种对人类行为起诱导作用的力量，政策激励是指一项政策能否对个人和企业的行为产生正确的影响。如社会性规制的目的是降低人们在环境、工作场所和消费产品时所面临的风险，保证人们的安全。但安全是生产者决策和使用者行为交互影响的结果，对环境质量、工作场所安全等起决定作用的是企业、个人及消费者的决策行为。因此，我们在评价一种方式的效果时，必须使用激励指标。通常一项政策的激励越大，政策就越好。

以环境政策为例，由于对环境污染的范围和程度最终起决定作用的是企业和消费者的行为决策，所以，在评价环境政策时，不仅要考虑其

---

① ［美］巴里·费尔德、马莎·费尔德：《环境经济学》，原毅军等译，中国财政经济出版社 2006 年版，第 174 页。

② ［美］保罗·R. 伯特尼、罗伯特·N. 史蒂文斯：《环境保护的公共政策》，穆贤清等译，上海三联书店、上海人民出版社 2004 年版，第 43 页。

对效率的影响，还要看“环境政策能否对个人和组织产生强烈的激励，促使他们去寻找降低环境损害的新方法”。[①] 通过前面的分析可知，政府应根据当前治理污染的边际成本和边际损害相关函数来确定最优的排放水平。但在长期内，向下移动污染的治理的边际成本曲线，会使治理污染的成本降低，环境质量提高。企业既可以通过研发来向下移动边际成本曲线，也可以通过教育和培训来提高工作效率。所以，在评价环境政策时，需要知道一项政策能否对污染制造者产生激励，促使其寻找削减污染的更好的方法。通常一项政策的激励越大，政策就越好。

标准政策无论是从长期看还是从短期看都存在严重的激励不足问题。从短期来看，环境政策的主要问题是能否激励企业采用成本最低的方法。统一标准不能激励企业采用成本最低的方法。因为，在统一标准下，企业一旦达到了标准的规定，就再也没有动力去做得更好，即使进一步削减污染量的成本很低。此外，统一标准降低了决策的灵活性，尤其是技术标准规定了污染者必须采用某种方法，即使其他方法能以更低的成本达到相同的目标，污染者为了避免不遵守技术标准而受到政府的惩罚，也不会采用。从长期来看，环境政策的主要问题是能否激励企业自发地寻找先进技术和先进的管理经验来降低污染的治理成本，改善环境的质量。如果政府运用技术标准，企业为了降低治污成本而寻找新技术、新工艺的激励为零。因为企业在研发运用新技术和新生产工艺以后，边际治污成本曲线会向下移动，在污染的边际损害不变的情况下，政府会根据向下移动的边际治污成本曲线制定新的标准，并提高排放标准的要求。也就是说，采用新技术的企业不仅无法从研发中获得经济利益，而且得到的回报可能是更加严厉的标准控制。小贾尔斯·伯吉斯认为：“一旦标准被确立，则在被修改之前，它事实上就无限期地存在下去了。结果到这些标准发表的时候，作为制定它们基础的技术常常已被更新的、更有效率的技术所超越了，而那些污染源并无任何的动机去选择这些更好、更新的可得技术。”[②]

总之，标准作为一种命令—控制型规制方式，简单、直接、见效

① ［美］巴里·费尔德、马莎·费尔德：《环境经济学》，原毅军等译，中国财政经济出版社2006年版，第146页。

② ［美］小贾尔斯·伯吉斯：《管制与反垄断经济学》，冯金华译，上海财经大学出版社2003年版，第358页。

快，长期以来，是各个国家政府规制实施的主要政策。巴里·费尔德和马莎·费尔德认为："长期以来，标准政策备受青睐的原因很多，一是标准看起来简单，且它们设置了明确具体的目标，从某种程度上说反映了每个社会成员控制及削减环境污染的意愿。二是标准迎合了人们的某种道德观念，即环境污染是有害的，政府应当视其为非法行为。另外，现行的司法系统适合界定及阻止非法行为，这样极大地方便了标准的实施。"①

但标准政策在制定和执行过程中也存在许多问题。小贾尔斯·伯吉斯认为："国会创造的命令和控制制度的最糟糕的地方是，它在某些关键方面缺乏灵活性：①该制度试图实施也许无正当理由的统一标准；②它倾向控制技术选择，而不是业绩；③它控制了优先的分配权，而没有考虑或很少考虑经济的后果。"② 正是这些问题导致了标准规制的改革。

（二）激励型政府规制方式

激励型规制政策是一种以市场为导向的政府规制方式，这种政策主要通过市场信号（利用"价格"来纠正外部性）激励人的行为动机，诱使私人在追求自己利益的过程中，实现公共政策的目标，取得良好的社会效益。激励型政府规制方式在环境规制中表现得最为明显。激励型环境规制方式主要有排污费（税）、可交易的排污许可证制度、押金返还制度等。其中，排污费（税）和可交易的排污许可证制度是使用较为广泛的两种方式，美国最常见的是可交易的排污许可证制度，欧洲国家主要借助于排污收费制度来控制企业的排污行为。

1. 排污费的有效性分析

排污费又称排污税，是指对排污者排放的每单位污染物进行收费或征税。排污收费是一种通过价格体系起作用的基本方法，它意味着正如购买原料需要付费一样，企业必须为使用环境对其所排放的污染物支付费用。其目的不是惩罚污染者，而是使高污染的产品比低污染的产品更昂贵（利用"价格"来纠正外部性）。这可以促使企业寻找各种合理

① ［美］巴里·费尔德、马莎·费尔德：《环境经济学》，原毅军等译，中国财政经济出版社2006年版，第166页。

② ［美］小贾尔斯·伯吉斯：《管制与反垄断经济学》，冯金华译，上海财经大学出版社2003年版，第357页。

的方式减少对自然环境和资源的使用与破坏。在排污收费制度下，规制部门并不要求每一个企业都必须削减多少排污量，而是告知企业，你可以随心所欲地向环境中排放污染物，但是，我们检测你的排污量，并以此对每一单位污染物收取相应的费用。也就是说，让企业根据费用标准自行决定排污量。排污收费制度给予了企业较大的权利，企业可以充分利用其创造力及追求成本最小化的原则，寻求成本最低的排污方式。

在充分竞争的市场条件下，排污费率越高，排污削减量越大；反之则越小。所以，收费水平高低的设定影响环境规制的有效性。收费水平（税率）的决定应把边际治理成本和边际损害结合起来，如图 5－2 所示，e^* 为最优排污水平，t^* 为最优收费水平。在 t^* 处，收费水平和企业的边际治理成本相等。

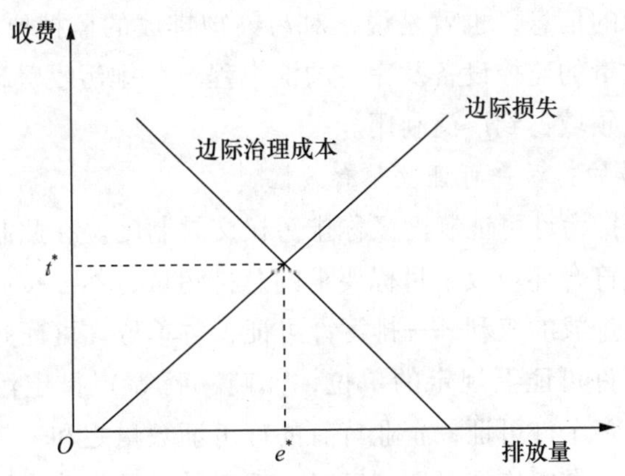

图 5－2　最优排污费水平的决定

如果企业的边际治理成本低于排污费的水平，企业就会不断地削减污染量，降低排污水平，以此来节省排污费；如果企业的边际治污成本高于收费水平，它就会选择继续排污。企业的理性选择是将污染削减到边际治理成本等于收费这一水平上。在收费（税）制度下，边际治理成本高的企业（边际治理成本曲线陡峭）削减较少的排污量，缴纳较多的排污费（税）；边际治理成本低的企业（边际治理成本曲线平缓）削减较多的排污量，缴纳较少的排污费（税）。排污费（税）的优点在于它的成本有效性，因为政府在运用排污费（税）政策时是按照等边际原则来处理多个污染源的排污问题的。针对边际治理成本不同的企业，规制部门征收统一的费率（税率），每个污染源会自发地调整自己的排污量，直至边际治理成本与费率相等，最终所有企业的边际治理成本自然都会相等。排污费（税）政策确保了对污染进行控制的企业都是那些能以低成本来完成污染控制的企业。排污收费制度不仅能节约环境治理成本，而且能够对污染源产生较强的激励作用，能够激励企业进行治污技术创新，激励企业寻找成本最低的污染削减方法。因为技术创新可以使企业的边际治理成本曲线下移，从而减少与排污相关的总成本。在排污收费（税）制度下，只要企业能找到使削减污染的边际成本曲线下移的办法，它就会自发地削减污染，减少交费量，持续地获得经济利益。

值得注意的是，排污收费政策要求规制部门准确掌握有关每个污染源累计排污量的信息，也就是说，对污染物排放的监控要求比较苛刻。如果缺乏高质量的监控设备及完备的汇报程序，排污收费政策就无法在环境污染控制领域得到广泛利用。

2. 可交易的排污许可证及其有效性

可交易的排污许可证制度又称排污权交易制度。在此制度下，规制机构首先确定符合环境政策目标要求的总排污量，然后按照一定的标准量转化为污染排放的权利——排污许可证，每单位许可证允许持有者排放一单位的（许可证上规定的单位，如吨、磅等）指定污染物。企业可以同时持有多个许可证，企业持有的许可证数量之和，就是政府允许的排污量上限。在实施许可证制度时，政府需要预先确定用于流通的许可证数量，然后将许可证分配给各个污染者。许可证在污染源之间可通过出售的方式分配也可以无偿分配，无论通过何种方式经过初次分配后，排污许可证可以交易，在交易市场上有权参与交易的双方以合理的价格买卖许可证。为了使买卖双方能够公开交易，要求建立一个许可证市场。在市场上，双方会根据各自的边际治理成本协商交易价格，只要污染源之间的边际治理成本不相等，他们就能够以一个介于两个边际治理成本之间的价格完成交易，并使双方获利。如图 5 - 3 所示，在许可证市场上，许可证的供求双方共同决定排放许可证的均衡数量（Q^*）和价格（P^*）。

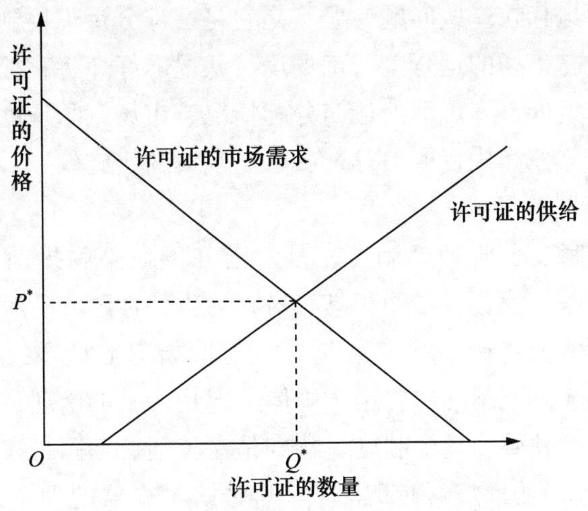

图 5－3　排污许可证价格的决定

在许可证市场上，如果企业治理污染的边际成本低于许可证的价格，它就会通过治理减少排污量并出售许可证；如果治理污染的边际成本大于许可证的价格，它就会购买许可证，进行污染排放。总之，在市场上，边际治理成本较低的企业会将许可证转让给那些边际治理成本较高的企业，也就是说，排污权由污染治理成本较低的污染源转移到那些成本较高的污染源。排污企业之间交易许可证的最终结果是，排污总量在各个企业之间按照等边际原则分配。这样，在既定的污染削减水平上能使总成本最小化。可见，可交易的排污许可证制度在成本有效性方面和排污收费异曲同工。排污许可证和排污费一样，对企业具有较强的激励作用。在许可证制度下，只要企业能找到降低污染治理成本的方法，它就可以通过出售许可证获得收益。

排污费（补贴税）政策和可交易的排污许可证政策之间的区别是：排污费政策通过企业和政府之间的互动发挥作用，企业排污，政府收费；可交易的排污许可证政策通过排污企业之间的相互作用来达到控制污染物排放的目的。近年来，和排污费相比，排污权交易政策越来越受到一些环境政策制定者的青睐。排污费政策允许人们曾经为免费使用的物品支付费用，而排污许可政策则不同，它设立和分配了一种新型的产权，只要许可证数量有限，这种产权就会拥有市场价值。从政治角度看，与排污收费相比，人们更愿意接受许可证分配政策。但是，排污权交易在执行中也存在一些问题，尤其是它将一部分污染控制工作从企业手中转移到交易市场的运行上，市场运行状况的好坏将直接影响该政策的实施效果。另外，许可证的最初分配情况、市场竞争程度、政府制定的交易规则及监控和执行能力等都影响该政策的实施效果。

3. 押金返还制度

押金返还制度也叫押金制度，是对潜在的污染物提前收取一笔押金。具体做法是：消费者在购买具有潜在污染特性的产品时支付一定数量的押金，当他们将产品（或其包装）送回指定的循环或处理中心时取回押金。押金返还制度主要用于固体废弃物污染的治理，在发达国家已成为环境保护领域的重要制度，特别是在美国、德国、澳大利亚应用得相当广泛。如美国许多州都建立了针对饮料容器的押金返还系统①，顾客在购买饮料时要提供一定的押金，归还空瓶时，再退回押金，这样，既能减少垃圾排放量，又能鼓励人们循环使用该资源。澳大利亚对每个饮料瓶征收其市场价格 3%—16% 的保证金，保证金的退还率在 61%—96%。押金制度实施最为全面和普及的是德国，20 世纪 60 年代末，德国就建立了针对废润滑油的押金返还系统，在该系统中，政府针对新润滑油征收一项税费（押金），税收收入存入一项特殊的基金中，政府利用该基金资助（返还押金）废油回收及处理系统。从 2003 年 10 月起，德国又建立了全国统一的空罐回收、押金退还体系，顾客在购买用塑料瓶、易拉罐包装的水和饮料时，均需支付相应的押金，退还空罐时可领回押金，而且顾客可以在任何一家超市退还空罐，如果商店回收空罐的数量超过实际出售量时，可以得到一定的补助金。瑞典和挪威建立了针对汽车的押金返还系统，人们在购买新车时，需要支付一定的押金，当车主把该车移交给政府授权的垃圾处理商后，政府会向车主返还押金。从发达国家的实施效果看，押金返还制度在防止和减少固体废弃物的污染方面具有十分明显的作用。它不仅可以促使污染产品的生产者和消费者将废品回收，以利于再利用；还可以减少乱扔废弃物的现象，从而达到节约能源、保护环境的目的。

通过以上分析可知，以市场为导向的激励型规制政策和命令—控制

---

① 在 1990 年这些州是：康涅狄格州、特拉华州、爱荷华州、缅因州、马萨诸塞州、密歇根州、纽约州、俄勒冈州、佛蒙特州。

型规制政策相比有两个显著的特点：一是低成本；二是具有技术创新的持续激励。基于此，近年来，世界各国对激励型规制政策日益重视。

（三）信息规制

信息规制是指规制机构利用信息的公共供给来缓解市场信息的不完全，避免市场风险，包括信息披露和信息教育。信息强制披露是指规制机构强迫供应者提供有关产品和服务的价格、特性、成分、数量或质量、日期、警告和使用说明等方面的信息。在产品领域，强制披露主要涉及以下几方面：①价格强制披露，即明码标价。②数量强制披露，强调使用统一的度量衡。③质量强制披露，包括产品的原料、成分及其他质量指标。④警告和使用说明。在安全领域，危险警告和使用说明非常重要，因为安全是生产者决策和使用者行为交互影响的结果，通过危险警告、安全训练以及其他方式去影响人们的安全行为应该是安全规制的主要策略。

信息披露是对传统规制方式的一种替代，因为它除要求提供一定的信息外，并未对经济活动进行更多的限制。它没有对生产过程、产出、价格或产品分配等加以规制，也没有对个人的自由加以限制。也就是说，它既不禁止生产者生产产品，也不禁止消费者购买产品。信息披露的目的是解决信息不完全和信息不对称，让市场更加有效地运作，因为有效市场的前提是完全信息。信息披露旨在帮助消费者或购买者在更多地获取信息后，根据自己的偏好和风险承受能力来进行行为选择。如《证券法》要求的证券销售者公布招股说明书，《标签法》要求厂商告知购买者药品的含量和效果，《诚实借贷法》要求解释真实利率。这些都是为了帮助购买者进行比较，防止购买者购买自己不需要的产品。信息披露不仅仅是为了使市场更有效地运作，有时也是为了对行为人施加道德和法律的影响。如美国的《银行秘密法》要求披露大规模的货币交易，这有助于调查者发现违反税法与麻醉药品法的行为。信息披露有很多优势，但如果信息不能以简单有效的方式传递给购买者，披露就无法发挥作用，所以信息教育非常重要。

从经济学角度看，信息披露的吸引力在于，通过直接减少市场信息失败，与市场力量联合发挥作用。信息规制的好处在于，它不会干扰市场运行，它不是强制厂商增加成本，而是更恰当地通过向消费者提供信息的方式来进行规制。在信息较充分的情况下，市场可以以更有效的方式解决安全和健康问题。维斯库斯和弗农等认为，使用信息规制优于命令和控制规制的原因有两个方面："第一，在许多情况下，我们不能指望完全地禁止某些活动。规制机构也许没有充分的信息来执行某个禁令，但仍然可以起到告诫消费者这中间有潜在危险的作用。这样，消费者至少可以采取谨慎的态度来处理，直到有更充分的信息才采取进一步的行为。第二，甚至当机构怀疑行动的内容是否合适时，通过信息规制也是最恰当的反应。如果由于个人的品位而愿意承担风险，那么提供给消费者的信息将使消费者有能力做出市场决定以及选择合乎他们自己偏好的最有效的风险水平。"①

（四）自愿性规制

自愿性规制是由行业和企业发起和采用的一些制度安排，有时也会得到政府的批准和认可，包括自愿性倡议、自愿性规范、自愿性协议和自我监管等。企业之所以愿意进行自愿性规制，一是通过自愿行动来消除政策问题的公司可以避免负担更重的政府规制。政府可能会在未来采取规制措施，企业为了避免包袱更沉重的政府监管，通过自愿行动，自已解决问题，避免真的走到监管这一步。二是通过参与自愿性行业协会可以提高企业的知名度，增加产品的销售量，提升企业的竞争力。与传统的规制方式相比，企业自愿采取和实施有关制度安排具有共识性、迅速性、灵活性的优点，遵守制度的成本比传统的规制方式低，遵守的激励比较大。而且自愿性的制度安排有可能推动不同利益群体之间的交流，减弱不同利益群体之间的冲突。

第四节　规制监督机构

规制监督机构的本质和功能是决定规制政策绩效的基本制度因素。发达国家的实践证明，如果没有一整套设置合理的机构来监督规制政策的落实，高质量规制工具的设计和运用就有可能会失去作用。规制者必须在某种激励和约束体制下履行职责，承担这种职能的机构就是规制监

---

① ［美］W. 吉帕·维斯库斯、小约瑟夫·E. 哈林顿、约翰·M. 弗农：《反垄断与管制经济学》，陈甬军等译，机械工业出版社 2004 年版，第 442—443 页。

督机构。

一　规制监督机构的产生

规制监督机构是一个负责监控、监督和推动规制改革进程的政府机构，其主要职能是促进和监控规制的质量及规制的改革。1997 年，经济合作与发展组织（OECD）《规制改革报告》建议各国政府“在政府内部建立有效、可信的机制，用于管理和协调规制和规制改革”。到目前为止，大多数 OECD 国家都建立了规制监督机构。1994 年，OECD 国家中建立专门规制监督机构的只有 14 家，到 2000 年年底，有 23 个国家建立了中央一级的规制监督机构。规制监督机构的建立是规制改革被纳入政府管理体系的明显标志。在发达国家，大部分规制监督机构都设在行政体系内，并向政府核心层靠拢，但也有的设在议会的委员会之下。23 个国家中，有 20 个把它们设在了总理事务部或总统办公室或预算编制机构。设在政府核心层的好处是通过与政治和行政权力的核心层建立直接联系，这些机构的办事效力会得到增强，而且也有可能增加规制者对它们的信任度。如美国、韩国、墨西哥都建立了独立于规制机构的强大的规制监督机构，它们具有广泛的法律、程序和管理职权。美国将规制质量管理的任务交给了预算和管理办公室，韩国和墨西哥设立了高层委员会来监督规制机构，这三个国家在改善国内规制体系方面都卓有成效。

二　规制监督机构的功能

（一）提供建议和支持

这是规制监督机构的一个基本任务，这一任务包括公布和散发内容广泛的书面指导材料，就规制质量问题展开培训，在制定某些特殊的规制规则时，向规制者提供专业知识或专家建议等。规制监督机构的这一功能对提高规制质量的影响最长远，因为其基础是在规制者中实现文化革新的要求。

（二）质问功能

规制监督机构的质问功能是指在政策制定过程中审查新的规制建议，努力改善规制质量。这一职能实质上就是质量审查功能，即规制监督机构主要通过运用 RIA（规制影响评价）工具审查监督规制的质量。质问功能的关键在于规制监督机构能够对 RIA 和基本规制提案的技术水平提出质疑。为了充分发挥规制监督机构的质问功能，需要满足几个条件：第一，要求监督机构具有运用 RIA 的基本技能和水平。第二，监督机构能以政治权力确保自己的观点在大部分情况下能得到采用。这些权力有两种：一是在监督机构对规制者的规制质量进行评价时，有权指出缺陷和不足并提出改进措施；二是监督机构要有所谓的“看门人”的权力，即对规制提案的质量具有否决权。监督机构的这一权力给规制者发出了明确的信号，即监督机构的意见必须得到认真考虑。第三，要给予监督机构充分的资源支持，以使其能独立做出判断。第四，监督机构要与政府核心层或财政部门联系起来。

（三）倡导规制改革

倡导规制改革是监督机构的第三个主要作用。倡导的作用目标不是考虑日常的监督管理功能，而是推动对长期规制政策的思考，包括政策调整、设计新工具和改进现有工具、机构调整等。倡导功能的重要性主要表现在三个方面：“第一，为了甄别新的、大有前景的工具和业务手段以改善监管质量，很明显，专家型监管改革者是最佳选择。他们能从更宽的、整个政府的角度出发看待监管问题，有助于保持协调性，减少交叉和重复。第二，倡导也有助于追踪改革带来的各种好处，并在政府和社会领域广泛传播这一信息。第三，监管倡导有助于争取和保持对改革的拥护，粉碎既得利益者阻挠有益于社会的改革图谋。”①

OECD 国家的实践表明，规制监督机构在改善规制质量方面发挥了很大作用。规制监督机构已经成为联邦和国家层面公共管理部门永久的组成部分，它们通过系统的规制监控、追踪分析和过程监督使政府能及早发现规制存在的问题并尽快做出反应。比如，在丹麦，规制委员会就新法律的必要性提出质疑，使 1998—1999 年的立法议程规模比早年减少了大约 25%，同时议会的法案审查工作得到了改善。在韩国，规制委员会的有效工作使规制规则的数量在不到一年的时间内减少了 50%，这可能是中央监督机构取得的最明显成效。②

---

① 经济合作与发展组织编：《OECD 国家的监管政策——从干预主义到监管治理》，陈伟译，法律出版社 2006 年版，第 112 页。

② 同上书，第 113 页。

本章小结

第一，政府规制体系是由规制立法、规制主体、规制方式、规制对象、规制监督机构等组成的一个有机整体，其中，规制立法、规制主体、规制方式、规制监督机构是最重要的构成要素。

第二，规制立法是规制过程的第一个阶段。在规制过程中，立法机构有两项关键任务：一是要明确哪一个官僚结构对某一行业的某些方面进行规制；二是划定规制机构的权力。规制立法的功能，主要是弥补市场失灵，提高效率；实现公益性的再分配，促进社会公平；利益集团转移和“寻租”。如果规制立法本身存在问题，就会导致规制失灵，规制无效。引起规制立法失灵的原因有以下几个方面：一是立法者受利益集团影响，规制法成了利益集团实现利益转移的工具；二是拙劣的规制方案设计；三是协调失灵。要提高规制的有效性，首先要避免规制立法失灵。克服规制立法存在的失灵，需要对立法过程进行改革，规制立法要不被利益集团左右，要充分考虑规制复杂的体系化效应，各种规制立法要尽可能地协调、连贯一致。

第三，规制机构是指承担规制职能的机构，也就是规制主体，亦称规制者。规制机构主要履行政府的规制职能，通过行使准立法权、行政权和准司法权完成行政任务。规制机构的特征有独立性、可问责性和专业性。规制机构的行为是一种集立法、司法、执行于一体的行政行为。由于规制立法的内容仅有原则性的规定，所以，规制机构在行为过程中拥有很大的自由裁量权，如果没有相应的制衡机制，就会导致规制权的滥用，从而影响政府规制有效性。对规制者行为的制衡主要来自立法机关控制、行政控制、司法控制和社会力量控制。

第四，政府规制方式的选择和规制有效性密切相关，不同的政府规制方式具有不同的特点，也会带来不同的效果。经济性规制的主要方式有价格规制和准入规制，社会性规制的主要方式有标准制定、税收与补贴、许可证交易、信息披露、自愿规制等。其中，标准制定是传统的规制方式，也是一种命令—控制型规制方式；税收与补贴、许可证交易等是以市场为基础的激励型规制方式。以市场为导向的激励型规制方式和命令—控制型规制政策相比，有两个显著特点：一是低成本；二是具有技术创新的持续激励。基于此，近年来，世界各国对激励型规制政策日益重视。

第五，规制监督机构是一个负责监控、监督和推动规制改革进程的政府机构，其主要职能是促进和监控规制的质量及其规制的改革。在发达国家，规制监督机构承担着审查规制质量、倡导规制改革，并为规制机构提供改革建议和支持等职能。

第六章　我国的政府规制体系：社会性规制体系

新中国成立后，经过三年的社会主义改造和第一个五年计划的实施，我国逐步建立起了高度集中的计划经济体制。在计划经济体制下，政府用计划取代了市场，依靠计划和行政命令对资源在全社会范围内进行统一配置。由于不存在自由市场，所以，也不存在真正意义上的政府规制（规制是对市场的规制，规制存在的前提是市场）。1978 年尤其是 1992 年以来，随着市场经济体制在我国的逐步建立，在政府规制方面也取得了明显的成效，已经初步形成了适应社会主义市场经济体制要求的政府规制体系。我国政府规制体系的形成主要表现在：一是建立了比较完善的政府规制法律体系；二是建立了比较有效的政府规制机构；三是形成了比较完善的政府规制政策体系。我国政府规制发展的历程与西方发达国家规制历史的发展轨迹不同，西方发达国家最早出现和发展起来的是经济性规制，在我国，社会性规制制度的建立比经济性规制早，而且更加完善。主要表现在以下两个方面：一是社会性规制法律制度建设起步早、历史长。二是立法体系更健全。本章我们主要分析我国社会性规制体系的形成及现状。

第一节　我国社会性规制法律体系的形成

社会性规制包含环境规制、产品安全与卫生规制、职业安全与健康规制三个方面，本部分我们分别从这三个领域来梳理我国社会性规制法律体系的形成过程。

一　我国环境规制法律体系的形成

我国环境保护立法在 20 世纪五六十年代开始孕育，新中国成立后，为了与国民经济恢复和发展的需要相适应，环境立法侧重于资源合理利用、开发和保护等方面。关于自然环境和自然资源保护方面的法律、法规主要有：1949 年颁布的《土地改革法》、1953 年颁布的《水土保持暂行纲要》、1963 年颁布的《森林保护条例》、1965 年颁布的《矿产资源保护试行条例》等。关于防止环境污染的法律、法规主要有：1956 年颁布的《工厂安全卫生规程》、1959 年颁布的《生活饮用水卫生规程》和《放射性工作卫生防护暂行规定》等。总体上看，这个时期的环境法已经包含了污染防治的有关内容，具有近代环境法的特点。但法律规范的层次较低，多为行政法规和规章，各种法律规范比较凌乱，缺乏有机联系，不够体系化。

1972 年召开的具有重大历史意义的联合国人类环境会议对我国环境规制立法的发展起到了很大的促进作用。我国于 1973 年召开了第一次全国环境保护会议，审议通过了我国第一个环境保护文件《关于保护和改善环境的若干规定》，成为我国环保事业的第一个里程碑。《关于保护和改善环境的若干规定》提出了防治污染措施必须与主体工程同时设计、同时施工、同时投产的“三同时”原则，后来成为我国第一项环境管理制度。

改革开放以来，我国的环境保护工作逐步得到加强，环境保护事业稳步发展。1978 年 3 月 5 日，全国人大通过了《中华人民共和国宪法》(以下简称《宪法》)，《宪法》第十一条规定：“国家保护环境和自然资源，防治污染和其他公害。”[①] 这是新中国第一次在《宪法》中对环境保护做出的明确规定。1979 年 9 月 13 日，全国人大通过了《中华人民共和国环境保护法（试行）》，我国的第一部环境法律问世。这是我国环境保护的基本法，虽然只是“试行”，但它与正式的法律具有同等的效力，这标志着我国的环境法体系开始建立。1982 年 12 月，全国人大通过了新《宪法》，新《宪法》第九条规定：“国家保障自然资源的合理利用，保护珍贵的动物和植物。禁止任何组织或者个人用任何手段侵占或者破坏自然资源。”[②] 第二十六条规定：“国家保护和改善生活环

---

① 中国人大网（http：//www. npc. gov. cn）。

② 中央政府门户网站（http：//www. gov. cn）。

境和生态环境，防治污染和其他公害。”①《宪法》中有关环境保护的条款，是我国环境立法的基础和依据。

1982 年以后，我国的环境立法迅速发展。1982—1990 年，全国人大相继制定了《海洋环境保护法》（1982）、《森林法》（1984）、《水污染防治法》（1984）、《草原法》（1985）、《矿产资源法》（1986）、《渔业法》（1986）、《土地管理法》（1986）、《大气污染防治法》（1987）、《野生动物保护法》（1988）、《水法》（1988）。1989 年 12 月，全国人大通过了《环境保护法》，标志着我国环境法制进入了一个新阶段。与此同时，国务院也陆续制定了《海洋石油勘探开发环境保护管理条例》（1983）、《防止船舶污染海域管理条例》（1983）、《海洋倾废管理条例》（1985）等行政法规。自此，我国的环境法律体系形成了一个初步框架。

1992 年 6 月，联合国召开了环境与发展会议，提出了可持续发展战略。1994 年 3 月，我国国务院批准了《中国二十一世纪议程》，提出了实施可持续发展的总体战略，要求建立实现可持续发展的环境法体系。在这种背景下，我国又出现了一个环境立法的高潮。1995 年，全国人大制定了《固体废物污染环境防治法》（1995）和《大气污染防治法》（1995），1996 年制定了《环境噪声污染防治法》（1996）和《煤炭法》（1996），修订了《水污染防治法》（1996）和《矿产资源法》（1996）等。在此期间，国务院和有关部门也制定了大量环境方面的行政法规和部门规章。可以说，到 1997 年，我国环境法的体系已经初步形成。

1997 年党的十五大明确提出了依法治国，建设社会主义法治国家的奋斗目标。1999 年 3 月 15 日的《宪法修正案》，将依法治国建设社会主义法治国家载入宪法，国家对环境立法更加重视。1998 年，全国人大修改了《森林法》，1998 年和 2004 年两次修改《土地管理法》，2000 年修改了《渔业法》，2001 年制定了《海域使用管理法》和《防沙治沙法》，2002 年制定了《环境影响评价法》和《清洁生产促进法》，2003 年制定了《放射性污染防治法》，2004 年再次修改了《固体废物污染环境防治法》，2005 年制定了《可再生能源法》，2008 年再次

---

① 中央政府门户网站（http://www.gov.cn）。

修改了《水污染防治法》。

到目前为止，我国已经形成了以《中华人民共和国宪法》为基础，以《中华人民共和国环境保护法》为主体的环境法律体系，为我国的环境规制提供了法律依据。我国现行的环境法律体系主要由以下几部分构成：

《中华人民共和国宪法》中有关环境保护的条款是我国环境立法的基础和依据，在环境法律体系中具有最高的法律效力。

《中华人民共和国环境保护法》是我国环境保护的基本法，该法确立了我国环境保护的基本原则和基本内容。

环境保护专门法以及与环境保护相关的资源法，包括《水污染防治法》《大气污染防治法》《固体废物污染环境防治法》《放射性污染防治法》《环境噪声污染防治法》《海洋环境保护法》《森林法》《草原法》《渔业法》《矿产资源法》《土地管理法》《水法》《野生动物保护法》《水土保持法》《农业法》《城乡规划法》《节约能源法》《可再生能源法》《防沙治沙法》《环境影响评价法》《清洁生产促进法》《海域使用管理法》等。

国务院及政府部门制定的各种环境法规和规章，如《噪声污染防治条例》《自然保护区条例》《放射性同位素与射线装置放射防护条例》《化学危险品安全管理条例》《淮河流域水污染防治暂行条例》《海洋石油勘探开发环境保护管理条例》《海洋倾废管理条例》《陆生野生动物保护实施条例》《风景名胜区管理暂行条例》《基本农田保护条例》《城市绿化条例》等50多项环境保护行政法规。此外，各有关部门还发布了大量的环境保护行政规章。

地方环境保护法规和地方政府规章：各地人民代表大会和地方人民政府为实施国家环境保护法律，结合本地区的具体情况，制定和颁布了1600多项环境保护地方性法规和政府规章。此外，我国还有军队环保法规和规章10余项。

环境标准：环境标准是我国环境法律体系的一个重要组成部分，包括环境质量标准、污染物排放标准、环境基础标准、样品标准和方法标准。环境质量标准、污染物排放标准分为国家标准和地方标准。环境质量标准和污染物排放标准属于强制性标准，违反强制性环境标准，必须承担相应的法律责任。目前，我国的国家环境标准已经突破了1000项。

二　我国产品安全与卫生规制法律体系的形成

我国产品安全与卫生规制法律体系的形成经过了一个漫长的过程。1979 年以前，是我国产品质量法治建设的起步阶段。20 世纪五六十年代，主要针对一些食物中毒问题，卫生部和有关部门发布了一些单项规章和标准对食品卫生进行监督管理。1953 年 7 月，卫生部颁布了《清凉饮食物管理暂行办法》，这是新中国成立后我国第一部有关食品卫生方面的部门规章，成为我国食品卫生法制建设从无到有的里程碑。1960 年 1 月，国务院转发了《食用合成染料管理暂行办法》，纠正了当时滥用有毒、致癌色素的现象等，是我国第一部食品添加剂管理办法。这个时期还先后颁发了有关粮、油、肉、蛋、酒、乳的卫生标准和管理办法等 20 多项。1965 年 8 月，国务院颁布了《食品卫生管理试行条例》，这是我国第一部由国务院制定并颁布的食品卫生相关条例。该条例强调加强食品卫生管理是保证食品质量、增进人民身体健康、防止食物中毒和肠道传染病的一项重要措施。1966 年“文化大革命”开始，食品卫生法制建设受到了巨大的冲击，至 1976 年十年期间，几乎没有法律、法规的颁布。

20 世纪 80 年代，我国的产品质量立法步入快速恢复阶段。1979 年 8 月，国务院颁布了《食品卫生管理条例》；1982 年 11 月，五届全国人大常委会二十五次会议审议通过了《食品卫生法（试行）》，并于 1983 年 7 月 1 日起实施。这是新中国成立以来我国在食品卫生方面颁布的第一部法律，该法对食品、食品添加剂、食品容器、包装材料和食品用工具、设备等方面卫生要求、食品卫生标准和管理办法的制定、食品卫生管理和监督、法律责任等都做了详细规定，为我国《食品卫生法》的正式制定和颁布奠定了坚实的基础。

1990 年以后，我国的产品质量立法进入快速发展阶段。1993 年 2 月 22 日，七届全国人大常委会通过了《中华人民共和国产品质量法》（以下简称《产品质量法》）；2000 年 7 月 8 日，九届全国人大常委会修订了该法。《产品质量法》是我国加强产品质量监督管理、提高产品质量、保护消费者合法权益、维护社会经济秩序的主要法律，是我国产品质量规制法律体系的核心。1993 年 10 月 31 日，八届全国人大常委会四次会议通过了《消费者权益保护法》，多处做出了有关产品质量的规定。1995 年 10 月，全国人大常委会颁布并实行了我国第一部食品卫生正式法律《食品卫生法》，这一时期，我国卫生部门继续加紧对卫生国家标准与检验方法进行补充和修订，现行有效的食品安全国家标准及检验方法大多制定于这一时期。1997 年，国务院颁布《农药管理条例》，1999 年颁布《饲料和饲料添加剂管理条例》，以上条例同时于 2001 年修订；并于 2004 年颁布《兽药管理条例》。据统计，1949—2004 年，中国部级以上机关所颁布的有关食品安全方面的法律、法规、规章、司法解释以及各类规范性文件等多达 840 篇。其中，“文化大革命”（1966 年 5 月）前 7 篇、“文化大革命”至改革开放（1978 年 12 月）前 1 篇、改革开放（1978 年 12 月）后 832 篇。2006 年 2 月 27 日，国务院发布《国家重大食品安全事故应急预案》；2006 年 4 月 29 日，十届全国人大常委会通过了《农产品质量安全法》。2007 年年底，国务院法制办会同有关部门对食品卫生法修订草案做了进一步修改，并根据修订内容，将“食品卫生法修订草案”改为“食品安全法草案”。2009 年 2 月 28 日，十一届全国人大常委会七次会议通过了《中华人民共和国食品安全法》，自 2009 年 6 月 1 日起施行。

总之，目前我国已经形成了一个由《产品质量法》《食品安全法》《农产品质量安全法》《药品管理法》《消费者权益保护法》以及相关的法规和规章构成的产品安全与卫生规制法律体系。

三　我国职业安全与健康规制法律体系的形成

新中国成立以后，我国的安全生产立法工作发展迅速，尤其是改革开放以来，我国相继制定并颁布了近 20 部关于安全生产方面的法律和行政法规，逐步形成了安全生产法律法规体系。

中国最早的和安全生产相关的法规是 1922 年 8 月 16 日中国劳动组合书记部发布的《劳动法大纲》。《劳动法大纲》要求工人有集会、结社、罢工等权利，实行八小时工作制，保障工人最低工资和享受劳动保险以及保护女工、童工等。《劳动法大纲》规定，禁止雇用 16 岁以下的男女工，禁止 18 岁以下的男女工担任剧烈、有害卫生及法定工作时间外的劳动，重工的法定工作时间不得超过六小时等。

新中国成立后，废除了旧的劳动法，开始制定新的劳动法和安全法。1954 年，新中国制定的第一部《宪法》把加强劳动保护、改善劳动条件作为国家的基本政策确定下来。《宪法》第九十一条规定：“中华人民共和国公民有劳动的权利。国家通过国民经济有计划地发展，逐步扩大劳动就业，改善劳动条件和工资待遇，以保证公民享受这种权利。”[①] 1956 年 5 月，国务院正式颁布了《工厂安全卫生规程》《建筑安装工程安全技术规程》《工人职员伤亡事故报告规程》《关于进一步加强安全技术教育的决定》《关于编制安全技术安全生产措施计划的通知》《工业企业设计暂行卫生标准》等法规和规章，这些法规在新中国成立初期，对我国的安全生产和劳动者保障起到了重要作用。1958 年下半年开始，由于盲目冒进，造成新中国成立以来第一个伤亡事故的高峰。1961 年以后，为加强安全生产，相继发布了《关于加强企业生产中安全工作的几项规定》《工业企业设计卫生标准》《国营企业职工个人防护用品发放标准》等法规、规章。在“文化大革命”时期，安全生产工作出现倒退，安全生产被认为是“活命哲学”而受到批判。在此期间，伤亡事故急剧上升，1966—1970 年形成了新中国成立以来的第二个伤亡事故高峰。

1978 年，党的十一届三中全会确立了改革开放的方针，党中央、国务院对安全生产工作非常重视，陆续制定并颁布了一系列安全生产条例。1982 年 2 月，国务院颁布了《矿山安全条例》《矿山安全监察条例》和《锅炉压力容器安全监察条例》；1983 年 9 月，全国人大通过了《海上交通安全法》；1984 年 7 月，国务院发布了《关于加强防尘防毒工作的决定》；1987 年 1 月，卫生部、劳动人事部、财政部、全国总工会联合发布了《职业病范围和职业病患者处理办法的规定》，规范了对职业病的管理。此外，全国有 28 个省、自治区、直辖市人大或人民政府颁布了地方劳动保护条例。

20 世纪 90 年代，随着改革的不断深入，我国的安全生产法制建设也加快了进程。1991 年 3 月，国务院发布了《企业职工伤亡事故报告和处理规程》（第 75 号令），严肃了对各类事故的报告、调查和处理程序。1992 年 4 月 3 日，《中华人民共和国妇女权益保障法》的颁布，对女职工的劳动保护提出了明确要求。1992 年 11 月，颁布了《矿山安全法》，标志着中国开始构建矿山安全法律体系。1994 年 7 月 5 日，《劳动法》的颁布和实施标志着我国劳动保护法制建立进入了一个新的发展时期。

---

① 中国人大网（http：//www. npc. gov. cn）。

进入21世纪，我国的安全生产法律体系框架逐步形成。2001年10月，九届全国人大二十四次会议通过了《职业病防治法》。2002年11月，国家制定并实施了《安全生产法》及其配套措施，《安全生产法》的颁布使我国的安全生产走向法制轨道。2003年10月，通过《道路交通安全法》，并于2007年12月和2011年4月两次进行了修改；2008年10月通过了《消防法》；2011年4月对《中华人民共和国煤炭法》进行了第二次修正。这些法律、法规的颁布和实施标志着我国的安全生产法律体系逐步形成。

综上可见，我国现行的安全生产法律法规体系是一个以《安全生产法》为基础，以《劳动法》《道路交通安全法》《职业病防治法》《工会法》《消防法》《煤炭法》《矿山安全法》《海上交通安全法》等专门法律为主体，以《安全生产许可证条例》《建设工程安全生产管理条例》《道路交通安全法实施条例》《矿山安全条例》《劳动保障监察条例》《使用有毒物品作业场所劳动保护条例》《危险化学品安全管理条例》《煤矿安全监察条例》等近百部行政法规、数百个部门规章以及一大批地方性法规和规章为支撑的安全生产规制法律体系。

第二节　我国的社会性规制体制

政府规制体制是指有关政府规制机构的设置、领导隶属关系以及规制权限划分方面的制度安排。改革开放以来，通过历次政府机构改革，我国进一步明确了政府规制主体，形成了具有中国特色的政府规制体制。余晖认为："改革以来，我国政府行政机构职能转变方面的最大进展，就是行政管制制度的初步形成。政府在特殊行业、特殊产品及特殊市场的管理方面，在保护消费者安全、健康和利益方面，在防治环境污染、维护人类社会生存和持续发展条件方面，都基本进入了有法可依的阶段，尽管这是一个自觉或不自觉的过程。"①

党的十四大后，国务院先后于1993年、1998年、2003年、2008年、2013年进行了五次机构改革。通过历次改革，进一步强化了政府

---

① 余晖：《中国的政府管制制度》，《改革》1998年第3期，第93页。

的市场监管、社会管理和公共服务职能，建立了一批社会性规制机构，逐步形成了具有中国特色的社会性规制体制。

一 我国的环境规制体制

在新中国成立以后到20世纪70年代初，我国没有建立专门的环境保护机构，环境管理工作主要仿效苏联模式，由有关的部委兼管。随着1973年全国第一次环境保护会议的召开，我国开始重视和加强环境监管工作。1974年5月，国务院设立了一个由20多个有关部委领导组成的环境保护领导小组，主管和协调全国的环境工作。1979年9月颁布的《环境保护法（试行）》明确要求国务院设立环境保护机构，负责全国的环境保护工作。同时要求各省、自治区、直辖市人民政府设立环境保护局。市、自治州、县、自治县人民政府根据需要设立环境保护机构。1982年，全国人大常委会发布了《关于国务院部委机构改革实施方案的决议》，根据该决议，撤销了国务院环境保护领导小组，成立了城乡建设环境保护部，下设环境保护局（司局级），环境保护局是全国环境保护的主管机构。

1984年5月，国务院颁布了《关于加强环境保护工作的决定》，决定成立国务院环境保护委员会，领导、协调全国的环境保护工作。同年12月，城乡建设环境保护部下属的环境保护局改名为国家环境保护局，作为国务院环境保护委员会的办事机构，但仍归城乡建设环境保护部领导。1988年4月，国家环境保护局从城乡建设环境保护部中独立出来，成为国务院直属机构（副部级），统一监督管理全国的环境保护工作。这标志着我国环境保护行政管理机构建设进入了一个新的发展阶段。

1989年，《环境保护法》颁布实施，第七条规定："国务院环境保护行政主管部门，对全国环境保护工作实施统一监督管理。县级以上地方人民政府环境保护行政主管部门，对本辖区的环境保护工作实施统一监督管理。国家海洋行政主管部门港务监督、渔政渔港监督、军队环境保护部门和各级公安、交通、铁道、民航管理部门，依照有关法律的规定对环境污染防治实施监督管理。县级以上人民政府的土地、矿产、林业、水利行政主管部门，依照有关法律的规定对资源的保护实施监督管理。”[①] 由此确立了统一监督管理与分级分部门管理相结合的环境管理体制。

2003 年，机构改革继续保留了国家环境保护总局，增加生物遗传资源管理、放射源安全统一管理等职能。2006 年，国家环境保护总局成立华东、华南、西南、西北、华北、东北 6 个环境保护督察中心。2008 年 3 月，十一届全国人大一次会议通过了国务院机构改革方案，不再保留国家环境保护总局，组建国家环境保护部。国家环境保护部的主要职责是：拟定并组织实施环境保护规划、政策和标准，组织编制环境功能区划，监督管理环境污染防治，协调解决重大环境问题等。

总之，经过 30 多年的改革，基本形成了适合我国国情的“由国务院统一领导、环境保护部门统一监管、各部门分工负责、地方政府分级负责”的管理体制。简称“统一监督管理与分级、分部门管理相结合”的环境行政管理体制。具体来说，就是国家环境保护部对全国环境保护工作实施统一监督管理，国家发展和改革委员会、水利、建设、农业、林业、海洋等部门按照有关法律规定负责相应的环境与资源保护工作；各级政府的环境保护行政主管部门对本辖区的环境保护工作实施统一监督管理，各级环境保护机构接受各级政府的领导，各级政府对本辖区环境质量负总责；上级环境保护机构对下级环境保护机构之间进行业务指导。这样的管理体制既保证了国务院环境保护行政主管部门的主导地位，又重视了其他有关部门的分工负责作用，同时有利于发挥地方政府的积极性，对促进我国环境保护和经济发展发挥了积极而重要的作用。

二　我国的产品质量规制体制

产品质量规制体制是指有关产品质量监管机构的设置、领导隶属关系以及规制权限划分方面的制度安排。我国 1993 年通过的《产品质量法》第八条规定：“国务院产品质量监督部门主管全国产品质量监督工作。国务院有关部门在各自的职责范围内负责产品质量监督工作。县级以上地方产品质量监督部门主管本行政区域内的产品质量监督工作。县级以上地方人民政府有关部门在各自的职责范围内负责产品质量监督工作。”这是一种统一领导、分部门、分级管理的体制。

统一领导是指由国务院产品质量监督部门主管全国产品质量监督工

---

① 中央政府门户网站（http：//www. gov. cn）。

作。国务院产品质量监督部门有国家质量监督检验检疫总局、国家食品药品监督管理总局、国家工商行政管理总局等。它们的前身可追溯到新中国成立初期成立的标准局。1949 年，中央人民政府政务院财政经济委员会成立，设有标准规格处。1955 年，国家技术委员会成立，设标准局，负责管理全国的标准化工作。1958 年，国务院科学规划委员会与国家技术委员会合并为国家科学技术委员会，设标准局，负责管理全国的标准化工作。1988 年，国务院在国家标准局、国家计量局和国家经委质量局的基础上，组建国家技术监督局，统一管理全国的标准、计量、质量管理工作，确立了“以质量为中心，标准化、计量为基础”的工作方针。1998 年，国务院机构改革时，将国家技术监督局调整为国家质量技术监督局，是国务院管理标准化、计量、质量工作并行使执法监督职能的直属机构。同时，将西药、中药的质量监督管理职能划出，交给新成立的国家药品监督管理局。2001 年，国务院将质量技术监督、出入境检验检疫两个分管国内和进出口质量工作的部门整体合并，组建国家质量监督检验检疫总局，升格为正部级机构，主管全国的质量、计量、出入境商品检验、出入境卫生检疫、出入境动植物检疫和认证认可、标准化等工作。2001 年，国务院明确生产领域的产品质量监督由质量技术监督部门负责，流通领域的产品质量监督由国家工商行政管理局负责，并将国家工商行政管理局改称国家工商行政管理总局，升为正部级国务院直属机构。2003 年，在国家药品监督管理局的基础上成立了国家食品药品监督管理局，作为国务院综合监督食品、保健品、化妆品安全管理和主管药品监管的直属机构，负责对药品的研究、生产、流通、使用进行行政监督和技术监督；负责食品、保健品、化妆品安全管理的综合监督、组织协调和依法组织开展对重大事故的查处；负责保健品的审批等。2008 年，国务院机构改革将国家食品药品监督管理局改由卫生部管理。明确卫生部承担食品安全综合协调、组织查处食品安全重大事故的责任。2013 年 3 月，国务院机构改革，将食品安全办的职责、国家食品药品监管局的职责、国家质量监督检验检疫总局的生产环节食品安全监督管理职责、国家工商行政管理总局的流通环节食品安全监督管理职责整合，组建国家食品药品监督管理总局。主要职责是：对生产、流通、消费环节的食品安全和药品的安全性、有效性实施统一监督管理等。将工商行政管理、质量技术监督部门相应的食品安全监督管理队伍和检验检测机构划转食品药品监督管理部门。

分部门管理是指国务院有关部门在各自的职责范围内负责产品质量监督工作。分级管理是指县级以上地方产品质量监督部门主管本行政区域内的产品质量监督工作。比如，我国的食品药品监管体制，中央一级的监管机构是国家食品药品监督管理总局，2013 年 4 月，国务院下发了《关于地方改革完善食品药品监督管理体制的指导意见》，要求省、市、县级政府原则上参照国务院整合食品药品监督管理职能和机构的模式，结合本地实际，将原食品安全办、原食品药品监管部门、工商行政管理部门、质量技术监督部门的食品安全监管和药品管理职能进行整合，组建食品药品监督管理机构，对食品药品实行集中统一监管，同时承担本级政府食品安全委员会的具体工作。地方各级食品药品监督管理机构领导班子由同级地方党委管理，主要负责人的任免须事先征求上级业务主管部门的意见，业务上接受上级主管部门的指导。

三　我国的职业安全与健康规制体制

新中国成立以来，我国的安全生产监管体制经历了曲折的发展历程，至今基本形成了较完善的安全生产监督管理体制。

1949 年 9 月，第一届中国人民政治协商会议通过的《共同纲领》提出，要“实行工矿检查制度，以改进工矿的安全和卫生设备”。1949 年 11 月，成立了中央人民政府劳动部，负责对工矿企业的劳动保护和安全生产工作实施监督管理。1954 年 9 月，政务院成立，原中央人民政府劳动部改为中华人民共和国劳动部，成为政务院组成部门。大跃进和“文化大革命”时期，我国的安全生产管理出现了滑坡和倒退。1970 年 6 月，劳动部并入国家计委，组建国家计委劳动局，由国家计委主管劳动保护工作。1975 年 9 月，将国家计委劳动局改为国家劳动总局，为国务院直属机构，由国家计委代管，并将矿山安全从劳动保护局的工作中分出，单独成立矿山安全监察局。

1978 年，党的十一届三中全会以后，我国的安全生产秩序开始恢复，安全生产管理体制和机构也相应发生了变化。1982 年 5 月，国家劳动总局、国家人事局、国务院科技干部局、国家编制委员会合并为劳动人事部，有关劳动保护工作由下设的劳动保护局、矿山安全监察局、锅炉压力容器安全监察局 3 个局承担。

1988 年，国务院进行机构改革，将劳动人事部分设为劳动部和人事部，明确了劳动部是国务院领导下的综合管理全国劳动工作的职能部门，要求劳动部综合管理职业安全卫生、矿山安全、锅炉和压力容器安全工作，实行国家监察。据此劳动部设立了职业安全卫生检查局、矿山安全卫生检查局、锅炉压力容器安全监察局，各省、市、县也成立了相应的机构。

1993 年 6 月，国务院进行机构调整，指定劳动部代表国务院综合管理全国的安全卫生工作。劳动部因此调整劳动保护管理机构，设立安全生产管理局、职业安全卫生与锅炉压力容器监察局和矿山安全监察局。

1998 年 6 月，国务院进行机构改革，撤销了劳动部，将原劳动部承担的安全生产综合管理职能和安全监察职能划归国家经贸委，职业卫生监察划归卫生部，锅炉压力容器等特种设备的监察职能交由国家质量技术监督局负责，工伤与职业病保险交由新成立的劳动和社会保障部负责。

1999 年 12 月，经国务院批准，由国家经贸委管理的国家煤矿安全监察局成立，专门负责全国煤矿安全监察工作。2000 年 12 月，国家安全生产监督管理局（与国家煤矿安全监察局一个机构两个牌子）建立，综合管理全国的安全生产，履行国家安全生产的监督管理和煤矿安全监察职能，由国家经贸委管理。

2002 年 12 月，我国《安全生产法》颁布，《安全生产法》第九条规定："国务院负责安全生产监督管理的部门依照本法，对全国安全生产工作实施综合监督管理。县级以上地方各级人民政府负责安全生产监督管理的部门依照本法，对本行政区域内安全生产工作实施综合监督管理。国务院有关部门依照本法和其他有关法律、行政法规的规定，在各自的职责范围内对有关的安全生产工作实施监督管理；县级以上地方各级人民政府有关部门依照本法和其他有关法律、法规的规定，在各自的职责范围内对有关的安全生产工作实施监督管理。"① 根据《安全生产法》的要求，2003 年 3 月，国务院机构改革时，把国家安全生产监督管理局（国家煤矿安全监察局）设置为国务院直属机构，主管全国安全生产综合监督管理和煤矿安全监察工作。为进一步加强安全生产监管

① 中央政府门户网站（http：//www. gov. cn）。

和煤矿安全监察工作，强化监督执法，2005 年，国家安全生产监督管理局升格为国家安全生产监督管理总局，国家安全生产监督管理总局是国务院主管安全生产综合监督管理的直属机构。至此，我国的安全生产规制体制基本形成。

根据《安全生产法》的规定，我国现阶段实行的国家安全生产监管体制是：国家安全生产综合监管与各级政府有关职能部门专项监管相结合的体制。安全生产的综合监管部门是国家安全生产监督管理总局，专项监管的部门有公安部消防局负责消防安全，公安部交通管理局负责机动车辆监管，煤矿安全生产监察局负责煤矿安全监察，交通部海事局负责船舶水上交通运输安全监管，质量技术监督局负责特种设备的安全监管等。国家的安全生产有关部门合理分工、相互协调，构成了我国安全生产监管体系。

第三节　我国的社会性规制政策体系

一　我国的环境规制政策体系

自 1973 年第一次全国环保会议召开至今，在环境保护实践中，我国逐步形成了一系列适合中国国情的环境规制政策。这些政策包括环境标准制度、环境影响评价制度、“三同时”制度、排污收费制度、排污许可证制度、污染总量控制制度、污染限期治理制度、环境保护目标责任制、城市环境综合整治定量考核制、污染集中处理制度、排污权交易制度等。按实施方式，这些政策可分为命令—控制型环境政策和以市场为基础的激励型环境政策。其中，排污费和排污权交易属于激励型环境规制方式。

（一）命令—控制型环境规制政策

命令—控制型环境规制政策包括环境标准制度、环境影响评价制度、污染限期治理制度、“三同时”制度、排污许可证制度、污染总量控制制度等。

第一，环境标准制度。环境标准制度是环境管理的基础性制度，是关于环境标准的分类、分级、制定和实施的规定。根据 1999 年 4 月国家环境保护总局通过的《环境标准管理办法》，环境标准分为国家环境标准、地方环境标准和国家环境保护总局标准。国家环境标准包括国家环境质量标准、国家污染物排放标准（或控制标准）、国家环境监测方法标准、国家环境标准样品标准和国家环境基础标准；地方环境标准包括地方环境质量标准和地方污染物排放标准（或控制标准）。国家环境标准和国家环境保护总局标准在全国范围内执行，地方环境标准在颁布该标准的省、自治区、直辖市辖区范围内执行。环境标准分为强制性环境标准和推荐性环境标准。强制性环境标准是必须执行的标准，包括环境质量标准、污染物排放标准和法律、行政法规规定必须执行的其他环境标准。其中，环境质量标准是对环境中的有害物质和因素做出的限制性规定；污染物排放标准（或控制标准）是为实现环境质量标准，结合技术经济条件和环境特点，对向环境排放污染物或危害环境的其他因素做出的限制性规定。强制性环境标准以外的环境标准属于推荐性环境标准。国家鼓励采用推荐性环境标准，推荐性环境标准被强制性环境标准引用，也必须强制执行。

第二，环境影响评价制度。环境影响评价制度是当今发达国家普遍采用的一种环境管理制度，美国是最早制定环境影响评价制度的国家。我国的环境影响评价制度最早见诸 1979 年颁布的《中华人民共和国环境保护法（试行）》，该法对环境影响评价制度做了原则性规定。1989 年颁布的《环境保护法》进一步明确和肯定了该项制度。该法第十三条规定："建设项目的环境影响报告书，必须对建设项目产生的污染和对环境的影响做出评价，规定防治措施，经项目主管部门预审并依照规定的程序报环境保护行政主管部门批准。环境影响报告书经批准后，计划部门方可批准建设项目设计任务书。"① 2002 年 10 月，九届人大常委会三十次会议通过并颁布了《环境影响评价法》，对环境评价的对象、程序、方法等做出了明确规定。

第三，"三同时"制度，是指一切新建、扩建、改建工程和其他技术改造项目，其防治污染和其他公害的设施，必须与主体工程同时设计、同时施工、同时投产使用。"三同时"制度是我国独创的一项环境保护政策，始于 20 世纪 70 年代初期，1973 年，国务院发布了《关于保护和改善环境的若干规定》，明确提出一切新建、改建、扩建的企

① 中央政府门户网站（http：//www.gov.cn）。

业，防止污染项目必须和主体工程同时设计、同时施工、同时投产。1979 年颁布的《环境保护法（试行)》和 1989 年颁布的《环境保护法》都从基本法的高度肯定了该项制度。我国《环境保护法》第二十六条规定："建设项目中防治污染的设施，必须与主体工程同时设计、同时施工、同时投产使用。"[①]"三同时"制度的目的在于把握好设计、施工和使用关，保证项目建成后污染物的排放符合国家和地方规定的标准。

第四，排污许可证制度。许可证是环境管理中使用较为广泛的控制措施，是指对环境有不良影响的各种规划、开发、建设项目、排污设施和经营活动，其建设者或经营者都需要事先提出申请，经主管部门审查批准，颁发许可证后，才能从事该项活动。排污许可证最早见于美国 1972 年的《联邦水污染控制法修正案》。我国的排污许可证制度主要是用于水体污染物，1988 年国家环保总局颁发了《水污染物排放许可证管理办法》，1989 年经国务院批准，国家环境保护总局发布了《水污染防治法实施细则》，第九条规定："企事业单位向水体排放污染物的，必须向所在地环境保护部门提交排污申报登记表。环境保护部门收到排污申报登记表后，经调查核实，对不超过国家和地方规定的污染物排放标准及国家规定的企事业单位总量指标的发放排污许可证。"[②] 2000 年修订的《大气污染防治法》就排污许可证制度做了相应规定，自 2001 年起，在全国 16 个城市重点开展了大气污染物排放许可证制度。

第五，污染总量控制制度。污染物排放总量控制，简称总量控制，是指将某一控制区域（如行政区、流域、环境功能区等）作为一个完整的系统，采取措施将排入这一区域的污染物总量控制在一定数量之内，以满足该区域的环境质量要求。总量控制主要包括污染物的排放总量、排放污染物的地域和排放污染物的时间三个方面。日本是较早采用污染总量控制的国家，1974 年日本修订后的《大气污染防治法》规定了有关污染总量控制的条款。我国的污染物总量控制实践源于 20 世纪末。在 80 年代召开的第三次全国环境保护会议上，国家环境保护局提出同时实行浓度控制和总量控制的污染控制对策，确定由浓度控制向总

① 中央政府门户网站（http：//www. gov. cn)。

② 同上。

量控制发展的方向。1996 年，全国人大通过的《国民经济和社会发展第九个五年计划和2010 年远景目标纲要》，把污染物排放总量控制定为中国环境保护的一项重大举措。1996 年修订的《水污染防治法》和2000 年颁布的《大气污染防治法》以法律的形式规定了污染总量控制制度。

第六，污染限期治理制度。这是对超标排放污染物的企业给予一定的期限进行治理以便达标排放的制度。限期治理制度最早于 1973 年第一次全国环保会议上提出，1979 年《环境保护法（试行）》做了进一步确认，之后颁布的环境保护法规中都重申了这一制度。《环境保护法》第二十九条规定："对造成环境严重污染的企业事业单位，限期治理。"① 第三十九条规定："对经限期治理逾期未完成治理任务的企业事业单位，除依照国家规定加收超标准排污费外，可以根据所造成的危害后果处以罚款，或者责令停业、关闭。"②

（二）激励型环境规制政策

第一，排污收费制度。我国排污收费制度始于 20 世纪 80 年代，1982 年，国务院发布了《征收排污费暂行办法》，规定对超过国家排放标准的污染排放者征收超标准排污费，以及对不超标的污水和二氧化硫也要征收排污费。1989 年颁布的《环境保护法》第二十八条规定："排放污染物超过国家或者地方规定的污染物排放标准的企业事业单位，依照国家规定缴纳超标准排污费，并负责治理。水污染防治法另有规定的，依照水污染防治法的规定执行。"《水污染防治法》第十五条规定："企事业单位向水体排放污染物的，按照国家规定缴纳排污费；超过国家或地方规定的污染物排放标准的，按照国家规定缴纳超标准排污费，并负责治理。" 2003 年 1 月 30 日，国务院发布了《排污费征收使用管理条例》，2003 年 7 月 1 日开始实施，新条例加大了排污费的征收力度。①实行排污总量收费，将原来的超标收费改为排污收费和超标收费并存。②实行多因子收费，对同一排污口排放两种以上污染物的，由原来按收费最高的一种污染因子收费改为按污染当量数排放前三项的污染因子收费。③提高了收费标准，如二氧化硫排放费，第一年每一个污染

---

① 中央政府门户网站（http：//www. gov. cn）。

② 同上。

当量收费标准0.2元，第二年0.4元，第三年0.6元。④扩大了收费范围，把个体商户增加为缴费对象。⑤排污费的征收与使用执行收支两条线。如今排污费已经成为我国法律所许可的市场化的规制政策，在全国得到了广泛使用。

第二，排污权交易制度。排污权交易制度目前在我国还处于试验阶段。1994年，国家环境保护局在包头、开封、柳州、太原、平顶山、贵阳6个城市进行“大气排污权交易”试点。1999年，中美两国环保局签署合作协议，开展“运用市场机制减少二氧化硫排放研究”，江苏南通和辽宁本溪成为最早的试点基地。这标志着我国运用排污权交易解决环境污染问题的开始。2002年6月，江苏南通市大生港发电有限公司向该市另一家大型化工有限公司出售二氧化硫排放指标，收到转让费20万元，这是我国第一例二氧化硫排污权交易。2002年5月，国家环境保护局决定在山东、山西、江苏、河南、上海、天津、柳州7省市开展排污交易试点，以尽快改变上述地市的空气环境质量。2004年，南通市环境保护局经过研究和协调，审核确认由泰尔特公司将排污指标余量出售给亚点毛巾公司，转让期限为3年，每吨化学需氧量交易价格为1000元，这是中国首例成功的水污染物排放权交易。2009年3月2日，财政部、环境保护部批复同意浙江省在太湖流域杭嘉湖地区和钱塘江流域开展化学需氧量排污权有偿使用和交易试点，同时在全省范围开展二氧化硫排污权有偿使用和交易试点。2014年8月6日，国务院办公厅下发了《关于进一步推进排污权有偿使用和交易试点工作的指导意见》，要求到2017年，试点地区排污权有偿使用和交易制度基本建立，试点工作基本完成。总体来看，我国的排污权交易目前还处于试点阶段，还没有建立全国统一的规则和标准。

二 我国的产品质量规制政策

我国的产品质量规制政策有产品质量安全标准制度、行政许可制度、产品质量认证制度、产品质量监督检查制度等。

（一）产品质量安全标准制度

产品质量安全标准是产品生产、检验和评定质量的技术依据。我国1989年颁布实施的《标准化法》第二条第一款和第二款规定：对下列需要统一的技术要求，应当制定标准。“工业产品的品种、规格、质量、等级或者安全、卫生要求；工业产品的设计、生产、检验、包装、储存、运输、使用的方法或者生产、储存、运输过程中的安全、卫生要求。……重要农产品和其他需要制定标准的项目，由国务院规定。”① 从实施的范围上，标准分为国家标准、行业标准、地方标准和企业标准。我国《标准化法》规定：对需要在全国范围内统一的技术要求，应当制定国家标准。国家标准由国务院标准化行政主管部门制定。对没有国家标准而又需要在全国某个行业范围内统一的技术要求，可以制定行业标准。行业标准由国务院有关行政主管部门制定，并报国务院标准化行政主管部门备案，在公布国家标准之后，该项行业标准即行废止。对没有国家标准和行业标准而又需要在省、自治区、直辖市范围内统一的工业产品的安全、卫生要求，可以制定地方标准。地方标准由省、自治区、直辖市标准化行政主管部门制定，并报国务院标准化行政主管部门和国务院有关行政主管部门备案，在公布国家标准或者行业标准之后，该项地方标准即行废止。企业生产的产品没有国家标准和行业标准的，应当制定企业标准，作为组织生产的依据。企业的产品标准须报当地政府标准化行政主管部门和有关行政主管部门备案。从实施力度上，国家标准、行业标准分为强制性标准和推荐性标准。保障人体健康，人身、财产安全的标准和法律、行政法规规定强制执行的标准是强制性标准，其他标准是推荐性标准。省、自治区、直辖市标准化行政主管部门制定的工业产品的安全、卫生要求的地方标准，在本行政区域内是强制性标准。

（二）行政许可制度

行政许可是一种具体的行政行为，是指行政机关根据公民、法人或者其他组织的申请，经依法审查，准予其从事特定活动的行为。我国产品质量监管领域实施的行政许可制度主要是许可证制度：许可证制度是一种强制性措施，是指国家对于具备某种产品的生产条件并能保证产品质量的企业，依法授予许可生产该项产品的凭证的法律制度。主要包括工业产品生产许可证、食品生产经营许可证、药品生产经营许可证等。为了保证直接关系公共安全、人体健康、生命财产安全的重要工业产品的质量安全，我国于 2005 年 9 月开始实施的《工业产品生产许可证管理条例》第二条规定：“国家对生产下列重要工业产品的企业实行生产

---

① 中国质检网（http://www.cqn.com.cn）。

许可证制度：（一）乳制品、肉制品、饮料、米、面、食用油、酒类等直接关系人体健康的加工食品；（二）电热毯、压力锅、燃气热水器等可能危及人身、财产安全的产品；（三）税控收款机、防伪验钞仪、卫星电视广播地面接收设备、无线广播电视发射设备等关系金融安全和通信质量安全的产品；（四）安全网、安全帽、建筑扣件等保障劳动安全的产品；（五）电力铁塔、桥梁支座、铁路工业产品、水工金属结构、危险化学品及其包装物、容器等影响生产安全、公共安全的产品；（六）法律、行政法规要求依照本条例的规定实行生产许可证管理的其他产品。”[①] 工业产品的质量安全通过消费者自我判断、企业自律和市场竞争能够有效保证的，不实行生产许可证制度。工业产品的质量安全通过认证认可制度能够有效保证的，不实行生产许可证制度。

国家对食品生产经营实行许可制度。《食品安全法》第二十九条规定：“国家对食品生产经营实行许可制度。从事食品生产、食品流通、餐饮服务，应当依法取得食品生产许可、食品流通许可、餐饮服务许可。县级以上质量监督、工商行政管理、食品药品监督管理部门应当依照《行政许可法》的规定，审核申请人提交的本法第二十七条第一项至第四项规定要求的相关资料，必要时对申请人的生产经营场所进行现场核查；对符合规定条件的，决定准予许可；对不符合规定条件的，决定不予许可并书面说明理由。”[②]

药品生产经营许可制度是我国药品监管的一项重要制度。对保证药品质量，保障人体用药安全，规范药品生产经营管理秩序具有很大的作用。《药品管理法》第七条明确规定：“开办药品生产企业，须经企业所在地省、自治区、直辖市人民政府药品监督管理部门批准并发给《药品生产许可证》，凭《药品生产许可证》到工商行政管理部门办理登记注册。无《药品生产许可证》的，不得生产药品。”[③] 第十四条明确规定：“开办药品批发企业，须经企业所在地省、自治区、直辖市人民政府药品监督管理部门批准并发给《药品经营许可证》；开办药品零售企业，须经企业所在地县级以上地方药品监督管理部门批准并发给

① 中国质检网（http：//www. cqn. com. cn）。

② 中央政府门户网站（http：//www. gov. cn）。

③ 同上。

《药品经营许可证》，凭《药品经营许可证》到工商行政管理部门办理登记注册。无《药品经营许可证》的，不得经营药品。”①

（三）产品质量认证制度

产品质量认证是许多国家实施产品质量监管、保证产品质量、维护消费者权益的一种普遍做法。是一种依据产品标准和相应技术要求，经认证机构确认并通过颁发认证证书和认证标志，来证明某一产品符合相应标准和相应技术要求的活动。产品质量认证制度起源于20世纪初，我国的质量认证工作起步较晚。1981年4月，成立了全国第一个产品质量认证机构——中国电子元器件质量认证委员会，开始开展产品认证工作。1988年12月颁布的《标准化法》第十五条规定：“企业对有国家标准或者行业标准的产品，可以向国务院标准化行政主管部门或者国务院标准化行政主管部门授权的部门申请产品质量认证。”1991年5月《产品质量认证管理条例》发布，1993年《产品质量法》颁布，《产品质量法》第十四条规定：“国家根据国际通用的质量管理标准，推行企业质量体系认证制度。”② 为规范认证认可活动，提高产品、服务的质量和管理水平，2003年8月，国务院颁布了《认证认可条例》，对认证机构、认证体系、认证规则、监督检查、法律责任等都做了明确规定。我国实行强制性认证和自愿性认证相结合的制度。强制性产品认证，是通过制定强制性产品认证的产品目录和实施强制性产品认证程序，对列入《目录》中的产品实施强制性的检测和审核。我国强制性产品认证制度的对象涉及人体健康、动植物生命安全、环境保护、公共安全、国家安全的产品。实施强制性产品认证制度的目的是保护国家安全，防止欺诈行为，保护人体健康或者安全、保护动植物的生命或者健康、保护环境；凡列入强制性产品认证《目录》内的产品，没有获得指定认证机构的认证证书，没有按规定加施认证标志，一律不得进口、不得出厂销售和在经营服务场所使用。自愿性产品认证通常是依据标准对产品的全部性能进行认证，这种认证遵循企业自愿申请的原则。自愿性产品认证具有指导消费者选购性能优良的商品，增强企业市场竞争能力，全面提高产品性能和提高企业持续稳定生产符合标准要求产品的作用。

① 中央政府门户网站（http：//www. gov. cn）。

② 同上。

（四）产品质量监督检查制度

产品质量监督检查是国家对产品质量实施的一项强制性行政管理措施，是指国务院产品质量监督部门、县级以上地方产品质量监督部门和其他部门依据国家法律、法规的规定，对生产领域、流通领域的产品质量所进行的一种具有监督性质的检查活动。我国《产品质量法》第十五条明确规定："国家对产品质量实行以抽查为主要方式的监督检查制度。"①

《产品质量法》第十五条对我国产品质量监督检查的机关、对象、方式做了明确规定。监督抽查工作的规划和组织部门是"国务院产品质量监督部门，县级以上地方产品质量监督部门在本行政区域内也可以组织监督抽查"。② 监督检查的对象是"可能危及人体健康和人身、财产安全的产品，影响国计民生的重要工业产品以及消费者、有关组织反映有质量问题的产品进行抽查"。③ 监督检查的方式主要是抽查，抽查包括国家抽查和地方抽查等。国家监督抽查由国务院产品质量监督部门统一组织和管理，按季度对全国产品质量进行的监督抽查，抽查的结果由国务院产品质量监督部门依照法律的要求定期公布。地方监督抽查是县级以上地方产品质量监督部门在本级区内组织的监督抽查。国家监督抽查的产品，地方不得另行重复抽查；上级监督抽查的产品，下级不得另行重复抽查。此外，还有统一监督检查和定期监督检查。统一监督检查是政府对产品质量进行监督检查的另一种方式，通常只用于检查某类质量问题较突出的产品。按统一产品、统一标准、统一检验方法、统一判定原则和统一汇总口径的五统一原则，对生产同种产品的所有企业普遍进行产品质量监督检查，以全面掌握该产品的全行业的质量状况，提高被检产品的总体质量水平。定期监督检查是地方对产品质量进行监督的主要方式。除上述三种主要形式外，各级产品质量监督部门还可以根据实际情况、群众举报，或根据上级及有关部门的指示或意见，对某些企业的某种产品组织一些日常执法监督检查活动。

对于监督检查结果的使用，《产品质量法》第十七条做了明确规

---

① 中央政府门户网站（http：//www. gov. cn）。

② 同上。

③ 同上。

定："依照本法规定进行监督抽查的产品质量不合格的，由实施监督抽查的产品质量监督部门责令其生产者、销售者限期改正。逾期不改正的，由省级以上人民政府产品质量监督部门予以公告；公告后经复查仍不合格的，责令停业，限期整顿；整顿期满后经复查产品质量仍不合格的，吊销营业执照。监督抽查的产品有严重质量问题的，依照本法第五章的有关规定处罚。"①

三　我国的生产安全规制政策体系

我国在职业安全和健康方面的政策主要有安全标准制度、安全生产许可证制度、安全生产"三同时"制度、安全生产事故责任追究制度等。

（一）作业场所安全条件及安全健康标准

安全标准是安全生产法律体系的重要组成部分，是保障企业安全生产的重要技术规范，是安全监管监察工作依法行政的重要依据。我国《安全生产法》第十条规定："国务院有关部门应当按照保障安全生产的要求，依法及时制定有关的国家标准或者行业标准，并根据科技进步和经济发展适时修订。生产经营单位必须执行依法制定的保障安全生产的国家标准或者行业标准。"② 2004 年，国家安全生产监督管理局制定了《安全生产行业标准管理规定》，对安全生产标准的制定和修订做了明确规定。保障安全生产的标准只有国家标准和行业标准，地方标准和企业标准不能作为安全生产的标准。安全生产标准分为强制性标准和推荐性标准。安全生产标准内容涉及需要强制执行的安全生产条件、安全管理等的，为强制性标准；其他为推荐性标准。安全生产标准的范围包括矿山安全、劳动防护用品、危险化学品安全管理、烟花爆竹安全管理和其他工矿商贸安全生产规程等。目前，国务院有关部门已经制定了一系列有关安全生产的国家标准和行业标准，包括生产作业场所的安全标准，生产作业、施工的工艺安全标准，安全设备、设施、器材和安全防护用品的产品安全标准，有关安全生产的基础性、通用性标准等。

（二）安全生产许可证制度

安全生产许可证制度是有关安全生产的市场准入制度。在安全市场

---

① 中央政府门户网站（http：//www. gov. cn）。

② 同上。

准入方面，我国实行安全生产许可证制度。2004 年通过的《安全生产许可证条例》对我国实施许可证的目的、范围、颁发和管理等问题都做了明确规定。其中第二条规定：“国家对矿山企业、建筑施工企业和危险化学品、烟花爆竹、民用爆破器材生产企业（以下统称企业）实行安全生产许可制度。企业未取得安全生产许可证的，不得从事生产活动。”①

（三）安全生产监督检查制度

《安全生产法》第五十六条规定：“负有安全生产监督管理职责的部门依法对生产经营单位执行有关安全生产的法律、法规和国家标准或者行业标准的情况进行监督检查，行使以下职权：（一）进入生产经营单位进行检查，调阅有关资料，向有关单位和人员了解情况。（二）对检查中发现的安全生产违法行为，当场予以纠正或者要求限期改正；对依法应当给予行政处罚的行为，依照本法和其他有关法律、行政法规的规定作出行政处罚决定。（三）对检查中发现的事故隐患，应当责令立即排除；重大事故隐患排除前或者排除过程中无法保证安全的，应当责令从危险区域内撤出作业人员，责令暂时停产停业或者停止使用；重大事故隐患排除后，经审查同意，方可恢复生产经营和使用。（四）对有根据认为不符合保障安全生产的国家标准或者行业标准的设施、设备、器材予以查封或者扣押，并应当在十五日内依法作出处理决定。”②

（四）安全生产“三同时”制度

“三同时”是指一切新建、改建、扩建的基本建设项目（工程）、技术改造项目（工程）、引进的建设项目，其职业安全卫生设施工程必须符合国家规定的标准，必须与主体工程同时设计、同时施工、同时投入生产和使用。我国 2002 年颁布的《安全生产法》第二十四条对生产经营单位在建工程的“三同时”做了明确规定：“生产经营单位新建、改建、扩建工程项目（以下统称建设项目）的安全设施，必须与主体工程同时设计、同时施工、同时投入生产和使用。安全设施投资应当纳入建设项目概算。”③“三同时”制度具体包括以下内容：第一，建设项

① 中国安全生产网（http：//www. aqsc. cn）。

② 中央政府门户网站（http：//www. gov. cn）。

③ 中央政府门户网站（http：//www. gov. cn）。

目在进行可行性研究论证时，必须进行职业健康安全方面的论证，明确项目可能对职工造成危害的防范措施，并将论证结果载入可行性论证文件。第二，设计单位在编制建设项目的初步设计文件时，应当同时编制《劳动安全卫生专篇》，职业健康安全设施的设计，必须符合国家标准、行业标准。第三，施工单位必须按照审查批准的设计文件进行施工，不得擅自更改职业健康安全设施的设计，并对施工质量负责。第四，建设项目的竣工验收必须按照国家有关建设项目职业健康安全验收规定进行。不符合职业健康安全标准的，不得验收和投产使用。第五，建设项目验收合格正式投入运行后，不得将职业健康安全设施闲置不用，生产设施和职业健康安全设施必须同时使用。

（五）安全生产事故责任追究制度

我国《安全生产法》第十三条规定："国家实行生产安全事故责任追究制度，依照本法和有关法律、法规的规定，追究生产安全事故责任人员的法律责任。"[①] 依照安全生产法和有关法律、法规的规定，对生产安全事故的责任者、有关主管机关依法追究其行政责任；构成犯罪的，由司法机关依法追究其刑事责任。依照《安全生产法》第七十三条和第七十四条的规定，对生产安全事故确定为责任事故的，既要查清事故单位责任者的责任，也要查清对安全生产负有监督管理职责的有关部门是否有违法审批或不依法履行监督管理职责的责任。对尚未构成犯罪的事故责任者，分别给予包括降级、撤职、开除等在内的行政处分，或给予罚款等行政处罚。对造成严重事故后果的违法行为，要依法追究刑事责任。

本章小结

第一，经过30多年的改革开放，我国已经初步形成了适应社会主义市场经济体制要求的政府规制体系。我国政府规制体系的形成主要表现在：一是建立了比较完善的政府规制法律体系；二是建立了比较有效的政府规制机构；三是形成了比较完善的政府规制政策体系。

① 中央政府门户网站（http：//www.gov.cn）。

第二，我国环境规制法律体系。到目前为止，我国已经形成了以《宪法》为基础，以《环境保护法》为主体的环境法律体系。我国现行的环境法律体系主要由以下几部分构成:《宪法》《环境保护法》、环境保护专门法以及与环境保护相关的资源法、国务院及政府部门制定的各种环境法规和规章、地方环境保护法规和地方政府规章、环境标准。

第三，我国产品安全与卫生规制法律体系。我国产品安全与卫生规制法律体系的形成经过了一个漫长的过程。1979 年以前是我国产品质量法治建设的起步阶段，1980 年我国的产品质量立法步入快速恢复阶段，1990 年以后我国的产品质量立法进入快速发展阶段。目前，我国已经形成了一个由《产品质量法》《食品安全法》《农产品质量安全法》《药品管理法》《消费者权益保护法》以及相关的法规和规章构成的产品安全与卫生规制法律体系。

第四，我国职业安全与健康规制法律体系。我国现行的安全生产法律法规体系是以《安全生产法》为基础，以《劳动法》《道路交通安全法》《职业病防治法》《工会法》《消防法》《煤炭法》《矿山安全法》《海上交通安全法》等专门法律为主体，以《安全生产许可证条例》《建设工程安全生产管理条例》《道路交通安全法实施条例》《矿山安全条例》《劳动保障监察条例》《使用有毒物品作业场所劳动保护条例》《危险化学品安全管理条例》《煤矿安全监察条例》等近百部行政法规、数百个部门规章以及一大批地方性法规和规章为支撑的安全生产规制法律体系。

第五，我国的环境规制体制。政府规制体制是指有关政府规制机构的设置、领导隶属关系以及规制权限划分方面的制度安排。经过 30 多年的改革，基本形成了适合我国国情的“由国务院统一领导、环境保护部门统一监管、各部门分工负责、地方政府分级负责”的管理体制。简称“统一监督管理与分级、分部门管理相结合”的环境行政管理体制。

第六，我国的产品质量规制体制。我国的产品质量规制体制是一种“统一领导，分部门、分级管理的体制”。统一领导是指由国务院产品质量监督部门主管全国产品质量监督工作，分部门管理是指国务院有关部门在各自的职责范围内负责产品质量监督工作，分级管理是指县级以上地方产品质量监督部门主管本行政区域内的产品质量监督工作。

第七，我国的职业安全与健康规制体制。我国现阶段实行的国家安全生产监管体制是国家安全生产综合监管与各级政府有关职能部门专项监管相结合的体制。安全生产的综合监管部门是国家安全生产监督管理总局，专项监管的部门有公安部消防局负责消防安全，公安部交通管理局负责机动车辆监管，煤矿安全生产监察局负责煤矿安全监察，交通部海事局负责船舶水上交通运输安全监管，质量技术监督局负责特种设备的安全监管等。国家的安全生产有关部门合理分工、相互协调，构成了我国安全生产监管体系。

第八，我国的环境规制政策体系。我国的环境政策包括环境标准制度、环境影响评价制度、“三同时”制度、排污收费制度、排污许可证制度、污染总量控制制度、污染限期治理制度、环境保护目标责任制、城市环境综合整治定量考核制、污染集中处理制度、排污权交易制度等。按实施方式，这些政策可分为命令—控制型环境政策和以市场为基础的激励型环境政策。其中，排污费和排污权交易属于激励型环境规制方式。

第九，我国的产品质量规制政策。我国的产品质量监管政策和方式有产品质量安全标准制度、行政许可制度、产品质量认证制度、产品质量监督检查制度等。

第十，我国的生产安全规制政策。我国在职业安全和健康方面的政策主要有安全标准制度、安全生产许可证制度、安全生产“三同时”制度、安全生产事故责任追究制度等。

第七章　我国的政府规制体系：经济性规制体系

经济性规制主要是指对自然垄断行业的规制，我国的自然垄断行业以电信、电力、铁路、航空运输、城市水务等行业为代表。本章主要从电力、电信、民航等领域来分析我国的经济性规制体系。

第一节　我国的经济性规制法律体系

规范我国自然垄断行业的现行法律法规主要有两大类：一类是规范所有自然垄断行业的综合性法律，如《反垄断法》《反不正当竞争法》及其相关配套规范；另一类是规范各个特定行业的专门立法，如《电力法》《民用航空法》《铁路法》等法律及其一系列配套法规。

一　规范我国自然垄断行业的综合性立法

综合立法是指由立法机关制定的法律，包括自然垄断的各个领域，在所有的自然垄断领域都要通行。规范我国自然垄断行业的综合性法律主要有《反垄断法》《反不正当竞争法》及其相关配套规范等。

在《反垄断法》生效实施之前，我国关于自然垄断行业垄断行为的规定主要散见于《反不正当竞争法》及相关配套法规中。1993 年 9 月通过的《反不正当竞争法》第六条明确规定："公用企业或者其他依法具有独占地位的经营者，不得限定他人购买其指定的经营者的商品，以排挤其他经营者的公平竞争。"① 第二十三条规定："公用企业或者其他依法具有独占地位的经营者，限定他人购买其指定的经营者的商品，以排挤其他经营者的公平竞争的，省级或者设区的市的监督检查部门应

① 中央政府门户网站（http：//www. gov. cn）。

当责令停止违法行为，可以根据情节处以五万元以上二十万元以下的罚款。被指定的经营者借此销售质次价高商品或者滥收费用的，监督检查部门应当没收违法所得，可以根据情节处以违法所得一倍以上三倍以下的罚款。”① 同年12月，为了配合第六条、第二十三条的实施，国家工商行政管理局发布了《关于禁止公用企业限制竞争行为的若干规定》。在后来的执法实践中，国家工商行政管理局又对新出现的问题做了一系列答复。如1999年5月《关于公用企业限定用户接受其指定的金融机构的服务构成限制竞争行为问题的答复》、1999年10月《关于对供电企业限制竞争行为定性处罚问题的答复》、1999年10月《关于对电信部门强制向用户收取话费预付款、话费抵押金行为定性处罚问题的答复》、2000年5月《对铁路运输部门强制为托运人提供保价运输服务是否排挤保险公司货物运输保险公平竞争问题的答复》、2000年7月《关于电力公司强制用户接受其不合理条件的行为定性处理问题的答复》、2000年8月《关于对移动通信公司强行向用户收取来电显示费行为定性处理问题的答复》等。这些法规条例对规制我国的自然垄断行业起到了一定的作用。

《反垄断法》是反对垄断和保护竞争的法律制度，是市场经济国家基本的法律制度，被称为经济宪法。美国1890年通过的《谢尔曼法》是世界上最早的反垄断法。我国2007年8月十届全国人大常委会二十九次会议通过了《反垄断法》，2008年8月1日开始施行。我国《反垄断法》的宗旨是：“为了预防和制止垄断行为，保护市场公平竞争，提高经济运行效率，维护消费者利益和社会公共利益，促进社会主义市场经济健康发展。”② 使用范围是中华人民共和国境内经济活动中的垄断行为，中华人民共和国境外的对境内市场竞争产生排除、限制影响的垄断行为。

我国《反垄断法》第七条规定：“国有经济占统治地位的关系国民经济命脉和国家安全的行业以及依法实行专营专卖的行业，国家对其经营者的合法经营活动予以保护，并对经营者的经营行为及其商品和服务的价格依法实施监管和调控，维护消费者利益，促进技术进步。前款规

---

① 中央政府门户网站（http：//www. gov. cn）。

② 同上。

定行业的经营者应当依法经营，诚实守信，严格自律，接受社会公众的监督，不得利用其控制地位或者专营专卖地位损害消费者利益。"[①] 在这里，国有经济占统治地位的关系国民经济命脉和国家安全的行业以及依法实行专营专卖的行业，主要就是指我国的自然垄断行业。这一条款既承认了我国自然垄断行业的合法性，同时也明确规定，"不得利用其控制地位或者专营专卖的地位损害消费者利益"。[②] 从这些规定中可以看出，《反垄断法》对我国的自然垄断行业是有限制的。为了确保《反垄断法》的顺利实施，2010 年 12 月，国家工商行政管理总局公布了《工商行政管理机关禁止垄断协议行为的规定》《工商行政管理机关禁止滥用市场支配地位行为的规定》和《工商行政管理机关制止滥用行政权力排除、限制竞争行为的规定》三个《反垄断法》配套实体规章，这三个规章进一步完善了工商行政管理机关反垄断执法的依据。

二　规范各个特定行业的专门性立法

规范我国自然垄断行业的专门立法主要有《电信条例》《电力法》《铁路法》《民用航空法》等法律及其一系列配套法规。

我国对电信行业最主要的规制立法是 2000 年 9 月国务院颁布的《电信条例》，随后信息产业部陆续又颁布了各项规定，作为其实施的配套规范。主要有《电信服务质量监督管理暂行办法》(2001)、《电信用户申诉处理暂行办法》(2001)、《公用电信网间互联管理规定》(2001)、《通信行政处罚程序规定》(2001)、《电信设备进网管理办法》(2001)、《电信网间互联争议处理办法》(2001)、《电信业务经营许可证管理办法》(2001)、《国际通信出入口局管理办法》(2002)、《国际通信设施建设管理规定》(2002) 以及 2002 年 1 月信息产业部和国家发改委共同颁布的《电信建设管理办法》。2003 年 8 月，国务院转发了信息产业部、国家发改委、财政部、监察部、中组部、国资委六部委《关于进一步加强电信市场监管工作的意见》，这是我国电信市场监管方面第一个法规性文件。根据意见的精神，信息产业部于 2003 年 10 月通过了《关于加强依法治理电信市场的若干规定》，2005 年 4 月制定

① 中央政府门户网站（http://www.gov.cn）。
② 同上。

了《电信服务规范》等。这些法规和办法对规范我国电信市场的秩序起到了一定的作用。

电力行业：1995 年 12 月，全国人大通过了《电力法》；1996 年 4 月，国务院依据《电力法》制定了《电力供应与使用条例》。2003 年 8 月，国家电力监管委员会颁布了《关于发电厂并网运营管理的意见》，2004 年 3 月，颁布了《电力安全生产监管办法》；为了加强电力监管，规范电力监管行为，2005 年 2 月，国务院通过了《电力监管条例》，标志着政府对电力工业的管理正步入依法监管的新阶段。根据《电力监管条例》，国家电力监管委员会于 2005 年 6 月通过了《供电服务监管办法》，2005 年 9 月颁布了《电力业务许可证管理规定》《电力市场运营基本规则》和《电力市场监管办法》。2015 年 4 月 24 日，全国人大通过了修订的《电力法》，适应电力市场化需要的电力法规体系逐步完善。

邮政业：1987 年 1 月，全国人大常委会颁布实施了《邮政法》；1990 年 11 月，国务院颁布了《邮政法实施细则》。2008—2009 年，交通运输部出台了《邮政普遍服务监督管理办法》《快递市场管理办法》《快递业务经营许可管理办法》等。2009 年 10 月 1 日，修订后的《邮政法》颁布实施，明确赋予了邮政管理部门邮政监管的法定职责。在此基础上，国家邮政局相继出台了《邮政普遍服务标准》(2009)、《邮政企业设置和撤销邮政营业场所管理规定（暂行)》(2009)、《邮政企业停止办理或者限制办理邮政普遍服务和特殊服务业务管理规定》（2009）等规章制度。目前，我国已经基本建立了以邮政法为核心，包括邮政法、邮政法实施细则、邮政规章和地方性邮政法规以及一系列文件通知在内的邮政监管的法律法规体系框架。

民航：1995 年 10 月颁布 2017 年 11 月修订的《民用航空法》是规范我国民航业行为的基本法律。此外，国务院还制定颁布的行政法规 30 部左右；民航系统制定的规章 116 部。在铁路方面，有 1990 年颁布 2015 年 4 月修正的《铁路法》及与其配套的一系列法规规章。

第二节　我国的经济性规制体制

一　我国的电力规制（监管）体制

新中国成立以来，我国的电力规制体制大致经历了三个阶段。

第一阶段：1949—1997 年“政企合一”的监管体制。主要特征是：中央政府的电力工业主管部门既是电力工业发展规划和政策的制定者，又是电力行业的监管机构，同时也是电力工业的生产经营者，政府的监管职能和企业的生产经营职能合一。地方电力工业部门与中央政府的设置相对应，也是相应的一级行政管理机构和生产经营单位，接受上级单位的领导，同时直接负责其下属单位的管理和生产经营活动。在此期间，尽管电力工业的主管部门先后经历了从燃料工业部到电力工业部、水利电力部和再到电力工业部、水利电力部、能源部、电力工业部等的不断变化，但始终并未脱离“政企合一”的监管体制框架。

1949—1957 年，我国是由燃料工业部与电力工业部对电力进行监管的时期，实行“政企合一、国家垄断经营”的集中管理体制。国家直接管理发电、输电、配电和电力营销，由中央直接决定电力建设项目审批，由国家财政直接拨付电力建设的资金。1949 年 10 月，政务院组建了燃料工业部，对全国的煤炭工业、石油工业和电力工业实行统一管理。1950 年，燃料工业部专门成立了电业管理总局，并先后组建了东北、华北、华东、中南、西南和西北六个大区电业管理局，由电业管理总局统一领导，初步形成了垂直垄断、政企合一的电力工业管理体系。1955 年 7 月，撤销燃料工业部，分设煤炭工业部、电力工业部和石油工业部。电力工业部继承了燃料工业部对全国电力工业的管理职能。同时，撤销了电业管理总局和六大区电业管理局，各省（市、自治区）的电力工业均由电力工业部直接领导和管理。

1958—1978 年是由水利电力部对电力进行监管的时期，在该时期先后存在两次分散与两次集中的管理。1958 年年初，水利部和电力工业部合并，成立了水利电力部。水利电力部成立之初，将电力工业企业全部下放给各省（市、自治区），当时的水利电力部只负责管理已形成跨省（市、自治区）的电网。这种电力工业管理体制实施三年，1961

年重新将电力工业管理权力上收，实行以中央管理为主的体制。“文化大革命”开始后，1967 年 7 月，水利电力部实行军管，又一次把电力工业管理权下放给地方政府。1970 年 4 月，水利电力部结束军管，由水利电力部革委会领导，1975 年撤销水利电力部革委会，恢复了水利电力部的建制。1975 年 7 月 25 日，国务院发出了《关于加快发展电力工业的通知》，明确提出要加强电网统一管理。我国电力工业管理体制又走上了中央管理为主、大区电业管理局分片管理的体制。

1978—1997 年，我国的中央电力管理部门又经过了几次变更。1979 年 2 月，国务院撤销了水利电力部，成立电力工业部和水利部，由电力部对电力工业实行高度的集中统一管理。1982 年 3 月，再次将水利、电力两部合并成水利电力部。1988 年 5 月，撤销水利电力部，把电力工业管理工作并入新成立的能源部，能源部承担电力行政和企业管理职能。1993 年 3 月，撤销能源部，第三次成立电力工业部。1985 年，国务院颁发了《关于鼓励集资办电和实行多种电价的暂行规定》，在发电市场引入了新的投资主体，结束了发电市场“独家经营”的局面，但原有的政企合一的管理体制并未改变。1995 年 12 月，《电力法》颁布，以法律形式规定了我国的电力工业监管体制。《电力法》第六条规定：“国务院电力管理部门负责全国电力事业的监督管理。国务院有关部门在各自的职责范围内负责电力事业的监督管理。县级以上地方人民政府经济综合主管部门是本行政区域内的电力管理部门，负责电力事业的监督管理。县级以上地方人民政府有关部门在各自的职责范围内负责电力事业的监督管理。”①

梳理 1997 年之前我国电力监管体制发展的进程可见，新中国成立以来到 1997 年之前，我国的中央电力监管机构几经变革，从 1985 年开始，我国也放松了发电市场的市场准入，改革了上网电价制度，打破了在发电领域多年国家独家垄断经营的市场格局，但政企合一的监管体制、政府管理方式以及垂直一体化经营的方式并未改变。

第二阶段：1998—2002 年“政企分开，多部门监管”的监管体制。这一时期改革的重点是解决政企不分的问题，主要特征是：政府的电力监管职能从电力企业中分离出来，电力监管职能由多家行政部门实施。

---

① 中央政府门户网站（http：//www. gov. cn）。

1997 年 1 月，国家电力公司成立，与电力部“一套人马，两块牌子”双轨运行。也就是说，新组建的国家电力公司既是企业经营者，又行使政府职能。为了克服政企合一的体制性弊端，1998 年，撤销原电力工业部，将其行使的行政管理职能移交到国家经贸委等部门，在中央层面实现电力工业的政企分开，中央有关部委收回电力项目审批权和电价定价权。国家电力公司成为国务院直属企业，授权经营原电力部管理的国有资产。这一阶段，中国电力监管体制形成了一个新的格局：国家经贸委电力司主要行使电力行政管理职能；国家计委负责电力项目的审批立项、制定电价政策和核定电价；财政部行使制定、监督电力企业财务制度的权力；省级政府管电职能逐步划归各省经贸委；中国电力企业联合会等行业协会成为电力行业自律性的中介组织。国家电力公司成为国务院直属企业，行使企业职能，负责国有电力资产的经营。

第三阶段：2003—2013 年“政监分开，独立监管”的监管体制。为改变多年来政府部门对电力行业多头、分级、分散管理的状况，2003 年 3 月，成立了国家电力监管委员会（以下简称电监会），电监会为国务院直属事业单位，在国务院授权下履行对全国电力的监管职能。电监会按垂直管理体系设置，向区域电网公司电力调度交易中心派驻代表机构。原国家经贸委的电力日常管理和行政执法职能、原国家计委的电力价格监督监察职能、财政部的电力企业财务监督监察职能，以及原国家电力公司的投资初审和价格调整建议职能划转给电监会。电监会主要负责电力业务许可证的颁发和管理；跨区输配电价审核与辅助服务价格拟定；供电质量与服务监管；普遍服务监管；电价执行情况监督检查；电力行政执法。由电监会负责电力体制改革组织实施工作，电力体制改革工作小组办公室移交电监会。同时国务院其他相关部门依据相关法律法规也在一定程度上具有监管权力，至此，政府部门适时调控，监管机构独立监管，市场主体自主经营，中介机构自律服务的新的电力监管体制逐步形成。

第四阶段：2013 年“政监合一”的监管体制。为进一步转变政府职能，理顺职责关系，稳步推进大部制改革，2013 年，国务院进行了新一轮政府机构改革。在此次机构改革中，为统筹推进能源发展和改革，加强能源监督管理，将国家能源局、电监会的职责整合，重新组建国家能源局，不再保留电监会。国家能源局为副部级单位，由国家发展改革委管理。国家能源局内设的市场监管司和电力安全监管司实施电力监管的具体职能。市场监管司组织拟定电力市场发展规划和区域电力市场设置方案，监管电力市场运行，监管输电、供电和非竞争性发电业务，处理电力市场纠纷，研究提出调整电价建议，监督检查有关电价和各项辅助服务收费标准，研究提出电力普遍服务政策的建议并监督实施，监管油气管网设施的公平开放。电力安全监管司组织拟定除核安全外的电力运行安全、电力建设工程施工安全、工程质量安全监督管理办法的政策措施并监督实施，承担电力安全生产监督管理、可靠性管理和电力应急工作，负责水电站大坝的安全监督管理，依法组织或参与电力生产安全事故调查处理。

二　我国电信规制（监管）体制

电信规制体制，是指我国电信管理组织的机构设置、所处地位、职能权限划分和活动方式的总和。电信监管体制的核心是电信监管组织机构的设置。新中国成立以来，我国的电信监管体制经历了由“政企合一”到“政监合一”的转变。

第一阶段：1949—1997 年“政企合一”的监管体制。1998 年之前，我国的电信监管体制是一种典型的政企合一的监管体制。中央政府的邮电部既是电信业的经营者，又是国家电信政策的制定者、执行者和电信行业的监管者。

1949 年 11 月，成立邮电部，实行“统一领导、分别经营、垂直系统”的管理体制。即邮电部统一领导与监管全国的邮政和电信事业，下设邮政、电信两大总局，分别经营全国邮政、电信业务，邮政和电信总局各自设立六大区局，实行垂直领导。

1950 年 7 月，邮电部决定将邮政、电信企业的行政领导合并，实行“邮电合一”。撤销了邮政、电信两大总局，全国邮电机构合并，业务合办。1955 年 5 月，撤销大区邮电管理局，实行邮电部、省邮电管理局和县市邮电局三级管理。在 1958 年的“大跃进”运动中，邮电部将省级邮电管理局下放给地方政府，市县邮电局成为各级地方政府的组成部门。体制下放，造成了地区之间网络协调困难，全网指挥调度失灵，通信质量下降，重大事故不断。1962 年 1 月，中央批准全国邮电系统恢复实行以中央为主的部省双重领导体制，人事及各项计划由中央管理。

1969 年 6 月，邮电部被撤销，分别成立了邮政总局和电信总局，实行“邮电分营”。其中，邮政与铁道、交通合并，由交通部领导；电信划归军队管理，电信总局由军队领导。1973 年 5 月，中央决定恢复邮电部，邮政、电信再次合并。各省、市、自治区邮电管理局由省、市、自治区革命委员会领导，地、市、县邮电局由省、市、自治区邮电管理局和地、市、县革命委员会双重领导，邮电各项计划实行中央和省、市、自治区两级管理，邮电业务工作由邮电部管理。

为了有利于国家通信网的统一规划和建设，有利于通信的统一指挥调度，1979 年 6 月，国务院对现行邮电管理体制进行调整，实行邮电部和省、市、自治区双重领导，以邮电部为主，恢复了以中央为主的部省双重领导体制。即邮电部对全国邮电工作实行统一管理；省、市、自治区邮电管理局实行以邮电部为主和省、市、自治区双重领导；地、市、县邮电局，实行以省、市、自治区邮电管理局为主和地、市、县双重领导；县、市以下邮电分支机构，由县、市邮电局直接领导。这一体制从 1980 年起开始执行。1983 年、1988 年、1993 年中央批准的三届邮电部组建方案中，邮电部门继续实行政企合一、邮电合营和垂直管理的体制。

第二阶段：1998 年至今“政监合一”的监管体制。我国建立现代意义的电信管制始于 1998 年成立信息产业部，1998 年 3 月，根据全国人大通过的国务院机构改革方案，撤销邮电部、电子工业部，组建信息产业部，实行政企分开、邮电分营。新设立的信息产业部由原邮电部和电子工业部及广播电影电视部、航天工业总公司、航空工业总公司的信息和网络管理的政府部门组成，是国务院下辖的一个专门负责管理信息产业、制定相关政策法规的部门。信息产业部成立以后，于 1999 年 1 月进行了邮政和电信的资产分离，分别成立了国家邮政局和中国电信。

从电信监管体制来看，信息产业部的成立打破了原来政企不分、规制者和被规制者同为一体的局面，是我国电信业改革的一座里程碑，规制者的规制目标及对象、责任和权利得到了明确。2000 年 9 月，《电信条例》颁布，对我国的电信监管体制做了明确规定。《电信条例》第三条规定：“国务院信息产业主管部门依照本条例的规定对全国电信业实施监督管理。省、自治区、直辖市电信管理机构在国务院信息产业主管部门的领导下，依照本条例的规定对本行政区域内的电信业实施监督管理。”① 第四条规定：“电信监督管理遵循政企分开、破除垄断、鼓励竞争、促进发展和公开、公平、公正的原则。”②

2008 年，国务院机构改革，将信息产业部和国务院信息化工作办公室的职责整合划入工业和信息化部。由工业和信息化部依法对电信与信息服务市场进行监管，实行必要的经营许可制度，进行服务质量监督，保障公平竞争，保证普遍服务，维护国家和用户利益。

目前，我国的电信监管体制实质上是一种“政监合一”的模式，电信监管机构在履行行业监管职能的同时，又履行着促进电信业发展的政府经济职能。具体运行中，实行的是中央和地区两级管理。中央一级的电信管理机构是国务院工业和信息化部，工业和信息化部作为我国的电信主管部门，负责对全国电信行业的监督和管理；政府其他部门在职责范围内对电信行业实施相应的监督管理。国家发改委对重大市场准入、重大资费政策调整、服务质量进行控制。地区电信管理机构是省、自治区、直辖市的通信管理局，省、自治区、直辖市通信管理局在工业和信息化部的直接领导下，对本行政区域的电信行业实施监督管理。

三　我国民航规制（监管）体制

从 1949 年 11 月 2 日中国民用航空局成立至今，中国民航从最初的中央集中管理模式走到了现在的民航局—地区管理局—各省监管局三级管理模式。

（一）1987 年以前“政企不分”的监管体制

中国民用航空局（CAAC，以下简称“民航局”），是我国主管民用航空事业的行政机构，是民航业的监管者。1949—1979 年，我国民航的领导体制变动频繁，但总体上是一个以军队领导为主、政企合一的管理体制。1949 年 11 月，民航局成立，设在军委之下，受空军指导。1958 年 2 月，民航局划归交通部领导，改为交通部的部属局。1960 年 11 月，民航局改称交通部民用航空总局，负责经营管理运输航空和专业航空，直接领导地区民用航空管理局的工作。1962 年 4 月，民航局名称改为中国民用航空总局，由交通部属改为国务院直属局，其业务工

---

① 中华人民共和国工业和信息化部网站（ttp：//www. miit. gov. cn）。

② 同上。

作、党政工作、干部人事工作等均由空军负责管理。1980 年 2 月，邓小平同志指出："民航一定要企业化。"1980 年 5 月 17 日，国务院、中央军委发布了《关于民航管理体制若干问题的决定》，决定自 1980 年 3 月 15 日起，民航局不再由空军代管，归属国务院；民航局是国家民航事业的行政机构，统一管理全国民航的机构、人员和业务，逐步实现企业化的管理。1980—1986 年，民航整体实行"政企高度合一"的管理体制，民航局既是主管民航事务的政府部门，又是以中国民航（CAAC）名义直接经营航空运输、通用航空业务的全国性企业。

（二）我国现行的"政企分开、垂直领导"的民航监管体制

1987 年，国务院决定对民航管理体制进行改革，从 1987 年到现在，我国的民航管理体制经过了三个阶段的改革，通过这三个阶段的改革形成了我国现行的以民航总局—地区管理局—省（自治区、直辖市）航空安全监督管理办公室为主体的政企分开、垂直领导的民航监管体制。

第一阶段：1987—1994 年。这一阶段以政企分开为原则，主要进行了航空公司和机场分设的改革。1987 年，中国政府决定对民航业进行以航空公司与机场分设为特征的体制改革。主要内容是将原民航北京、上海、广州、西安、成都、沈阳 6 个地区管理局的航空运输和通用航空相关业务、资产和人员分离出来，组建了中国国际航空公司、中国东方航空公司、中国南方航空公司、中国西南航空公司、中国西北航空公司、中国北方航空公司 6 个国家骨干航空公司，实行自主经营、自负盈亏、平等竞争。组建骨干航空公司的同时，在原民航北京管理局、上海管理局、广州管理局、成都管理局、西安管理局和沈阳管理局所在地的机场部分基础上，组建了民航华北、华东、中南、西南、西北和东北 6 个地区管理局以及北京首都机场、上海虹桥机场、广州白云机场、成都双流机场、西安西关机场和沈阳桃仙机场。6 个地区管理局既是管理地区民航事务的政府部门，又是企业，领导管理各民航省（自治区、直辖市）局和机场。1993 年 4 月 19 日，中国民用航空局改称中国民用航空总局，属国务院直属机构。12 月 20 日，中国民用航空总局的机构规格由副部级调整为正部级。通过这次改革，民航系统基本打破了原政企不分、高度集中的单一部门体制，形成了政企分开，地区管理局与航空公司、机场分立的管理体制。

第二阶段：1994—1998 年。这一阶段主要是改革机场建设和管理体制，初步形成民航、地方以及民航与地方联合建设和管理机场三种主要模式。在这期间空管体制改革开始进行。1994 年，中国民航空中交通管理局成立，1996 年 2 月，全国民航 6 大地区空管局相继成立。民航空中交通管理局是民航局管理全国空中交通服务、民用航空通信、导航、监视、航空气象、航行情报的职能机构，其主要职责是：编制民航空管系统中长期发展规划和年度建设计划；制定行业规章、标准及规范；管理科研、培训和人员执照；组织实施、监督航空器的日常运行以及飞行校验；负责处理空管系统的国际事务等。1996 年 3 月 1 日，《民用航空法》颁布施行，《民用航空法》第三条明确规定："国务院民用航空主管部门对全国民用航空活动实施统一监督管理；根据法律和国务院的决定，在本部门的权限内，发布有关民用航空活动的规定、决定，国务院民用航空主管部门设立的地区民用航空管理机构依照国务院民用航空主管部门的授权，监督管理各该地区的民用航空活动。"① 自此，我国对民航业的监管走上了有法可依的阶段。

第三阶段：2002—2004 年。2002 年，我国开启了以政资分开、机场属地化为主要内容的第三轮改革。此次改革主要涉及三方面内容：一是直属航空企业重组。民航总局直属航空公司及服务保障企业合并后于 2002 年 10 月 11 日正式挂牌成立，组成 6 大集团公司，分别是中国航空集团公司、东方航空集团公司、南方航空集团公司、中国民航信息集团公司、中国航空油料集团公司、中国航空器材进出口集团公司。成立后的集团公司与民航总局脱钩，交由中央管理。民航总局承担民用航空的安全管理、市场管理、空中交通管理、宏观调控和对外关系等方面的职能，不再代行各大集团公司国有资产所有者职能，移交国务院国有资产管理部门管理。二是民航政府监管机构改革。民航总局下属 7 个地区管理局（华北地区管理局、东北地区管理局、华东地区管理局、中南地区管理局、西南地区管理局、西北地区管理局、新疆管理局）和 26 个省级安全监督管理办公室（天津、河北、山西、内蒙古、大连、吉林、黑龙江、江苏、浙江、安徽、福建、江西、山东、青岛、河南、湖北、湖南、海南、广西、深圳、重庆、贵州、云南、甘肃、青海、宁

---

① 中央政府门户网站（http：//www. gov. cn）。

夏），对民航事务实施监管。三是机场实行属地管理。除首都国际机场集团公司和西藏机场外，机场移交地方政府管理。通过这次改革形成了以民航总局—地区管理局—省（自治区、直辖市）航空安全监督管理办公室为主体的政企分开、垂直领导的民航行政管理体制。民用航空局（在2008年政府机构改革中，中国民用航空总局的职责，划入交通运输部。组建国家民用航空局，由交通运输部管理）主要承担航空安全监管、规范航空运输业、通用航空管理的职责，保障民航安全，促进民航行业协调发展；民航地区管理局，负责对所辖地域的民用航空事务实施行业管理和监督；民航安全监督管理办公室，代表民航地区管理局，负责所辖地域航空公司、机场等民航企事业单位的安全监督和市场管理。

第三节　我国的经济性规制政策体系

一　我国的电力规制政策

（一）我国电力市场的准入规制

市场准入规制是电力规制的主要内容之一，是电力监管部门对欲进入电力市场从事经营活动的主体进行资质审查，让符合资格条件的主体从事电力业务，不符合资格条件的主体不得从事电力业务，从而确保电力市场主体的合法性和电力市场的有效竞争。各国对电力市场的准入规制通常采用的是许可证制度，包括许可证的申请审查、颁发、注销等。我国于1996年开始实施的《电力法》规定了供电营业许可证制度，2005年9月颁布实施的《电力业务许可证管理规定》对我国的电力业务许可证制度做了明确规定。《电力业务许可证管理规定》第四条规定："在中华人民共和国境内从事电力业务，应当按照本规定取得电力业务许可证。"[①] 电力监管机构依照有关法律和国务院有关规定，颁发和管理电力业务许可证。

我国的电力业务许可证分为发电、输电和供电三个类别。从事发电业务的，应当取得发电类电力业务许可证；从事输电业务的，应当取得输电类电力业务许可证；从事供电业务的，应当取得供电类电力业务许

① 《电力业务许可证管理规定》，中央政府门户网站（http：//www. gov. cn）。

可证；从事两类以上电力业务的，应当分别取得两类以上电力业务许可证。

（二）我国的电价规制

电价规制的主要目标是抑制企业制定垄断价格，保护广大消费者的利益。我国电价由政府价格主管部门负责管理，重大事情报国务院决定。政府价格主管部门对电力价格实行“统一领导、分级管理”，省及省以上电网的电价由国务院价格主管部门负责管理，省以下独立电网的电价由省级价格主管部门负责管理。国家能源局可对电价政策和电价水平提出调整意见。调整居民电价须依法召开调价听证会，具体由国家发改委托省级价格主管部门召开。我国的电价由成本、费用、税金和利润构成，价格水平按照“合理补偿成本、合理确定收益、依法计入税金、坚持公平负担”的原则制定。

我国的电价按电力生产经营环节分为上网电价、输配电价和销售电价。

第一，上网电价规制。上网电价是指发电企业与购电方进行上网电能结算的价格。2005 年，国家发改委颁布的《上网电价管理暂行办法》，明确了上网电价改革分两步走的战略。竞价上网前的上网电价，原国家电力公司系统直属的发电企业，由政府价格主管部门按补偿成本原则核定上网电价；独立发电企业的上网电价，由政府价格主管部门根据发电项目经济寿命周期，按照合理补偿成本、合理确定收益和依法计入税金的原则核定。竞价上网后的上网电价实行两部制上网电价。其中，容量电价由政府价格主管部门制定，电量电价由市场竞争形成。政府制定的容量电价水平，要反映电力成本和市场供需状况，有利于引导电源投资。在同一电力市场范围内，容量电价实行同一标准。容量电价以区域电力市场或电力调度交易中心范围内参与竞争的各类发电机组平均投资成本为基础制定。

第二，输配电价规制。输配电价是指电网经营企业提供接入系统、联网、电能输送和销售服务的价格总称，分为共用网络输配电服务价格、专项服务价格和辅助服务价格。2005 年，国家发改委颁布的《输配电价管理暂行办法》规定：我国的输配电价由政府制定，实行统一政策，分级管理。输配电价按“合理成本、合理盈利、依法计税、公平负担”的原则制定，电价改革初期，共用网络输配电价要逐步向成本+收益管理方式过渡。在成本+收益管理方式下，政府价格主管部门对电网经营企业输、配电业务总体收入进行监管，并以核定的准许收入为基础制定各类输、配电价。

第三，销售电价规制。销售电价是指电网经营企业对终端用户销售电能的价格。目前，我国的销售电价实行政府定价，统一政策，分级管理。在输、配分开前，销售电价由国务院价格主管部门负责制定；在输、配分开后，销售电价由省级人民政府价格主管部门负责制定，跨省的报国务院价格主管部门审批。居民生活用电销售电价的制定和调整，政府价格主管部门应进行听证。销售电价由购电成本、输配电损耗、输配电价和政府性基金四部分构成。制定销售电价的原则是坚持公平负担，有效调节电力需求，兼顾公共政策目标，并建立与上网电价联动的机制。

（三）我国电力行业服务规制

电力行业服务规制包括对供电质量规制和社会普遍服务规制。

第一，对供电质量规制。我国1996年开始实施的《电力法》第二十八条规定：供电企业应当保证供给用户的供电质量符合国家标准，对公用供电设施引起的供电质量问题，应当及时处理。2010年1月1日开始实施的《供电监管办法》第七条规定："电力监管机构对供电企业的供电质量实施监管。在电力系统正常的情况下，供电企业的供电质量应当符合下列规定：（一）向用户提供的电能质量符合国家标准或者电力行业标准；（二）城市地区年供电可靠率不低于99%，城市居民用户受电端电压合格率不低于95%，10千伏以上供电用户受电端电压合格率不低于98%；（三）农村地区年供电可靠率和农村居民用户受电端电压合格率符合派出机构的规定。派出机构有关农村地区年供电可靠率和农村居民用户受电端电压合格率的规定，应当报电监会备案。"①

第二，对电力社会普遍服务规制。普遍服务的概念最早由电信行业提出，后来广泛用于供水、供电等公用事业中。目前，世界各国大多将电力社会普遍服务的总体目标确定为：提供价格合理的可靠电能，满足那些用不上电或用不起电的公民的用电需求。

我国《电力法》已经体现了电力社会普遍服务的概念。《电力法》

① 中央政府门户网站（http：//www. gov. cn）。

第八条规定："国家帮助和扶持少数民族地区、边远地区和贫困地区发展电力事业。"[①] 第二十六条规定："供电营业区内的供电营业机构，对本营业区内的用户有按照国家规定供电的义务；不得违反国家规定对其营业区内申请用电的单位和个人拒绝供电。"[②] 我国电力社会普遍服务概念是在2002年通过的《电力体制改革方案》中正式提出的，《电力体制改革方案》第二十四条规定，电监会的职责之一是负责监督社会普遍服务政策的实施。2010年1月1日开始实施的《供电监管办法》第十条明确规定："电力监管机构对供电企业履行电力社会普遍服务义务的情况实施监管。供电企业应当按照国家规定履行电力社会普遍服务义务，依法保障任何人能够按照国家规定的价格获得最基本的供电服务。"[③] 我国电力行业普遍服务的目标是维护全体公民的基本权益，通过制定法律和政策，使所有电力用户都能以普遍可以接受的价格，获得某种能够满足基本生活需求和发展的服务。

供电企业是我国电力社会普遍服务的实施主体，供电企业在政府政策引导和电力监管机构监管下对普遍服务的对象提供相应的用电服务。多年来，电力行业也一直在不同程度上履行着社会普遍服务的义务。农电"三为"服务、"村村通电"工程、"两改一同价"工程等，都是电力社会普遍服务的具体表现。

二 我国电信业规制政策

（一）电信业的市场准入规制

市场准入规制是经济性规制的重要内容，世界各国对电信行业市场准入规制的主要手段是实施许可证制度。许可证制度包括许可证数量的选择、许可证发放的具体程序、许可证转让、许可证变更、许可证撤销和许可证发放后的行政监管等。

1994年之前，我国对电信行业实施严格的市场准入制度，基本上是国家垄断经营。1993年，我国开始放开电信业务市场，对电信业务经营按照电信业务分类实行许可制度。我国《电信条例》第七条规定："经营电信业务，必须依照本条例的规定取得国务院信息产业主管部门

① 中央政府门户网站（http：//www. gov. cn）。

② 同上。

③ 同上。

或者省、自治区、直辖市电信管理机构颁发的电信业务经营许可证。未取得电信业务经营许可证，任何组织或者个人不得从事电信业务经营活动。”[①] 根据《电信条例》和2009年出台的《电信业务经营许可管理办法》的规定，我国的电信业务经营许可证分为基础电信业务经营许可证和增值电信业务经营许可证两类。其中，增值电信业务经营许可证分为跨地区增值电信业务经营许可证和省、自治区、直辖市范围内的增值电信业务经营许可证。经营基础电信业务的，须取得基础电信业务经营许可证，基础电信业务经营许可证由工业和信息化部审批；经营增值电信业务，业务覆盖范围在两个以上省、自治区、直辖市的，须取得跨地区增值电信业务经营许可证，跨地区增值电信业务经营许可证须经工业和信息化部审查批准；业务覆盖范围在一个省、自治区、直辖市行政区域内的，须取得增值电信业务经营许可证，增值电信业务经营许可证由省、自治区、直辖市通信管理局审批。外商投资电信企业的电信业务经营许可证，由工业和信息化部根据《外商投资电信企业管理规定》审批。我国对电信业实施的行政许可为特殊许可。

（二）电信行业价格规制：资费规制

1994年之前，我国对电信资费监管基本上采用政府定价和政府指导价两种模式，根据国家对电信行业的定位、用户的承受能力和电信行业发展的需求，确立了“国际补国内、长途补市话、电信补邮政、城市补农村、东中部补中西部”的交叉补贴资费结构体系。1994年以后，我国逐步开始放开电信市场，对电信资费的管制也随之发生变化。2000年我国出台的《电信条例》对电信业务的定价原则、定价方式、定价程序等都做了明确规定。

根据《电信条例》的规定，我国的电信资费标准实行以成本为基础的定价原则，同时考虑国民经济与社会发展要求、电信业的发展和电信用户的承受能力等因素。我国电信资费的定价方式分为市场调节价、政府指导价和政府定价。基础电信业务资费实行政府定价、政府指导价或者市场调节价；增值电信业务资费实行市场调节价或者政府指导价。市场竞争充分的电信业务，电信资费实行市场调节价。政府定价和政府指导价的程序为：政府定价的重要电信业务资费标准，由国务院信息产

① 中央政府门户网站（http：//www. gov. cn）。

业主管部门提出方案，经征求国务院价格主管部门意见，报国务院批准后公布施行；政府指导价的电信业务资费标准幅度，由国务院信息产业主管部门经征求国务院价格主管部门意见，制定并公布施行。2002 年，为了适应我国新的电信市场格局和加入世界贸易组织组织的要求，信息产业部和相关部委联合出台了一系列规定，对电信资费管制政策进行调整与改革。2002 年 7 月，信息产业部和国家计委联合下发了《关于部分电信业务实行市场调节价的通知》，决定对部分已经形成较充分竞争的电信业务的收费项目实行市场调节价。各电信运营企业可在本通知所列项目范围内结合市场情况自主制定和调整资费标准，在具体资费标准执行前，报有关主管部门备案。这一通知大大扩展了我国电信行业市场定价的范围。2005 年 8 月，信息产业部、国家发改委联合下发了《关于调整部分电信业务资费管理方式的通知》，决定调整部分电信业务资费管理方式，对国内长途电话通话费、国际长途电话及台港澳地区电话通话费、移动电话国内漫游通话费和固定电话本地网营业区间通话费实行资费上限管制，各电信企业在不高于上限标准之下自主制定，报信息产业部、国家发改委备案。2009 年 11 月，工业和信息化部、国家发改委联合下发了《关于调整固定本地电话等业务资费管理方式的通知》，决定对固定本地电话业务的基本月租费和本地网营业区内通话费，以及本地网无线接入电话业务基本月租费和本地网通话费的资费水平实行上限管理，对出租电路长期租用资费实行上限管理。目前，我国对基础性业务资费实行价格上限管理，电信运营企业只准降价，不许涨价。

（三）电信行业服务规制

对电信行业服务规制包括对服务质量规制和普遍服务规制。

第一，服务质量规制。在电信服务质量方面，电信业务经营者和消费者之间存在信息不对称问题，容易导致逆向选择和道德风险，从而危害消费者的利益。所以，各国政府都特别重视对电信服务质量的监管。《电信条例》第三十一条规定：“电信业务经营者应当按照国家规定的电信服务标准向电信用户提供服务。”根据《电信条例》（2000）和《电信服务质量监督管理暂行办法》（2001）的规定，我国对电信服务质量的监管机构是国务院信息产业主管部门或者省、自治区、直辖市电信管理机构。电信管理机构规制服务质量的办法：一是制定电信服务标准和规范。服务标准是电信监管机构对电信服务质量进行监督管理的基本依据，通过制定电信服务规范和标准来提高电信服务质量和水平是世界各国规制电信服务质量的普遍做法。我国信息产业部2000年1月制定了《电信服务标准（试行）》，对通用服务规则、服务质量指标、通信质量指标都做了明确规定。要求电信企业应根据实际情况，制定不低于本标准的实施细则，建立健全服务质量保证体系，并按规定的时间和内容，向电信主管部门报告本企业服务质量状况。为了提高电信服务质量，维护电信用户的合法权利，保证电信服务和监管工作的系统化和规范化，2005年3月，信息产业部依据《电信条例》，制定了《电信服务规范》（2000年制定的《电信服务标准（试行）》同时废止），对电信业务项目及其服务质量指标和通信质量指标做出调整，要求电信业务经营者提供电信服务，应当符合本规范规定的服务质量指标和通信质量指标。二是对电信业服务质量进行监督检查，监督检查结果向社会公布。《电信条例》第四十三条规定："国务院信息产业主管部门或者省、自治区、直辖市电信管理机构应当依据职权对电信业务经营者的电信服务质量和经营活动进行监督检查，并向社会公布监督抽查结果。"[①] 2003年3月，信息产业部根据《电信条例》《电信服务质量监督管理暂行办法》及有关法律法规，制定了《电信服务质量监督抽查规定》。要求信息产业部电信管理局负责组织全国性电信服务质量监督抽查工作，各省、自治区、直辖市通信管理局负责本行政区域内电信服务质量的监督抽查工作及具体事宜。并对监督抽查的原则、范围、内容、方式等做了明确规定。

第二，普遍服务规制。20世纪80年代末，经济合作与发展组织（OECD）把电信普遍服务定义为："任何人在任何地点都能以承担得起的价格享受电信业务，而且业务质量和资费标准一视同仁。"它包含"普遍、平等、可支付"三个方面的基本含义。普遍是指电信网络应覆盖全国各地，用户不论何时何地，只要有需求，都可以自由接入；平等是指各类用户在价格、服务和质量等方面都应得到一视同仁的服务；可支付是指绝大多数用户能够支付电信服务的价格。普遍服务工作的重点地区主要是经济发展落后、多数居民用不起电话的地区；偏远乡村、人口稀少地区；建设网络基础设施花费大、致使电话成本过高的地区。普

① 中央政府门户网站（http：//www. gov. cn）。

遍服务的重点人群主要是任何地区的无力支付电话费用的贫民、病弱伤残人员。

国际上对普遍服务规制的共同做法是：用法律形式对电信普遍服务予以确立，采用电信普遍服务基金作为价值补偿机制，通过投标或竞标实施普遍服务项目。我国与其他大多数国家一样，也通过法律形式对电信业普遍服务做出了规定。《电信条例》第四十四条规定："电信业务经营者必须按照国家有关规定履行相应的电信普遍服务义务。国务院信息产业主管部门可以采取指定的或者招标的方式确定电信业务经营者具体承担电信普遍服务的义务。电信普遍服务成本补偿管理办法，由国务院信息产业主管部门会同国务院财政部门、价格主管部门制定，报国务院批准后公布施行。"① 1994 年以前，我国的电信市场是由中国电信一家垄断经营的，普遍服务义务也由其一家企业承担，在投入资金上，主要依靠电话初装费、附加费的社会性补贴，以及长途业务的交叉性补贴。2004 年以后，信息产业部全面启动"村村通电话工程"，在全国范围发展农村通信，推动农村通信普遍服务。从 2004 年 1 月起，信息产业部按照"分片包干"原则，组织 6 家基础电信运营商承担普遍服务义务，具体负责实施。

（四）电信业互通互联规制

根据国际电信联盟（ITU）的定义，互联互通就是电信业务经营者使他们的设备、网络、业务连接起来，使用户能够呼叫其他电信业务经营者的用户，使用其他电信业务经营者的业务。互联互通既是电信市场公平竞争的基础，也是实现和提高消费者利益的一个重要步骤，因此，对互通互联规制是电信规制的一个重要组成部分。对电信互通互联规制，绝大多数国家采取的措施是一种规制干预和商业谈判相平衡的做法。我国电信业互联互通采用的是企业间谈判协商为主、政府监管机构监管协调为辅的运作模式。即企业间的互联互通先由企业自行谈判协商，如果达成一致协议，则按照协议执行；如果企业间无法通过协商达成一致协议，则由政府监管机构介入协调；如果协调后仍不能达成一致，则由政府监管机构进行裁决。我国《电信条例》第十七条规定："电信网之间应当按照技术可行、经济合理、公平公正、相互配合的原

① 中央政府门户网站（http：//www. gov. cn）。

则，实现互联互通。”① 第十九条规定：“公用电信网之间、公用电信网与专用电信网之间的网间互联，由网间互联双方按照国务院信息产业主管部门的网间互联管理规定进行互联协商，并订立网间互联协议。网间互联协议应当向国务院信息产业主管部门备案。”② 第二十条规定：“网间互联双方经协商未能达成网间互联协议的，自一方提出互联要求之日起60日内，任何一方均可以按照网间互联覆盖范围向国务院信息产业主管部门或者省、自治区、直辖市电信管理机构申请协调；收到申请的机关应当依照本条例第十七条第一款规定的原则进行协调，促使网间互联双方达成协议；自网间互联一方或者双方申请协调之日起45日内经协调仍不能达成协议的，由协调机关随机邀请电信技术专家和其他有关方面专家进行公开论证并提出网间互联方案。协调机关应当根据专家论证结论和提出的网间互联方案做出决定，强制实现互联互通。”③

我国电信业互联互通监管机构由国家和省级两级监管部门组成。国家电信业互联互通监管部门为工业和信息化部。省级互联互通监管部门为省、自治区、直辖市通信管理局。国务院信息产业主管部门负责对全国电信业互联互通实施监督管理，省、自治区、直辖市通信管理局负责对本行政区域内电信业互联互通实施监督管理。

三 我国对民航业的规制政策

（一）民航业准入规制

准入规制是指通过发放许可证等制度对欲从事民航运输经营的企业进行限制，未得到许可不得从事经营活动。准入规制的目的主要是防止过度进入和实现规模与范围经济。民航业的准入包括航空运输企业、机场和航线的准入。我国对民航业实行了比较严格的准入规制，规制的主要方式是许可证制度。

我国对公共航空运输企业的设立采取的是许可证制度，许可证由国务院民航主管部门批准。《民用航空法》第九十二条规定：“设立公共航空运输企业，应当向国务院民用航空主管部门申请领取经营许可证，并依法办理工商登记；未取得经营许可证的，工商行政管理部门不得办

① 中央政府门户网站（http：//www. gov. cn）。

② 同上。

③ 同上。

理工商登记。”[①]

我国对民用机场的建设采取批准制度，对民用机场的开放采用许可证制度。《民用航空法》第五十四条规定：“全国民用机场的布局和建设规划，由国务院民用航空主管部门会同国务院其他有关部门制定，并按照国家规定的程序，经批准后组织实施。”[②] 第五十六条规定：“新建、改建和扩建民用机场，应当符合依法制定的民用机场布局和建设规划，符合民用机场标准，并按照国家规定报经有关主管机关批准并实施。”[③] 第六十二条规定：“民用机场应当持有机场使用许可证，方可开放使用。”[④] 第六十三条规定：“民用机场使用许可证由机场管理机构向国务院民用航空主管部门申请，经国务院民用航空主管部门审查批准后颁发。”[⑤]

我国对航线的准入采取许可制度，《民用航空法》第九十六条规定：“公共航空运输企业申请经营定期航班运输（以下简称航班运输）的航线，暂停、终止经营航线，应当报经国务院民用航空主管部门批准。”[⑥]

（二）民航业价格规制

我国对民航业的价格规制经历了几个阶段。1996 年以前，国家对民航运输实施严格的价格规制，以政府定价、统一定价为主。1996 年开始实施的《民用航空法》第九十七条规定：“公共航空运输企业的营业收费项目，由国务院民用航空主管部门确定。”政府定价造成民航价格高居不下，为改变民航价格高居不下的状况，民航总局从 1997 年开始实行放开票价的尝试。1997 年 11 月，推出“一种票价、多种折扣”的定价政策，结果引发了各航空公司的票价大战，民航市场价格混乱，航空公司全面亏损。无奈之下，1999 年 1 月，颁布“禁折令”，规定除对团体、寒暑假师生等部分客户群实行特殊优惠票价外，各航空公司实行统一票价。2001 年 3 月，民航总局最终决定解除“禁折令”，实行机

---

① 中央政府门户网站（http://www.gov.cn）。
② 同上。
③ 同上。
④ 同上。
⑤ 同上。
⑥ 同上。

票价格部分放开。2004 年 3 月，国务院批准了《中国民航国内航空运输价格改革方案》，该方案在民航业的价格规制方式上实现了一个根本突破。方案决定对国内航空运价实行政府指导价，价格主管部门由核定航线具体票价的直接管理改为对航空运输基准价和浮动幅度的间接管理。由国家发改委会同民航总局，依据航空运输的社会平均成本，市场供求状况，社会承受能力，确定国内航空客货运输基准价和浮动幅度。允许航空运输企业在境内、外销售国内航线客票时，以基准价为基础，在上浮 25%、下浮 40% 的幅度内确定具体价格。至此，国家对民航价格规制有直接定价变为价格上下限规制。国家发改委和民航总局要委托具备资质的社会中介机构，适时对民航运输社会平均成本的合理性进行评审，作为民航基准运价调整和监管的依据。2013 年 11 月 6 日，国家民航总局和国家发改委联合下发通知，对旅客运输票价实行政府指导价的国内航线，均取消票价下浮幅度限制，航空公司可以基准价为基础，在上浮不超过 25%、下浮不限的浮动范围内自主确定票价水平。意味着长期被政府指导价管制的国内机票价格，开始有所松动。

（三）民航业空中交通管制

空中交通管制是保证空中运输通畅安全的指挥中枢，其主要目的是维护飞行秩序，合理控制空中交通流量，防止航空器之间、航空器与障碍物之间相撞，保证飞行安全。目前，我国空中交通管制实行的是“统一管制、分别指挥的体制”。即在国家空管委员会领导下，全国飞行由空军实行统一管理，军用飞机由空军和海军航空兵实施指挥，民航飞机则由民航实施指挥，空军和中国民航各自划分管制区和飞行指挥区。就民航内部来说，空管系统实行“分级管理”体制，即各级空管部门分别隶属于民航总局、地区管理局、省（直辖市、自治区）局以及航站。总局空管局对民航空管系统实行业务领导，其余工作包括人事、财务、行政管理及基本建设等均由各地区管理局、省（直辖市、自治区）局以及航站负责。

本章小结

第一，我国的经济性规制法律体系。规范我国自然垄断行业的现行法律法规主要有两大类：一类是规范所有自然垄断行业的综合性法律，如《反垄断法》《反不正当竞争法》及其相关配套规范；另一类是规范各个特定行业的专门立法，如《铁路法》《电力法》《民用航空法》等法律及其一系列配套法规。

第二，我国的电力监管体制。新中国成立以来，我国的电力监管体制大体经历了几个阶段：1949—1997 年“政企合一”的监管体制、1998—2002 年“政企分开，多部门监管”的监管体制和 2003—2013 年“政监分开，独立监管”的监管体制。2013 年，国务院进行了新一轮政府机构改革。在此次机构改革中将国家能源局、电监会的职责整合，重新组建国家能源局，不再保留电监会，建立了一种“政监合一”的监管体制。国家能源局负责监管电力市场运行，规范电力市场秩序，监督检查有关电价，拟定各项电力辅助服务价格，研究提出电力普遍服务政策建议并监督实施，负责电力行政执法。

第三，我国电信监管体制。新中国成立以来，我国的电信监管体制经历了由“政企合一”到“政监合一”的转变。1949—1997 年是一种“政企合一”的监管体制，1998 年至今是“政监合一”的监管体制。电信监管机构在履行行业监管职能的同时，又履行着促进电信业发展的政府经济职能。

第四，我国民航监管体制。我国民航监管体制是一种民航局—地区管理局—各省监管局三级管理模式。民用航空局（由交通运输部管理）主要承担航空安全监管、规范航空运输业、通用航空管理的职责，保障民航安全，促进民航行业协调发展；民航地区管理局，负责对所辖地域的民用航空事务实施行业管理和监督；民航安全监督管理办公室，代表民航地区管理局，负责所辖地域航空公司、机场等民航企事业单位的安全监督和市场管理

第五，我国电力行业政府规制政策。我国电力行业政府规制政策有准入规制、价格规制和服务规制。我国电力市场的准入规制通常采用的是许可证制度，电力业务许可证分为发电、输电和供电三个类别。我国电价由政府价格主管部门负责管理，重大事情报国务院决定。电价由成本、费用、税金和利润构成，价格水平按照“合理补偿成本、合理确定收益、依法计入税金、坚持公平负担”的原则制定。电力行业的服务规制包括对供电质量的规制和社会普遍服务的规制。

第六，我国电信业规制政策。1994 年之前，我国电信行业实施严格的市场准入制度，基本上是国家垄断经营。1993 年，我国开始放开电信业务市场，对电信业务经营按照电信业务分类实行许可制度。2014 年 5 月之前，我国电信资费的定价方式分为市场调节价、政府指导价和政府定价。基础电信业务资费实行政府定价、政府指导价或者市场调节价；增值电信业务资费实行市场调节价或者政府指导价；市场竞争充分的电信业务，电信资费实行市场调节价。2014 年 5 月，我国放开了所有电信业务资费，所有电信资费均实行市场调节。对电信行业服务规制包括对服务质量规制和普遍服务规制、电信业互通互联规制。

第七，我国民航业规制政策。我国对民航业实行了比较严格的准入规制，规制的主要方式是许可证制度。我国对国内航空运价实行间接管理，价格主管部门核定航空运输基准价和浮动幅度。由国家发改委会同民航总局，依据航空运输的社会平均成本，市场供求状况，社会承受能力，确定国内航空客货运输基准价和浮动幅度。

第八章　我国政府规制有效性的实证分析

根据规制有效性的定义，有效的政府规制一方面要求政府规制有效果；另一方面要求政府规制有效率。对规制有效性的评价与度量也要从规制效果和规制效率两方面进行。评价规制效果就是检验规制目标的实现程度，度量政府规制效率就是要看规制是否平衡了成本与收益的对比关系，包括对规制成本、规制收益以及成本和收益对比关系三个方面的衡量。对规制效果和效率进行评价及度量是一件十分困难的事情，受方法和数据的影响，本章我们尝试对我国社会性规制效率进行分析。对社会性规制效率进行分析，一般需要计算出社会性规制成本、收益，然后进行比较，判断社会性规制是否有效。由于社会性规制的目的是保护环境质量和人民的生命健康与安全，关于环境改善的价值、人民生命的价值很难准确地货币化，甚至无法货币化，再加上目前我国尚无展开规制的影响评价，信息公开制度又不很完善，所以，要对社会性规制进行真正的成本—收益分析还很困难。本部分我们主要从规制机构规模、从业人员数量、国家经费投入等方面来分析社会性规制成本；从环境状况、安全状况、健康状况改善等方面来评价社会性规制收益。

第一节　我国环境规制有效性评价

一　我国环境规制成本分析

对环境规制成本包括规制机构为实施环境规制所支付的成本，也包括企业为服从政府规制所支付的成本。在此，我们主要从环境污染治理投资、环境规制机构数和从业人员数、发布的环境规章数等方面来分析环境规制成本。

从表 8－1 至表 8－5 可以看出，十多年来，我国对环境污染治理的投资总额一直在增加，环境污染治理投资总额由2001年的1106.6亿元增加到了2012年的8253.6亿元，12年增加了6倍多；环境污染治理投资总额占当年GDP比重由2001年的1.15%增加到了2012年的1.59%。全国环保系统机构总数和从业人员从2000年的11115个和131092人增加到了2012年的13225个和205334人，分别增加了2110个和74242人。从2000—2012年环境监测机构数和人员分别增加了474个和15966人，环境监察机构数和人员分别增加了346个和29918人。这说明了我国用于提升环境监管能力建设的投入和成本在不断增加。从排污费的征收看，2000年我国排污费的征收总额为57.9亿元，到2012年排污费的征收金额达到了188.9亿元，增加了两倍多。这说明我国企业遵守环境规制的成本也在大幅度增加。总之，上述数据显示，2000年以来，我国环境规制的力度在不断加大，环境规制成本逐年增加。

表8－1　2001—2012年我国环境污染治理投资　单位：亿元、%

年份	污染治理投资总额	工业污染治理项目投资额	“三同时”项目环保投资额	城市环境基础设施建设投资额	环境污染治理投资占当年GDP比重
2001	1106.6	174.5	336.4	595.7	1.15
2002	1363.4	188.4	389.7	785.3	1.33
2003	1627.3	221.8	333.5	1072.0	1.39
2004	1908.6	308.1	460.5	1140.0	1.40
2005	2388.0	458.2	640.1	1289.7	1.31
2006	2567.8	485.7	767.2	1314.9	1.23
2007	3387.6	552.4	1367.4	1467.8	1.36
2008	4490.3	542.6	2146.7	1801.0	1.49
2009	4525.2	442.5	1570.7	2512	1.35
2010	6654.2	397	2033	4224.2	1.67
2011	6026.2	444.4	2112.4	3469.4	1.27
2012	8253.6	500.5	2690.4	5062.7	1.59

注：各项统计数据未包括香港特别行政区和澳门特别行政区以及我国台湾地区。

资料来源：《全国环境统计公报》（2001—2012）。

表 8-2 2001—2012 年我国工业污染治理投资 单位：亿元、个

年份	当年施工污染治理项目数	污染治理项目当年完成投资额	治理废水	治理废气	治理固体废弃物
2001	11640	174.5	72.9	65.8	18.7
2002	11580	188.4	71.5	69.8	16.1
2003	11292	221.8	87.4	92.1	16.2
2004	12944	308.1	105.6	142.8	22.6
2005	13330	458.2	133.7	213.0	27.4
2006	13101	483.9	151.1	231.3	18.2
2007	13664	552.4	196.1	275.3	18.3
2008	12434	542.6	194.6	265.7	19.7
2009	9122	442.5	149.5	232.5	21.9
2010	6597	397	130.1	188.8	14.3
2011	10555	444.4	157.7	211.7	31.4
2012	5390	500.5	140.3	257.7	24.7

注：各项统计数据未包括香港特别行政区和澳门特别行政区以及我国台湾地区。

资料来源：《全国环境统计公报》（2001—2012）。

表 8-3 2000—2012 年我国环境规制机构数及从业人数 单位：个、人

年份	环保系统机构数和人数		环境监测机构数和人数		环境监察机构数和人数		科研机构数和人数	
	机构	人员	机构	人员	机构	人员	机构	人员
2000	11115	131092	2268	40674	2552	31228	240	—
2001	11090	142766	2229	43629	2567	37934	246	—
2002	11798	154233	2356	46515	2693	41878	269	—
2003	11654	156542	2305	45813	2795	44250	263	—
2004	11555	160246	2289	45849	2800	47189	266	—
2005	11528	166774	2289	46984	2854	50040	273	—
2006	11321	170290	2322	47689	2803	52845	260	—
2007	11932	176988	2399	49335	2954	57427	243	—
2008	12215	183555	2492	51753	3037	59477	244	—
2009	12700	188991	2535	52944	3068	60896	241	6551
2010	12849	193911	2587	54698	3068	62468	237	6498
2011	13482	201161	2703	56226	3121	64426	244	6509
2012	13225	205334	2742	56640	2898	61146	326	7244

注：各项统计数据未包括香港特别行政区和澳门特别行政区以及我国台湾地区。

资料来源：《全国环境统计公报》（2000—2012）。

表 8-4　　2000—2010 年我国颁布的环境规章和标准数　　单位：件、项

年份	当年颁布环境保护部门规章数	当年颁布环境保护地方性法规数	当年颁布环境保护地方性政府规章数	当年颁布地方环境保护标准数	国家环保总局当年制定环境保护标准数
2000	—	27	162	9	—
2001	8	25	52	7	46
2002	2	32	83	7	18
2003	5	25	56	25	9
2004	6	22	58	16	7
2005	6	30	40	12	104
2006	7	38	41	24	118
2007	8	20	32	26	—
2008	5	21	29	13	—
2009	3	22	17	11	—
2010	13	22	20	103	—

注：“—”表示该年未显示，各项统计数据未包括香港特别行政区和澳门特别行政区以及我国台湾地区。

资料来源：《全国环境统计公报》（2000—2010）。

表 8-5　　2000—2012 年我国排污费征收情况

年份	排污费解缴入库户数（万户）	排污费征收金额（亿元）
2000	73.7	57.9
2001	76.9	62.2
2002	91.8	67.4
2003	103	73.1
2004	73.3	94.2
2005	74.6	123.2
2006	67.1	144.1
2007	63.6	173.6
2008	49.7	185.2
2009	44.6	172.6
2010	40.1	188.19
2011	37.0	189.9
2012	35.1	188.9

注：各项统计数据未包括香港特别行政区和澳门特别行政区以及我国台湾地区。

资料来源：《全国环境统计公报》（2000—2012）。

二　我国环境规制收益分析

环境规制的主要目的是减少污染物的排放量，改善环境的质量。环境质量的改善主要反映在主要污染物的排放量减少，环境污染和破坏事件发生率下降等方面。所以，我们可以通过主要污染物的减排量、重大环境破坏和污染事件的发生情况等来反映和评价我国环境规制的收益。

从表 8 - 6 至表 8 - 9 可以看出，2000—2012 年，全国废水及其污染物排放达标率在逐年增加，但排放总量却在不断上升。尤其是化学需氧量排放总量在 2011 年大幅攀升、2011 年比 2010 年增加了 1261. 8 万吨。大气中，二氧化硫排放总量，2000—2006 年一直在增加，2006 年以后缓慢下降。全国工业固体废物产生量从 2000 年的 8. 1 亿吨增加到了 2012 年的 32. 9 亿吨，增加了 3 倍；工业固体废弃物排放量 2003 年以后降幅较大。环境污染和破坏事件单纯从年度数量上看，从 2005 年开始明显下降，但近年来恶性环境污染事件时有发生，造成的影响和经济损失十分严重。如 2004 年的沱江特大水污染事件直接造成经济损失 2. 19 多亿元；2007 年太湖蓝藻大面积生长，使江苏省无锡市城区的大批市民家中自来水水质突然发生变化，无法正常饮用；2009 年 4 月，山东临沂砷污染致使山东省南涑河流域内 50 万人受到水污染的威胁。这些情况说明，随着我国环境规制的加强，我国环境的质量有所改善，但改善程度不大。

表 8 - 6　　2000—2012 年全国废水及其污染物排放情况

年份	废水排放总量（亿吨）	化学需氧量排放总量（万吨）	氨氮排放总量（万吨）	工业废水排放达标率（%）
2000	415. 2	1445. 0	—	82. 1
2001	428. 4	1406. 5	—	85. 6
2002	439. 5	1366. 9	128. 8	88. 3
2003	460. 0	1333. 6	129. 7	89. 2
2004	482. 4	1339. 2	133. 0	90. 7
2005	524. 5	1414. 2	149. 8	91. 2
2006	536. 8	1428. 2	141. 3	92. 1
2007	556. 8	1381. 8	132. 4	91. 7
2008	571. 7	1320. 7	127. 0	92. 4

续表

年份	废水排放总量（亿吨）	化学需氧量排放总量（万吨）	氨氮排放总量（万吨）	工业废水排放达标率（%）
2009	589.7	1277.5	122.6	94.2
2010	617.3	1238.1	120.3	95.3
2011	659.2	2499.9	260.4	—
2012	684.8	2423.7	253.6	—

注：各项统计数据未包括香港特别行政区和澳门特别行政区以及我国台湾地区。

资料来源：《全国环境统计公报》（2000—2012）。

表 8－7　　2000—2012 年全国废气及其污染物排放　　单位：万吨、%

年份	二氧化硫排放总量	氮氧化物排放总量	烟尘排放总量	工业粉尘排放量	工业燃料燃烧二氧化硫排放达标率	工业生产工艺二氧化硫排放达标率
2000	1995.1	—	1165.4	1092.0	—	—
2001	1947.8	—	1059.1	990.6	62.8	51.0
2002	1926.6	—	1012.7	941.0	72.9	55.1
2003	2158.7	—	1048.7	1021.0	75.4	59.3
2004	2254.9	—	1095.0	904.8	78.6	59.4
2005	2549.3	—	1182.5	911.2	80.9	71.0
2006	2588.8	—	1088.8	808.4	82.3	81
2007	2468.1	—	986.6	698.7	87.4	81.8
2008	2321.2	—	901.6	584.9	89.3	86.5
2009	2214.4	—	847.7	523.6	91.7	89
2010	2185.1	—	829.1	448.7	93.1	89.9
2011	2217.9	2404.3	1278.8	—	—	—
2012	2117.6	2337.8	1234.3	—	—	—

注：“—”表示该年未显示。2011 年和 2012 年烟尘排放总量一栏为烟（粉）尘排放总量，各项统计数据未包括香港特别行政区和澳门特别行政区以及我国台湾地区。

资料来源：《全国环境统计公报》（2000—2012）。

表 8-8　　2000—2012 年全国工业固体废弃物情况

年份	工业固体废弃物产生量(亿吨)	工业固体废弃物综合利用量(万吨)	工业固体废弃物储存量(万吨)	工业固体废弃物处置量(万吨)	工业固体废弃物排放量(万吨)
2000	8.1	37451	28921	9152	3186
2001	8.88	47290	30183	14491	2894
2002	9.45	50061	30040	16618	2635
2003	10.04	56040	27667	17751	1941
2004	12.00	67796	26012	26635	1762
2005	13.44	76993	27876	31259	1655
2006	15.15	92601	22399	42883	1302
2007	17.56	110311	24119	41350	1196
2008	19.01	123482	21883	48291	781
2009	20.4	138185.8	20929.3	47487.7	710
2010	24.1	161772	23918.3	57263.8	498
2011	32.27	195215	60424	70465	433
2012	32.90	202462	59786	70745	144

注：工业固体废弃物排放量一栏，2011 年和 2012 年的数据为一般工业固体废弃物倾倒丢弃量。各项统计数据未包括香港特别行政区和澳门特别行政区以及我国台湾地区。

资料来源：《全国环境统计公报》(2000—2012)。

表 8-9　　2001—2010 年全国环境污染与破坏事故及直接经济损失

单位：次、万元

年份	环境污染与破坏事故次数	水污染事故次数	大气污染事故次数	固体废弃物污染事故次数	污染直接经济损失
2001	1842	1096	576	39	12272
2002	1921	1097	597	109	4641
2003	1843	1042	654	56	3375
2004	1441	753	569	47	36366
2005	1406	693	538	48	10515
2006	842	482	232	45	13471
2007	462	178	134	58	3278
2008	474	198	141	45	18186
2009	418	116	130	55	43354
2010	420	135	157	35	2256.9

注：各项统计数据未包括香港特别行政区和澳门特别行政区以及我国台湾地区。

资料来源：《全国环境统计公报》(2000—2012)。

对比分析我国环境规制成本和收益可以看出，一方面，我国环境治理投资在逐年增加，环保机构数和从业人数大幅度上升；另一方面，主要污染物的排放总量减少不多，尤其是重大环境污染和环境破坏事件屡有发生，造成的损失巨大。这说明我国环境规制成本在逐年增加，总体来说，效率不高。

第二节　我国产品安全与卫生规制有效性评价

为提高我国的产品安全与卫生水平，我们建立了相关的法律法规体系，制定了产品标准体系，强化了对产品进入的质量管制和质量检测，取得了一定的成效。但总体来看，我国产品安全与卫生管制的绩效并不令人满意。

一　我国产品安全与卫生规制的成本评价

我国产品安全与卫生规制的成本可以从全国质量技术监督、卫生监督系统的机构数、从业人数、国家财政预算拨款和经费支出等方面来体现。

从表 8 - 10 可以看出，2005 年以来，全国质量技术监督系统机构数、职工人数和经费都在快速增长。其中，全国质量技术监督系统机构数从 2005 年的 5952 个增加到了 2011 年的 6167 个，增加了 215 个；在职职工人数从 2005 年的 167704 人增加到了 2011 年的 179111 人，增加了 11407 人；财政拨付经费，从 2005 年的 102. 04 亿元增加到了 2011 年的 324. 38 亿元，增加了 2. 2 倍；经费支出从 2005 年的 163. 20 亿元增加到了 2011 年的 412. 94 亿元，增加了 1. 5 倍。这说明，近年来，我国在产品安全与卫生方面规制的力度在加大，规制成本在不断增加。

表 8 - 10　全国质量技术监督系统机构数、职工人数和经费

年份	全国质量技术监督系统机构数（个）	在职职工人数（人）	经费总收入（亿元）	财政拨付经费数（亿元）	经费支出（亿元）	卫生监督机构（个）*
2005	5952	167704	1728487	102. 04	163. 20	1702

续表

年份	全国质量技术监督系统机构数（个）	在职职工人数（人）	经费总收入（亿元）	财政拨付经费数（亿元）	经费支出（亿元）	卫生监督机构（个）*
2006	6094	169149	—	118.89	187.42	2097
2007	—	—	245.62	—	—	2553
2008	—	—	293.6	324.0	412.94	2675
2009	6067	173195	326.15	208.58	308.67	2809
2010	6096	175838	388.60	279.79	356.65	2992
2011	6167	179111	436.24	324.38	412.94	3022

注：* 卫生监督机构数根据《中国卫生统计年鉴》（2005—2011）的数据整理。

资料来源：根据国家质量监督监察检疫总局公布的年度质量技术监督统计概况整理。

二　我国产品安全与卫生规制的收益评价

产品安全与卫生规制的收益可以通过产品质量状况、卫生状况等的改善来表现。

从表 8 - 11 至表 8 - 15 可以看出，随着我国质量规制的强化，我国产品质量状况日益改善，产品合格率和优等品率有所提高，质量损失率不断下降，食物中毒事件明显减少。但产品质量和卫生的总体状况仍然不容乐观。从产品质量状况看，据 2011 年国家质量监督监察检疫总局公布的年度质量技术监督统计概况显示：“2011 年，监督抽查的食品、日用消费品、建筑装修材料、工业及农业生产资料五大类产品抽样合格率分别为 95.1%、86.5%、88.1%、80.9% 和 87.2%。与 2009 年、2010 年相比，食品、建筑装修材料产品抽样合格率有所提高，日用消费品、农业生产资料为波动持平，工业生产资料有所降低。从企业生产规模看，全年抽查的大、中、小型企业数分别占抽查企业总数的 11.6%、19.8% 和 68.5%，与往年抽查比例相当，产品抽样合格率分别为 95.4%、91.4% 和 84.7%，与 2009 年、2010 年相比基本持平，充分说明行业的大中型生产企业产品质量较为稳定，小型生产企业数量庞大而产品质量整体水平偏低。从抽查地区分布来看，我国东部地区产品抽样合格率为 88.7%，比 2011 年提高了 1 个百分点；中部地区产品抽样合格率为 87%，同比去年提高了 1.1 个百分点；西部地区产品抽样合格率为81.5%，同比去年降低了7.9个百分点。”[①] 从产品卫生状况看，2001—2011年十年间我国食品卫生的状况、化妆品的卫生状况和公共场所的卫生状况改善不大。

表8－11　　1997—2007年国家监督抽查产品质量情况

年份	抽查企业（个）	不合格企业		抽查产品		合格产品（种）	样品合格率（%）
		个数（个）	占比（%）*	（类）	（种）		
1997	5441	4116	75.6	187	6590	5162	78.3
1998	5431	4056	74.6	176	6770	5269	77.8
1999	7131	5440	76.2	207	8345	6562	78.6
2000	8142	6254	76.8	235	9705	7655	78.9
2001	8076	5992	74.1	207	9906	7513	75.8
2002	7892	6033	76.4	222	8850	6942	78.4
2003	10134	7809	77.0	249	11152	8738	78.4
2004	10919	8225	75.3	240	12343	9497	76.9
2005	11359	8427	74.2	249	12544	9478	75.6
2006	14843	11102	74.8	264	17613	13625	77.4
2007	13826	10863	78.6	180	16653	13496	81.0

注：*本列的数据是笔者根据前两列的数据计算出来的。

资料来源：《中国统计年鉴（2008）》。

表8－12　　2008—2011年产品质量国家监督抽查情况

年份	抽查产品（种）	抽查企业（家）	抽查产品（批）	不合格产品（批）	不合格产品比例（%）
2008	237	20881	23423	3633	15.51
2009	149	18248	21382	2599	12.15
2010	132	15336	16357	2028	12.40
2011	156	19328	20965	2621	12.50

资料来源：根据2009—2012年《中国统计年鉴》的数据整理而成。

---

① 《2011年质量技术监督统计概况》，国家质量监督监察检疫总局网站（http：//www.aqsiq.gov.cn）。

表 8 - 13　　2001—2011 年国家监督抽查产品质量等级情况　　单位:%

年份	产品质量等级率			质量损失率
	优等品率	一等品率	合格品率	
2001	27.75	45.73	27.13	0.58
2002	24.64	43.82	30.90	0.33
2003	31.49	49.39	19.12	0.46
2004	27.76	41.71	30.82	0.37
2005	39.00	36.42	24.56	0.38
2006	50.41	35.17	14.42	0.36
2007	48.46	37.20	14.34	0.25
2008	54.59	33.32	12.09	0.25
2009	58.42	29.90	11.68	0.35
2010	70.75	20.42	8.83	0.25
2011	57.46	32.90	9.46	0.25

资料来源：根据 2002—2012 年《中国统计年鉴》的数据整理而成。

表 8 - 14　　近年来全国食物中毒情况

年份	报告数（起）	中毒人数（人）	死亡人数（人）	100 人以上的中毒数（件）
2003	379	12876	323	—
2004	381	14229	268	30（前三季度）
2005	256	9021	235	18
2006	596	18063	196	17
2007	506	13280	258	11
2008	431	13059	154	13
2009	271	11007	181	13
2010	220	7383	184	7
2011	189	8324	137	2
2012	174	6685	146	0

资料来源：根据近年来卫生部关于全国食物中毒事件报告情况整理。

表 8 - 15　　全国卫生监督监测情况　　单位：%

	2001 年	2002 年	2003 年	2004 年	2005 年	2006 年	2007 年	2008 年	2009 年	2010 年	2011 年
食品卫生合格率	88.1	89.5	90.5	89.8	87.5	90.8	88.28	91.6	—	—	—
公共场所卫生合格率	91.8	93.4	91.8	93.8	90.1	91.9	92.74	92.85	92.3	91.7	95.4
化妆品卫生合格率	91.9	89.3	89.4	94.8	91.8	91.5	95.13	95.72	—	—	—
消毒产品	—	—	—	—	—	—	94.04	84.64	94.3	92.0	95.4
涉水产品	—	—	—	—	—	—	93.55	94.15	93.1	95.4	96.3

资料来源：根据 2001—2012 年《中国卫生统计年鉴》整理。

第三节　我国职业安全与健康规制有效性分析

新中国成立以来，我们十分重视劳动者的健康与安全问题，颁布了一系列工作场所安全规制的法律法规，建立了相关的规制机构和工作场所安全应急体系，安全生产呈现总体稳定、趋向好转的发展态势，安全规制初见成效。

分析表 8 - 16 至表 8 - 20 中的数据发现，近年来，随着我国安全规制的强化，全国安全总体水平不断提高，各类生产事故发生的起数和死亡人数持续减少，亿元 GDP 生产安全事故死亡率、煤炭百万吨死亡率、道路交通万车死亡率、工矿商贸十万就业人员生产安全事故死亡率逐年降低。交通事故的发生起数、损失折款额；火灾发生数、死亡人数、受伤人数、直接经济损失和人口火灾发生率都在降低。但我国在生产安全和职业健康方面的问题十分严重。表现为：一是我国安全事故总量偏大，反映我国安全生产水平的一些相对指标比较落后。重特大安全事故时有发生。如亿元国内生产总值生产安全事故死亡率、煤炭百万吨死亡率、道路交通万车死亡率、工矿企业从业人员 10 万人死亡率和发达国家甚至和一些发展中国家相比还存在很大差距。2008 年，国家安全监管总局政策法规司司长、新闻发言人黄毅指出："目前我国亿元 GDP 死亡率是先进国家的 10 倍；工矿商贸 10 万人事故死亡率是先进国家的两倍多；道路交通万车死亡率是发达国家的 3 倍；煤炭百万吨死亡率是世界平均的 5 倍多。"① 黄毅表示，我们的目标是到 2020 年我国的亿元 GDP 事故死亡率、工矿商贸十万从业人员事故死亡率、道路交通万车死亡率、煤矿百万吨事故死亡率等，达到或接近世界中等发达国家的水平。二是职业病发病人数呈上升趋势。我国职业病危害分布的行业广，从煤炭、冶金、化工、建筑等传统工业，到汽车制造、医药、计算机、生物工程等新兴产业都不同程度地存在职业病危害。2010 年各种职业病总数是 27240 例，比 2005 年多了 15028 人，五年间增加了 1.23 倍，其中尘肺病增加了 2—6 倍。

表 8－16　　全国安全生产总体水平状况

年份	各类生产事故		亿元 GDP 生产安全事故死亡率（%）	煤矿百万吨死亡率（%）	道路交通万车死亡率（%）	工矿商贸十万就业人员生产安全事故死亡率（%）
	发生数（起）	死亡人数（人）				
2005	727945	126760	—	2.836	—	—
2006	627158	112822	—	2.041	—	—
2007	506208	101480	0.413	1.485	5.1	3.05
2008	413752	91172	0.312	1.182	4.3	2.82
2009	379248	83200	0.248	0.892	3.6	2.4
2010	363383	79552	0.201	0.749	3.2	2.13
2011	347728	75572	0.173	0.564	2.8	1.88
2012	336949	72020	0.170	0.373	2.49	1.64

资料来源：根据国家安全生产监督管理总局公布的年度安全分析报告整理而成。

① 国家安全监管总局：《中国生产亿元 GDP 死亡率是先进国家 10 倍》，2008 年 1 月 9 日，新浪网（http：//www.sina.com.cn）。

表 8 – 17　　近年来交通事故情况

年份	发生数（起）	死亡人数（人）	受伤人数（人）	损失折款（万元）
2001	754919	105930	546485	308787.3
2002	773137	109381	562074	332438.1
2003	667507	104372	494174	336914.6
2004	517889	107077	480864	239141.0
2005	450254	98738	469911	188401.2
2006	378781	89455	431139	148956
2007	327209	81649	380442	119878.3
2008	265204	73484	304919	100972.2
2009	238351	67759	275125	91436.8
2010	219521	65225	254075	92633.5
2011	210812	62387	237421	107873

资料来源：根据 2002—2012 年《中国统计年鉴》的数据整理而成。

表 8 – 18　　近年来火灾事故情况

年份	发生数(起)	死亡人数（人）	受伤人数（人）	直接经济损失（万元）	人口火灾发生率（1/10 万人）
2001	216784	2334	3781	140326	17.5
2002	258315	2393	3414	154446	20.6
2003	253932	2482	3087	159089	20.3
2004	252704	2558	2969	167197	20.1
2005	235941	2496	2506	136288	18.6
2006	222702	1517	1418	78446.8	17.4
2007	163521	1617	969	112515.8	12.6
2008	136835	1521	743	182202.5	10.4
2009	129381	1236	651	162390.7	9.7
2010	132497	1205	624	195945.2	9.85
2011	125417	1108	571	205743.4	9.25

资料来源：根据 2002—2012 年《中国统计年鉴》的数据整理而成。

表 8－19　　近年来我国煤矿特大安全事件

年份	特大事故		特别重大事故	
	发生数（起）	死亡人数（人）	发生数（起）	死亡人数（人）
2001	49	1015	8	373
2002	47	750	—	—
2003	44	701	7	614
2004	34	492	7	487
2005	58	1739	11	961
2006	39	744	6	233

资料来源：根据国家安全生产监督管理总局公布的年度安全分析报告整理而成。

表 8－20　　我国近年来职业病情况

年份	各类职业病总数(例)	尘肺		慢性职业病		急性职业中毒		其他	
		总数（例）	占比（%）	总数（例）	占比（%）	总数（例）	占比（%）	总数（例）	占比（%）
2005	12212	9173	75. 11	1379	11. 3	613	5. 01	1083	0. 09
2006	11519	8783	76. 24	1083	12. 3	467	4. 05	1186	0. 10
2007	14296	10963	76. 69	1683	11. 8	600	4. 19	1050	0. 07
2008	13744	10828	78. 79	—	—	—	—	—	—
2009	18128	14495	79. 96	1912	10. 54	552	3. 04	1169	6. 44
2010	27240	23812	87. 4	1417	5. 20	617	2. 26	1394	5. 1

资料来源：根据卫生部发布的职业病报告情况和职业病危害形势的报告整理。

总之，近年来，我国社会性规制的力度不断加大，规制机构从业人数、经费支出逐年增加，规制成本巨大，环境质量、产品安全卫生、工作场所安全水平有所改善。但分析表明，我国环境污染的状况依然十分严重，产品质量总体水平不高，安全事故总量偏大。尤其是特大重大安全事件频繁发生，给人民的健康和生命安全造成了严重威胁，产生了巨大的经济损失。这说明我国社会性规制的绩效差、总体质量不高，存在政府规制失灵。

本章小结

第一，本章我们主要从规制机构规模、从业人员数量、国家经费投入等方面来分析社会性规制成本；从环境状况、安全状况、健康状况的改善来评价社会性规制收益。

第二，对比分析我国环境规制的成本和收益可以看出：一方面，我国环境治理投资在逐年增加，环保机构数和从业人数大幅度上升；另一方面，主要污染物的排放总量减少不多，尤其是重大环境污染和环境破坏事件屡有发生，造成的损失巨大。这说明我国环境规制的成本在逐年增加，但总体效率不高。

第三，为提高我国的产品安全与卫生水平，我们强化了对产品进入的质量管制和质量检测，全国质量技术监督、卫生监督系统机构数、从业人数、国家财政预算拨款和经费支出都在增加，也取得了一定的成效。但总体来看，我国产品安全与卫生规制的绩效并不令人满意。

第四，新中国成立以来，我国十分重视劳动者的健康与安全问题，颁布了一系列工作场所安全规制的法律法规，建立了相关的规制机构和工作场所安全应急体系，安全生产呈现总体稳定、趋向好转的发展态势，安全规制初见成效。但我国在生产安全和职业健康方面的问题十分严重。表现为：一是我国安全事故总量偏大，反映我国安全生产水平的一些相对指标比较落后。二是职业病发病人数呈上升趋势。

第九章　我国政府规制体系存在的问题

问题是改革的动因、基础和导向，本章主要从政府规制立法、政府规制体制和政府规制政策三个方面分析我国现行政府规制体系存在的问题，旨在为我国的政府规制体系改革提供一个现实基础。

第一节　我国政府规制立法中存在的问题

规制立法是政府规制的第一步，其目的是为政府规制活动提供法律依据。经过改革开放以来近 40 年的建设，我国已经建立起了比较完善的政府规制法律体系。政府规制法律体系的形成为我国的政府规制提供了法律依据。但是，我国在政府规制立法过程中还存在很多问题，这些问题影响了政府规制的有效性。

一　规制立法过程的公开性、透明性、公众参与性不够

公开、透明、公众参与是立法的基本原则之一，这一原则要求法律、法规的制定、修订都应在公开、透明、互动的方式下进行。保持立法过程的公开、透明、公众参与性，可以弥补立法过程中的信息不对称，提高立法的科学性；可以促进相关各方的利益协调，减少法律的执行成本；可以防止有关机构滥用权力，维护社会公众的利益。目前，我国在规制立法过程中还存在公开性、透明性、公众参与性不够的问题。

公开立法、公众参与立法制度在我国的有关法律法规中有明确规定。2000 年颁布的《立法法》第三十四条规定：“列入常务委员会会议议程的法律案，法律委员会、有关的专门委员会和常务委员会工作机构应当听取各方面的意见。听取意见可以采取座谈会、论证会、听证会等

多种形式。”[①] 第五十八条规定：“行政法规在起草过程中，应当广泛听取有关机关、组织和公民的意见。听取意见可以采取座谈会、论证会、听证会等多种形式。”[②]

行政法规的制定要经过立项、起草、审查、决定和公布几个阶段，《立法法》只规定了起草阶段公众参与的要求和形式，国务院 2001 年公布的《行政法规制定程序条例》补充了审查（送审）阶段公众参与的制度与形式。《行政法规制定程序条例》第十九条规定：“重要的行政法规送审稿，经报国务院同意，向社会公布，征求意见。”[③] 第二十条规定：“国务院法制机构应当就行政法规送审稿涉及的主要问题，深入基层进行实地调查研究，听取基层有关机关、组织和公民的意见。”[④] 第二十一条规定：“行政法规送审稿涉及重大、疑难问题的，国务院法制机构应当召开由有关单位、专家参加的座谈会、论证会，听取意见，研究论证。”[⑤] 第二十二条规定：“行政法规送审稿直接涉及公民、法人或者其他组织的切身利益的，国务院法制机构可以举行听证会，听取有关机关、组织和公民的意见。”[⑥]

国务院 2001 年公布的《规章制定程序条例》不仅完善了规章起草阶段和审查阶段的公众参与形式及条件，而且对公众参与的听证程序做了具体规定。《规章制定程序条例》第十五条规定：“起草的规章直接涉及公民、法人或者其他组织切身利益，有关机关、组织或者公民对其有重大意见分歧的，应当向社会公布，征求社会各界的意见；起草单位也可以举行听证会。听证会依照下列程序组织：（一）听证会公开举行，起草单位应当在举行听证会的 30 日前公布听证会的时间、地点和内容；（二）参加听证会的有关机关、组织和公民对起草的规章，有权提问和发表意见；（三）听证会应当制作笔录，如实记录发言人的主要观点和理由；（四）起草单位应当认真研究听证会反映的各种意见，起草的规章在报送审查时，应当说明对听证会意见的处理情况及其

① 中央政府门户网站（http//：www. gov. cn）。
② 同上。
③ 同上。
④ 同上。
⑤ 同上。
⑥ 同上。

理由。”①

从上述规定可以看出，公开立法、公众参与立法是我国立法坚持的一项基本制度，公众在法律、法规、规章的起草和审查阶段可以通过座谈会、论证会、听证会等形式参与立法过程。近年来，我国在公众参与立法的制度建设方面取得了很大进展，在立法实践中也做了很多有益的尝试。但我国立法实践中仍存在很多问题。

第一，公众参与立法的制度构建不足，随意性较强。主要表现在两个方面：一是公众参与立法的环节较少，参与面较窄。我国的行政立法要经历立项、起草、审查、决定和公布四个阶段，从《立法法》《行政法规制定程序条例》和《规章制定程序条例》的规定来看，我国的公众参与主要集中在起草和审查阶段，在立项阶段没有公众参与。公众没有立法动议权，行政立法的立项基本上由行政机关提出并决定。在公众参与行政立法实践中，专家参与较多，一般公众参与较少。其结果是公众的利益表达不足。二是参与立法的程序规定较随意。我国在公众参与立法的规定中使用了一些不确定的法律概念，使行政机关在公众参与上享有较大的自由裁量权。如《立法法》《行政法规制定程序条例》和《规章制定程序条例》都规定听取意见“可以采取”而不是“必须采取”座谈会、论证会、听证会等形式。这一规定意味着座谈会、论证会、听证会尤其是听证会不是立法机关必须遵循的强制性义务，所以，行政立法机关在行政立法过程中是否听证、如何听证就有很大自由裁量权和随意性。在立法实践中，随意召开听证会、座谈会，自己请代表听证、自己主持听证会、听证过程严格保密等现象屡见不鲜。这种形式的座谈会和听证会根本不能全面反映不同利益群体的意见。

第二，对公众意见的反馈机制不健全。从上述分析可以看出，近年来，我国关于公众参与立法的制度建设不断完善，对公众参与立法的形式也有了明确规定。但公众意见能否对立法结果产生实质性影响却不得而知，对公众意见的反馈机制不健全。主要表现在相关的法律法规只规定了公众参与的形式，却没有规定立法机构对公众意见的反馈机制和反馈形式。如《立法法》《行政法规制定程序条例》等都规定可以采取座谈会、听证会的形式听取意见，但听了意见之后怎么办却没有规定。在

① 中央政府门户网站（http//：www. gov. cn）。

立法实践中，对公众的意见往往只进行内部的汇报和研究，不进行公开说明，公众不知道自己的意见是否被采纳，采纳和不采纳的原因是什么。其结果造成了一方面立法机关对公众参与意见有很大的自由裁量权，可以听取，也可以不听取，且不需要说明理由。实践中有些论证会、座谈会等只是流于形式，“听而不证，证而不用”的现象广泛存在。另一方面由于缺乏反馈机制，公众不知道自己提出的意见终被如何处理，感觉无人关注，是在“自说自话”，造成公众参与立法的热情不高。

第三，公众参与立法的意识不强。我国有着几千年的封建专制历史，人民的民主意识、法制意识淡薄。新中国成立后，我党为发展民主做了许多积极探索，但人治观念根深蒂固，法治观念树立困难。另外，在立法实践中，政府单边立法广泛存在，再加上一些地方的听证会流于形式，自导自演，使公众对行政机关失去信赖，对参与立法热情不高。长此以往就形成了公民参与立法的意识淡薄，对政治缺乏热情。行政立法公众参与不足反映了行政权与公民权利之间存在不对等现象，其结果是普通百姓完全外在于立法过程之外。

规制立法过程的公开性、透明性、公众参与性不足，在不同程度上排斥了相关利益主体的参与，使规制部门基本上垄断了立法过程。其结果无法保证法律、法规能真正代表社会公共利益，在一定程度上影响了规制立法的质量和效果。

二　规制立法受到了利益集团的影响，出现部门利益、地方利益法制化的现象

政府规制有效性的前提是规制者的行为必须以社会利益最大化为目标，在立法过程中，如果立法者不能基于公共利益立法，就会出现规制无效、规制失灵。部门利益、地方利益法制化是我国近些年规制立法中存在的一个突出问题。2010 年 11 月，国务院发布的《国务院关于加强法治政府建设的意见》中明确要求：“政府立法要符合经济社会发展规律，充分反映人民意愿，着力解决经济社会发展中的普遍性问题和深层次矛盾，切实增强法律制度的科学性和可操作性。……加强政府法制机构在政府立法中的主导和协调作用，涉及重大意见分歧、达不成一致意见的，要及时报请本级人民政府决定。坚决克服政府立法过程中的部门

利益和地方保护倾向。”[①] 2013 年 3 月 26 日，李克强总理在国务院第一次廉政工作电视电话会议上说：“法必须大于权，绝不允许权大于法，杜绝部门利益法制化。”

部门利益法制化就是借法律法规来谋取和巩固部门利益，通过立法给部门利益披上合法的外衣。主要是指个别行政部门利用法定职权和掌握的立法资源，在起草法律法规草案时过分强调本部门的权力而弱化相应的责任，在法律法规中为本部门设定各种权力，特别是行政许可、行政处罚、行政收费、监督检查、行政强制等权力，将部门意志上升为国家意志，以部门利益取代国家利益，借强化管理之名，行谋取部门利益之实。部门利益法制化，一方面与部门利益驱动相关，另一方面与我国的立法体制相关。部门利益驱动是部门利益法制化的内在动力，而现行的立法体制使部门利益法制化成为可能。西方政治学认为，政府具有自利性动机，即政府部门在追求公共利益之外还追求部门利益。我国政府部门的利益膨胀问题，已经引起了社会各界的广泛关注和批评。部门利益的膨胀表现为“行政权力部门化，部门权力利益化，部门利益法制化”。

政府是由一个个部门组成的，部门是政府的一个部分，承担着政府某一方面的职能。部门履行职能依据的是政府的行政权力，如果部门行使权力超越政府授权，就是越权或滥用权力。长期以来，我国政府权力配置部门化的问题十分严重，一些行政部门在履职的过程中，从“部门本位”出发，将应当由政府行使的职权划归自身行使，利用法定职权和掌握的国家立法资源，巩固和扩大本部门的各种职权，实行“部门行政”。行政权力部门化主要表现为：一些部门运用行政职权设立不必要的市场准入壁垒，扩大审批权限，甚至亲自指定行业经营主体、市场价格和经营范围，进而在人事、分配、经营等方面对某些行业进行不同程度的干预。

部门权力利益化的实质是政府部门偏离公共利益导向，追求部门局部利益，变相实现小团体或少数人的利益。市场经济的发展，使部门不仅作为一个行政主体，而且还成为一个个相对独立的经济利益主体。一些部门不是从社会公共利益最大化出发，而是利用部门权力谋取小团体

---

① 《国务院关于加强法治政府建设的意见》，《人民日报》2010 年 11 月 9 日。

利益。表现为职权的行使取决于利益的有无和大小，有利可图的乱作为或者违法作为；无利可图的，不作为或者消极作为。例如，为了利益竭力巩固和争取审批、收费、处罚等职权。

部门利益法律化固化了行政权力的部门化和部门权力的利益化。部门利益法制化与我国现行的立法体制密切相关。在我国现行的立法体制下，一些法规草案由相关行政部门起草，提交立法机关审议。由相关行政部门起草法规草案有其合理性的一面，但是，由于缺乏规范化的平衡利益和公众参与机制，加之社会监督的不到位，很容易导致在起草法规草案时植入部门利益。在立法实践中，一些部门以加强管理为名，力图多搞行业管理法规，对于可由本部门或本地方来确定的审批权、发证权、收费权等立法项目积极性很高，并争相制定；对于与本部门或本地方利益相抵触或可能制约自身权限与行为的立法项目的制定和实施则毫无积极性。“有利则争，无利则推，他利则拖，分利则拒”的现象时有发生。

行政权力部门化、部门权力利益化及部门利益法制化，使立法带有强烈的功利主义色彩。部门利益和地方利益一旦以法律法规的形式固定下来，必然会造成部门法规、地方法规、下级法规、上级法规互相冲突、互相矛盾的现象；必然会加剧市场的分割和行政垄断；必然会增加公民守法成本和市场交易成本；必然会助长先部门利益、地方利益后国家利益；重部门利益、轻国家利益，以部门利益取代国家利益，甚至为部门利益而不惜牺牲、损害国家利益等行为；必然会影响社会经济的健康发展，影响社会公共利益的实现。

三　规制立法缺乏成本—收益分析

对规制立法进行成本—收益分析的目的是降低规制成本，提高规制效率。对规制进行成本—收益分析最早产生于美国。1981 年里根上台后，进一步放松管制，并强化对规制的成本—收益分析。1981 年 2 月 17 日，美国里根总统签署了 12291 号行政命令《联邦规章》(E012291)，要求所有法律许可的机构在颁布新的规章条例时都应遵守下述要求：“①管理决策的前提应该是对所计划的政府行为的必要性及其后果具有完备的信息；②除非管制条例对社会的潜在收益超过对社会的潜在成本，否则管制行为就不应该发生；③所选择的管制目标应该是社会的利益最大化；④在给定管制目标的可选择方案中，应该选择给社会带来最小净成本的方案；⑤管制机构应在考虑了受管制条件影响的特定行业的状况、国民经济的状况以及将来要采取的管制行为之后，来确定管制次序以实现社会总的经济收益最大化。”①

我国国务院于2004年3月审议通过的《全面推进依法行政实施纲要》第十七条规定：“积极探索对政府立法项目尤其是经济立法项目的成本效益分析制度。政府立法不仅要考虑立法过程成本，还要研究其实施后的执法成本和社会成本。”这一规定对于长期忽视立法成本问题的我国无疑是一次重大进步。2010年11月，国务院发布的《国务院关于加强法治政府建设的意见》再次强调：“积极探索开展政府立法成本效益分析、社会风险评估、实施情况后评估工作。”这表明我国政府已经将立法成本效益分析工作摆上议事日程。

从国家部委和地方政府的实践看，2006年国务院首次对《信访条例》《艾滋病防治条例》《蓄滞洪区运用补偿暂行办法》《个人存款账户实名制规定》《劳动保障监察条例》和《特种设备安全监察条例》6个行政法规，进行了立法后评估试点。2007年12月，海南省政府发布了《海南省人民政府办公厅关于开展立法成本效益分析工作的实施意见》，要求从2008年起，各有关部门确定的立法项目要进行立法成本效益分析，对需要进行修改的规章进行实施情况的评估，并在报送立法项目时，将该项目的立法成本效益分析报告或者规章实施情况的评估报告一并报送。省政府在确定当年立法计划时，将对已经进行立法成本效益分析或者规章实施情况评估的项目予以优先考虑。2008年，杭州市人民政府法制办公室决定全面有序推进政府规章定性定量分析，进行成本效益评估。2008年，在《山东省依法行政五年规划》中提出，选择一些重要的政府立法项目特别是经济立法项目，尝试进行立法成本效益分析，着手建立立法成本效益分析制度。2008年，《湖南省行政程序规定》以省政府规章的形式，规定属于重大行政决策的地方立法，可以进行成本效益分析。

从上述分析可以看出，我国已经开始尝试建立立法的成本—收益分析制度，国务院一些部委和部分地方政府也做了一些尝试，但由于我们

① ［美］W. 吉帕·维斯库斯、小约瑟夫·E. 哈林顿、约翰·M. 弗农：《反垄断与管制经济学》，陈甬军等译，机械工业出版社2004年版，第17页。

对此问题的理论研究不成熟，准备不足，立法的成本—收益分析还没有真正建立起来。比如，无论是银监会、证监会等监管机构，还是环保部等有监管权力的部委可能都没有立法成本、立法效益评估体系和核算指标。由于中国的立法普遍缺少法律对经济、社会和环境的影响评估以及法律法规的成本和收益分析，形成了“一法四配套”的法律特征，即一部法律，有多项相关配套措施，尤其是部委的规章、指引、办法、决定、通知等。结果是部分规制立法的成本过高、效率低，有些法律规章根本无法执行。

第二节　我国政府规制体制存在的问题

政府规制体制是指有关政府规制机构的设置、领导隶属关系以及规制权限划分方面的制度安排。政府规制机构的特征和行为是决定规制政策有效性的重要因素。目前，我国的规制失灵与规制体制的不完善密切相关，与规制机构的扭曲行为密切相关。

一　规制机构缺乏独立性

独立性是规制机构的重要特征，是规制机构能否扮演好公共利益维护者角色的关键因素。规制机构的独立性表现为：法律授权独立、人事独立、职权独立和经费来源独立。从我国的情况来看，目前我们尚未普遍建立起独立的政府规制机构。

目前，我国承担政府规制职能的机构有四大类：第一类是国务院组成部门，如工业和信息化部、环境保护部、卫生部、农业部、交通运输部、水利部、公安部等；第二类是国务院直属机构，如国家工商行政管理总局、国家质量监督检查检疫局、国家安全生产监督管理总局、食品药品监督管理总局等；第三类是国务院直属事业单位，如银监会、证监会、保监会等；第四类是国务院部委管理国家局，如国家能源局、国家煤矿安全监察局、铁路局、民用航空局、邮政局等。在这四类机构中，第一类和第四类属于传统行政部门及隶属于传统行政部门的规制机构，第二类和第三类属于独立于传统行政部门的规制机构。这四类规制机构都存在程度不同的独立性不足问题。具体表现为：政企不分、政事不分，规制机构人事、经费来源不独立等。

目前，在我国的政府性规制体制中仍然存在政企不分、政事不分问题。在我国的经济性规制体制中也一直存在政企不分问题。经济性规制主要是指对自然垄断行业的规制，在很长的时间内，我国自然垄断行业实行的是“政企合一”的监管体制，行业主管部门既承担行政管理职能，又承担监管职能，同时还承担经营管理职能。其结果是企业没有自主权，企业的市场主体地位难以确立，无法形成市场竞争的格局，经济活动效率低下。改革开放以来，我国对垄断行业监管体制改革的一项重要内容就是政企分开，即政府主管部门不再直接参与企业的经营管理，而是专门行使对垄断行业的监管职能。然而，到目前为止，政企分开在很多行业中仍然进展缓慢，在铁路行业中表现得最为严重。在 2013 年 3 月国务院大部制改革之前，我国铁路行业实行“政企合一”的监管体制。铁道部作为全国铁路行业的主管部门既承担所有者职能，又承担监管者职能，同时还是铁路企业的经营管理者。作为所有者，要依法监督管理铁路国有资产，管理国家铁路企业经营业绩考核工作。作为监管者，要组织起草铁路行业法律法规草案，制定部门规章并监督实施；要承担铁路安全生产和运输服务质量监督管理责任；要制定铁路运输服务质量行业标准并监督实施。作为经营者，要对国家铁路行业、建筑施工和物资供销等铁路非运输企业实行统一计划管理。这种政企合一的监管体制严重阻碍了我国铁路行业的发展。2013 年 3 月，国务院机构改革对铁路行业实行铁路政企分开。不再保留铁道部，将铁道部拟定铁路发展规划和政策的行政职责划入交通运输部；组建国家铁路局，由交通运输部管理，承担铁道部的其他行政职责；组建中国铁路总公司，承担铁道部的企业职责。可以说我国铁路政企分开之路刚刚开启，以后的路还很长，任务很艰巨。

规制机构的独立性不仅要求政企分开、政事分开，还要求规制机构的经费来源独立、人事任命独立。人事独立、经费来源独立可以避免因人事任命和经费压力而影响决策的中立性和公正性。目前，我国基层的规制机构普遍存在人事任命、经费来源不独立问题。许多地方政府规制部门在业务上接受中央政府职能部门的领导，但经费和人事任命权在地方。在不断强化的地方利益驱使下，为了配合地方政府片面地追求经济增长的需求，规制部门只好对企业的违法行为“视而不见”，甚至和被规制的企业合谋共同欺骗上级部门。

二　规制权分散，政出多门

规制权是一种稀缺资源，谁掌握了这种稀缺资源，谁就可以“设租”“抽租”。因此，理论上说，各部门都希望拥有规制权，或极力去争取规制权。目前，我国政府的规制权比较分散，多个部门共同规制同一行业或同一事件的现象比较严重。

比如，在我国的电力行业监管中，2013 年 3 月，国务院机构改革之前，虽然我们已经成立了专门的电监会，但对电力行业的监管权却分散在众多部门。电力行业的市场准入和电价的控制权由国家发改委掌握，电力安全和电力市场秩序的监管在电监会，国有电力企业绩效考核归国资委管理，电力环保监管由国家环保总局负责。再如，我国对食品安全监管，2013 年 3 月，国务院机构改革前实行的是“分段监管为主、品种监管为辅”的监管体制。2004 年 9 月，《国务院关于进一步加强食品安全工作的决定》明确将食品安全监管分为种植养殖、生产加工、市场流通和餐饮消费四个环节。每个环节都有一个部门负责监管。农业部门负责初级农产品生产环节监管；质检部门负责食品生产加工环节监管；工商部门负责食品流通环节监管；食品药品监管部门负责餐饮业和食堂等消费环节监管；卫生部门负责组织制定食品安全标准，承担食品安全综合协调、组织查处食品安全重大事故的责任。此外，政府的一些其他机构也参与食品检验和控制，如科技部负责食品安全科研工作，国家环保总局参与产地环境、养殖场和食品加工流通企业污染物排放的监测和控制工作等。在环境监管方面，《环境保护法》第七条规定了统一监督管理、分部门协作的管理体制，但对于统一监督管理部门有什么权力、分管部门不履行职责的，统管部门可以如何处置等问题，法律没有做出明确的规定。如《水污染防治法》第四条第三款规定：“各级人民政府的水利管理部门、卫生行政部门、地质矿产部门、市政管理部门、重要江河的水源保护机构，结合各自的职责，协同环境保护部门对水污染防治实施监督管理。”但是，对协管部门在水污染方面各自能够管什么、必须管什么、如何进行协作、不协作要承担什么不利的法律后果，法律的规定十分模糊。

规制权分散，共同执法容易产生“规制过度”与“规制缺位”并存的现象。在实践中，受部门利益的驱使，对有利可图的事情，各部门竞相主张规制权，而对于不利的事物则互相推诿、“踢皮球”。我国的实践证明，监管部门越多，监管边界模糊地带就越多，监管责任越难以落实，监管效率越难以提高。

三　规制机构机会主义行为严重

根据委托—代理理论，在立法者、规制者、被规制者之间存在着委托—代理关系，就立法者和规制者之间的关系而言，立法者是委托人，规制者是立法者的代理人；就规制者和被规制者之间的关系而言，规制者是委托人，被规制者是代理人。也就是说，在立法者、规制者、被规制者三层的委托—代理关系中，规制者既是委托人又是代理人。在信息不对称的环境中，作为代理人的规制者可能会为了自己的利益而侵蚀委托人的利益，从而产生机会主义行为问题。

在我国现行的政府规制体制中有五个层次：公众（选民）—人大（立法者）—中央政府规制机构（制定规制政策）—基层政府规制机构（执行政策）—被规制者（企业），在他们之间存在多层次的委托—代理关系。公众是选民，是消费者，他们通过选举人大代表将自己的权利委托给人大代表，希望人大通过立法规制企业的行为，维护消费者的利益。在这一层面上，公众是委托人，人大（立法者）是公众的代理人，他们之间构成了第一层次的委托—代理关系。规制机构是执行人大制定的法律的机构之一，在人大和规制机构之间构成了第二层次的委托—代理关系，立法机构是委托人，规制机构是代理人。规制机构的权力要通过各层级规制机构具体执行，于是在中央规制者和基层规制者之间形成了第三层次的委托—代理关系，中央规制者是委托人，基层规制者是代理人。规制机构受立法者的委托在市场准入、价格、服务质量、环境、安全、健康卫生标准等方面制定一系列规章，要求被规制者执行，在规制机构和被规制者之间形成了第四层次的委托—代理关系，规制机构是委托人，被规制者是代理人。在这种多层次的委托—代理关系中，立法者、规制者扮演着双重角色，既是代理人，又是委托人。

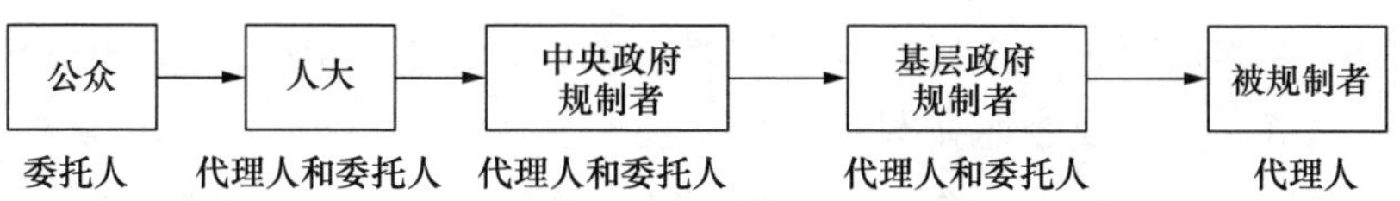

图9-1　中央规制者和基层规制者之间的委托—代理关系

这种多层次的委托—代理关系影响了规制质量和规制效率。因为在多层次的委托—代理关系中，委托人和代理人追求的目标函数不一致，代理人并非总以委托人的利益最大化为行为目标。比如，在第一个层次，公众追求公平的价格、可靠的产品质量、优质的服务、清洁的环境、安全的工作场所等目标，他们通过选举人大代表，委托自己选择的代表来完成这一任务；但代表则追求选票最大化，只要能够达到选票最大化的一切手段都会利用，满足普通公众的需求只是其中之一。在第二个层次，立法者将制定规制政策的任务委托给规制机构，立法者要求规制者为满足公共利益最大化而制定政策，但规制机构追求的是权力（预算）最大化、责任最小化。在第三个层次，中央规制机构制定规制政策后，委托基层规制机构执行，希望基层规制机构能严格执行；但基层规制机构则会追求自由裁量权、方便执行、自我利益等一系列的目标。在第四个层次，被规制者（企业）追求的是利润最大化，而非消费者剩余最大化。在多层次的委托—代理关系中，不仅委托人和代理人的目标函数不一致，而且委托人和代理人之间也存在着信息不对称。在这四个层次中，代理人往往掌握更多的信息，处于信息优势一方，在监督成本过大或监督缺失的情况下，代理人很有可能利用自己的信息优势来谋取自身利益，这样，代理人的机会主义行为也就在所难免。在我国，规制机构的机会主义行为表现在以下两个方面：

第一，规制者利用手中的自由裁量权进行政治“创租”“抽租”，权钱交易和腐败在所难免。政治“创租”是指官员以对某些利益集团有利的规制政策为诱饵，引诱利益集团向规制者行贿，在这一点上，官员就是出卖政府政策的企业家。政治“抽租”是指官员对一些具有较高利润的行业以对他们不利的规制政策相威胁，迫使这些行业的利益集团拱手向官员让渡部分利润。“寻租”是指被规制者利用收买、行贿等各种手段，极力影响规制者，以得到于己有利的规制政策。规制者与被规制者之间的这种互动会导致权钱交易等腐败行为，会扭曲规制决策和规制政策的执行，严重影响规制效果。例如，在我国的自然垄断行业，严格的市场准入使企业在垄断市场上获取了高额利润，为了保持这种超额利润，垄断厂商往往会采取各种措施来游说规制者使其维持垄断，从而造成“寻租”和腐败现象滋生。一些自然垄断行业的背后往往隐藏着权钱交易以及不正当竞争，这些情况的存在严重影响了正常的市场竞争秩序，破坏了公平竞争，阻碍了社会整体福利的提高。又如在环境保护领域，环境保护部门可能屈从于公众和立法者的压力而对企业制定更为严格的环境标准或者进行更为严格的监督检查，从而增加企业的成本。但在执行环节，基层的规制机构，尤其是处于最前线的规制机构人员拥有相当大的自由裁量权，他们会为了自身利益，利用手中的权力主动“创租”“抽租”，或者对被规制者的“寻租”行为做出反应，被企业“俘获”。其结果会使规制机构“适当”放宽对企业的规制，或者对企业的污染行为纵容，甚至包庇。

第二，规制者疏于监督、偷懒。在标准的委托—代理模型中，不存在委托人的“偷懒”问题，因为委托人就是所有者。但是，在我国的政府规制体制中，存在着多层次的委托—代理关系，在多层次的委托—代理关系中，规制者既是代理人又是委托人。公众和立法者都希望规制者在执法过程中能够对被规制企业进行严格的监督。但规制者除要考虑公众和立法者的要求之外，他还有自身的利益要求，他们也要寻求行业利益集团的支持。要想得到行业集团的支持，最好的方法是放松对他们的规制甚至和被规制者合谋。这一切都会使规制者违背公众的意志，侵蚀公众的利益。规制机构的“偷懒”行为，在我国的规制实践中屡见不鲜。OECD 副秘书长马里奥·阿玛诺认为，导致中国环境问题的原因之一是“政府机构执行力度偏软”。

四 缺乏对规制者的约束与制衡机制

通过前面的分析可知，规制机构在实施政府规制过程中拥有很大的自由裁量权，如果没有相应的约束制衡机制，就会导致规制权的滥用，从而影响政府规制有效性。所以，必须建立对规制者行为的制衡和约束机制。

我国现行的行政监督体制由来自行政外部的监督和来自行政内部的监督两部分组成。外部监督是指行政机关以外的主体对行政机关实施的监督，主要包括国家权力机关即人民代表大会及其常委会对行政的监督、国家司法机关即人民检察院和人民法院实施的行政监督、党对行政的监督、人民政协以及各民主党派的民主监督、社会群众及舆论监督。来自内部的监督分为专门监督和非专门监督两类。专门监督是指政府专设的监督机构实施的行政监督，包括行政监察、审计监督等。非专门监督，包括上下层级监督和平行部门监督，前者是指各级行政机关及其主管按行政隶属关系自上而下或自下而上进行的直线监督；后者是指政府职能部门就其所辖事务，在自身权限与责任范围内，对其他相关部门实施监督。虽然我国已经建立了比较完善的行政监督体制，但现实中监督制度很难落实，行政监督的效能较差。从内部来看，纵向监督制衡机制薄弱，平行监督制衡机制无力。从外部来看，多元监督主体之间的权责关系并没有完全厘清，各种监督主体的监督权限、方式、程序、范围等不够明确具体，彼此又缺乏联系和沟通，造成监督缺位和监督摩擦并存。这必然削弱了监督机制的整体效能，损害行政监督的权威和效率。如在我国电力、电信、石油、铁路等行业的监管过程中，由于缺乏强有力的监督机制，既无法抑制这些行业的权力滥用和腐败问题，也无法降低监管机构的决策失误。

第三节　我国政府规制政策存在的问题

规制政策即规制方式，规制方式是影响规制效果和效率的重要因素，科学的规制方式可以提高规制效率。目前，我国在政府规制政策方面还存在许多问题。

一　我国经济性规制政策存在的问题

在经济性规制领域，政府控制的主要变量是市场准入和价格，我国对自然垄断行业的市场准入规制和价格规制都存在诸多问题。

（一）市场准入规制过于严格

放松市场准入规制，打破垄断，引入竞争，一直是我国自然垄断行业改革的核心。但迄今为止，我国对自然垄断行业仍然实行较为严格的市场准入规制。以在市场准入方面已经较为宽松的电信和民航两个行业为例，在电信行业，我们对基础电信业务仍然实施严格限制。在民航业，不仅对航空公司资质存在严格限制，即便在机票代理市场也实行了严格的准入规制。电力、铁路行业的市场准入就更为严格了。在电力行业，政府仍然垄断着对电源项目的行政审批，构成了一定程度上的电力行政垄断。铁路行业，到目前为止，铁路货运市场仍然是国铁一家独大。

在自然垄断行业，不仅市场准入规制过于严格，而且存在市场准入不公平问题，非国有企业在进入石油、矿产资源、金融、电力等领域时仍存在很多障碍。严格的市场准入，造成我国自然垄断行业的行业集中度过高，有效竞争的市场结构还远未形成。这一问题在铁路行业中最为突出，由于没有引入真正的外部竞争者，原先的铁道部即现在的中国铁路总公司独家垄断整个铁路行业。在电力行业，只有发电形成了初步的竞争，输配售仍为一体，国家电网公司独家买方垄断的状况没有发生变化。由于有效市场竞争的格局尚未形成，所以，在我国的自然垄断行业普遍存在产品和服务供给不足、产品和服务质量差、投资效率低等问题。

（二）价格形成机制不合理

改革开放30多年来，我国对自然垄断行业的价格形成机制的改革是沿着由计划到市场，逐步放开，并引入竞争的方向进行的。我国对电力行业的价格形成机制改革主要体现在发电环节的上网电价方面。上网电价改革的方向是引入竞争机制，实现电价由供需双方竞争形成。上网电价主要实行两部制定价。其中，容量电价由政府制定，电量价格由市场竞争形成。对电信行业的定价，政府干预的内容已经很少，市场竞争成为价格的主要形成机制。对民航价格的规制变为上下限规制，赋予了企业和市场更大的自主权。但从整体上看，大多数行业仍由政府直接定价，定价方法以“成本加成为主”。在“成本加成定价方法”下，成本基本上以企业上报的调价前或执行期成本为准，政府没有从控制价格需要的角度设计成本的规则和具体标准，没有法定的预测成本的根据。其结果是，一方面企业创新动力不足，缺乏降低成本的激励；另一方面企业通过虚置成本、抬高自己的经营成本以获得有利的政府定价，获取垄断利润，损害消费者利益。

二　我国社会性规制方式存在的问题

我国社会性规制方式分为两大类：一类是命令—控制型的，如准入规制、标准规制、监督检查等；另一类是激励型规制方式，如排污收费、排污权交易等。在社会性规制方式方面，我国存在的主要问题有三个方面：

（一）以命令—控制型社会性规制政策为主，政策本身存在较大的问题

命令—控制型规制政策主要通过行政手段发挥作用。在行政手段

中，行政许可和制定标准是最主要的政策工具。无论是行政许可还是标准制定，我国都存在一些问题，在行政许可方面，规制部门承担着大量的行政许可审批职能。过多的行政许可和审批一方面增加了企业的负担，另一方面也使规制部门拥有过大的权力，极易产生问题。制定标准是社会性规制最常用的方式，我国于1988年12月颁布的《标准化法》为标准规制提供了基本依据。近年来，我国加快了标准制定和修订步伐，特别是在工业消费品安全、农产品和食品安全等领域形成了一批重要标准。据《经济日报》2012年10月14日报道："截至2012年9月底，我国国家标准总数达28749项。其中，强制性标准3555项，推荐性标准24911项，指导性技术文件283项；国家标准和备案的行业、地方标准达9.7万余项，标准体系基本形成。"① 这些标准在我国的社会性规制中起到了很大的作用，但我国的标准规制仍然存在许多问题。

第一，标准的覆盖范围小、个别重要标准或重要指标缺失。以食品安全国家标准为例，卫生部等八部门于2012年6月11日发布的《食品安全国家标准"十二五"规划》显示："《食品安全法》公布施行前，我国已有食品、食品添加剂、食品相关产品国家标准2000余项，行业标准2900余项，地方标准1200余项，基本建立了以国家标准为核心，行业标准、地方标准和企业标准为补充的食品标准体系。"②《食品安全法》公布施行后，我国的食品安全标准建设工作推进较快。2013年7月10日国家卫计委召开的新闻发布会显示："截至目前，我国制定公布了乳品安全标准、真菌毒素、农兽药残留、食品添加剂和营养强化剂使用、预包装食品标签和营养标签通则等303部食品安全国家标准，覆盖了6000余项食品安全指标。"③ 即使如此，在我国的食品安全领域，个别重要标准或者重要指标依然缺失，尚不能满足食品安全监管需求。例如，部分配套检测方法、食品包装材料等标准缺失。在兽药残留限量方面，我国至今还没有相应的国家标准，只有农业部于2002年12月24日颁布的一个公告——《动物性食品中兽药最高残留限量》（农业部公

① 刘松柏：《我国国家标准总数超2.8万项》，《经济日报》2012年10月15日第3版。

② 《食品安全国家标准"十二五"规划》，2012年6月15日，中国新闻网（http://finance.chinanews.com/jk/）。

③ 《我国食品安全标准体系不断完善》，2013年7月10日，中国广播网（http://china.cnr.cn/）。

告第235号)，还没有国家强制性标准出台。一些重要标准的缺失给我国的执法工作带来很多尴尬。如“苏丹红”事件发生后，由于没有制定苏丹红检测标准，不知道什么是苏丹红，苏丹红添加的范围、剂量更没规定，给检验出苏丹红一号的报告带来了判定依据上的不足。

第二，部分标准与国际标准存在较大差距，标准科学性和合理性有待提高。目前，我国的标准总体水平较低，标龄较长。根据《标准化法实施条例》第二十条规定，标准复审周期一般不超过5年。但资料显示，中国现行的食品安全标准10年以上标龄的占1/4，个别甚至已超20年未修订。比如，我国关于食品的限量标准有8个强制性国家标准，在8个食品限量标准中只有3个标准较新，是2005年发布的，其他5个标准标龄较长，食品中锌限量卫生标准（GB 13106—1991）的标龄已经18年。不仅我国的部分标准标龄较长，而且水平偏低。据了解，我国食品安全标准采用国际标准和国外先进标准的仅为23%。在农药残留方面，截至2009年，食品法典委员会（CAC）已制定了3274个农药残留限量、1005个食品添加剂的安全评估。但这一国际标准在我国还处于起步阶段。

第三，标准体系中存在各种标准间相互矛盾、重复、脱节、不协调。实施标准管制应当依据统一的标准，以便于企业执行。但在许多领域我国存在国家标准、行业标准、地方标准等多种标准。标准之间不统一，各监管部门执行的标准也不一致，给企业带来了很大的麻烦。2012年2月9日，黑龙江电视台“法制频道”播出了特别节目《“红牛”真相》，哈尔滨食品药品监督部门相关负责人表示，红牛饮料存在标注成分与国家批文严重不符、执行标准和产品不一致等问题。2月14日，红牛消费中心负责人表示，红牛所有的配方都是在国家食品药品监督管理总局的监管、批准下调制生产的，所有添加的食品色素和食品防腐剂，都严格遵循食品添加剂标准，红牛产品不存在任何安全隐患。哈尔滨食品药品监督部门很快认可了红牛的说法。在此事件中，哈尔滨食品药品监督部门前后截然不同的表态，直接呈现的问题是红牛饮料的标签所示的添加剂是否经过国家监管部门批准，深层次的问题是法规之间关于食品安全标准规定的不一致问题。标准交叉、矛盾、不协调带来的问题是，执法部门和企业无所适从，给监管部门执法和被监管企业守法带来了一定的麻烦。国家卫计委表示，到2015年年底完成标准整合，解决标准交叉、重复、矛盾的问题。

此外，在标准规制方式中，我们对标准宣传培训和贯彻执行的力度还有待加强。比如，在食品安全方面，食品安全标准指标多、技术性强、强制执行要求高，社会高度关注，做好标准的宣传解读和解疑释惑等工作十分重要。但目前我们在宣传的内容、途径、方式和效果等方面存在诸多问题。

（二）激励性规制方式运用少，且存在诸多问题

目前，我国运用的激励型的规制政策只有排污收费和排污权交易制度，在实践中，这两类政策都存在许多问题。

排污费是我国法律规定的仅有的市场化规制方式。但从实践情况看，现行排污收费制度仍存在一些问题，突出表现在两个方面：

第一，排污费征收标准偏低，不能弥补污染治理成本。排污收费是一种通过价格体系起作用的基本方法，其目的不是惩罚污染者，而是使高污染的产品比低污染的产品更昂贵。在充分竞争的市场条件下，排污费率越高，排污削减量越大；反之则越小。所以，收费水平高低的设定影响环境规制的有效性。2003 年，我国对排污收费制度进行了改革，大幅度提高了废气、固体废弃物和噪声的收费标准，污水收费标准也略有提高。但是，与污染治理成本相比，现行的排污费标准仍然偏低。据环保部门综合测算，目前的收费标准仅相当于治污成本的 20%。由于排污费标准偏低造成私人成本远小于社会成本，实际形成“谁污染，谁受益”的制度安排，排污者宁可支付排污费也不愿进行污染治理。

第二，环境违法处罚标准过低。就超标排污处罚而言，我国仅在《大气污染防治法》中规定，超过国家和地方标准向大气排放污染物的，由所在地县级以上环保部门处最高 10 万元的处罚。《行政处罚法》第二十四条规定，“对当事人的同一个违法行为，不得给予两次以上罚款的行政处罚”，即使企业向大气违法排污，原则上最高也就接受 10 万元的处罚了事。据环保部门测算，高污染企业每吨废水的治理成本一般在 1. 2—1. 8 元，每日偷排的净收益往往能达到几十万元，这使一些企业宁愿认罚也不愿采取措施防治污染。按照这种办法，只要缴纳排污费或超标排污罚款，就获得事实上的排污权。

第三，排污费不能足额征收，部分地方有截留、挪用、挤占排污费的现象。排污费不能足额征收，一方面与政府干预、执法不严有关；另

一方面与目前监测手段落后、底数不清，不能准确核定排放量有关。一些地方尤其是经济欠发达的地区，为了吸引企业投资，以牺牲环境为代价，对招商引资企业实行限额征收。一些排污企业在经济利益的驱动下，故意瞒报或谎报其实际排污量和排污种类，能少缴则少缴，能不缴则不缴；有的企业以发展经济为借口，申报少缴或缓缴手续，从而造成排污费的流失。此外，部分环境保护管理部门特别是有一些基层环保部门，对排污费的使用制度控制不严，甚至违反规定把它作为机构自身运转费用，很大部分用于人员经费和办公费支出。从而使真正实际用于污染治理的资金很有限，难以起到改善环境的作用。

上述问题造成的结果是：排污企业宁愿缴纳排污费，也不愿意花钱治理污染，一些排污大户甚至在资金预算中，就专门列支了排污费和超标排污罚款支出；一些地方环保部门，尤其是基层环保部门演变成排污费征收机构，对企业造成的污染，只要缴纳排污费或罚款就不再过问；一些财政困难的地方，仍然存在默许甚至鼓励企业排污的现象。

排污权交易目前在我国还处于试点和试验阶段，在试点中遇到了许多问题。主要表现为：

第一，有关排污权交易的政策和法律建设滞后，全国范围内的排污权交易缺乏法律基础。尽管我国排污权交易的试点已开展了数年，但至今还没有制定出一部全国统一的关于排污权交易的法规，排污权交易至今没有写入《环境法》，只有部分省市（如山西、江苏等）出台了一些地方性的排污权交易法规。权力的界定是权力交易的前提，要建立排污权交易市场，必须首先要能够从法律上确认排污权，排污权是环境权的一项重要内容，目前我国在法律上并没有确认环境权，更不用说排污权。由于没有在全国范围内实行排污权交易的法律基础，所以，我国真正意义上的排污权交易市场也无法形成。

第二，排污总量的确定问题未解决。严格意义上的排污权交易制度包括排放总量确定、排污权初始分配和排污权交易三个主要环节。其中，总量控制是排污权交易的前提，构成制度前端；初始分配是中间环节，起着承上启下的作用，借助初始分配，污染物排放总量被分成若干具体份额，按照既定分配规则，赋予不同排污主体，排污权交易机制才可能启动；排污权交易实现资源优化配置，形成制度终点。所以，科学、准确地测算出环境区域的最大污染物排放量是排污交易制度要解决的首要问题。从发达国家的实践经验来看，排污权交易一般首先由环境主管部门根据某区域的环境质量标准、污染排放状况、经济技术水平等因素综合考虑来确定排污总量，然后由政府以招标、拍卖、定价出售、无偿划拨等形式将排污权发放到排污者手中，完成排污权的初始分配，接下来，才是排污权在市场中的交易。我国现在对排放总量确定的研究尚处于初始阶段。虽然相关法律已经开始从大的方面规定要确定排污总量，但并没有分门别类地制定具体的排污总量的标准。同时，由于各地方政府片面追求经济发展，使排污总量控制的底线不断被突破。所以，在我国现阶段如何根据实际情况确定排放总量，如何在经济增长与排污总量控制之间寻求一个平衡点是一个不好解决的难题。

第三，排污权初始分配的公平性和有效性问题尚未解决。排污权初始分配的公平性和有效性是排污权交易制度顺利推行的基础。发达国家初始排污权的分配有免费分配、公开拍卖和标价出售三种方式。但是在我国，如果无偿地在污染企业之间进行分配，那么有可能会对新建企业不公平，因为新建企业要通过购买有偿取得；如果有偿分配，有可能造成政府对市场的操纵和权力“寻租”问题。所以，直到目前，我国也没有建立一套行之有效的适应各地区的排污权初始分配办法。

第四，排污权的市场交易不规范，尚未形成全国统一的市场。在一些地方政府的眼中，限制排污就等于限制生产，出于对本地经济利益的考虑，往往默许企业暗中增加排污量。此外，在一些跨市、跨省的排污权交易中，计划卖出方的行政部门常常介入交易过程，禁止把排污权指标转让给其他地区，要求只能在本地区内进行排污指标交易。这种地方保护主义也使排污权交易受到限制，排污权交易市场难以有效运作。

（三）信息规制不力、安全教育培训不足

信息规制和安全教育是政府规制重要的方式之一，近年来，发达国家强化了信息规制，并以此在一定范围内取代传统的命令—控制方式。我国在社会性规制领域已经建立了信息披露制度，但是，在信息规制方面还存在着许多问题。

第一，信息披露制度不健全。近年来，我国在安全、健康、环境领域已初步建立了信息披露制度。比如，在食品安全方面，2009 年《食品安全法》颁布以后，为贯彻实施《食品安全法》及其实施条例，规范食品安全信息公布行为，2010 年卫生部会同农业部、商务部、工商行政管理总局、质量检验检疫总局、食品药品监督管理总局共同制定了《食品安全信息公布管理办法》。要求"县级以上卫生行政、农业行政、质量监督、工商行政管理、食品药品监管以及出入境检验检疫部门应当建立食品安全信息公布制度，通过政府网站、政府公报、新闻发布会以及报刊、广播、电视等便于公众知晓的方式向社会公布食品安全信息。各地应当逐步建立统一的食品安全信息公布平台，实现信息共享"。要求"县级以上卫生行政、农业行政、质量监督、工商行政管理、食品药品监督管理、商务行政以及出入境检验检疫部门应当相互通报获知的食品安全信息"。但在实际工作中，中央政府管理部门的信息披露与发布已初具规模，地方政府尚未展开完全的信息披露工作；信息的发布缺乏标准化、规范化；权威性分析不多，预测性分析不够；透明度不高，公众参与性不够等。

第二，安全教育和培训的效果不佳。在食品安全教育培训方面，我国的食品安全宣传教育培训体系建设滞后，缺乏对生产者、消费者系统的安全教育与培训。部分生产者和消费者有关食品的安全意识很淡薄。在实际生产中，部分食品生产厂家为了降低成本，追逐利润，生产低质量甚至有毒的食品，危害消费者利益。作为消费者，由于缺乏鉴别食品安全知识，难免会购买和使用一些不安全的食品。在煤矿安全培训教育方面，政府安全管理部门已经非常重视，但一线工人的安全意识较差，培训的内容缺乏针对性，培训流于形式，培训效果不尽如人意。

本章小结

第一，我国政府规制立法中存在的问题是规制立法的公开性、透明性、公众参与性不够，规制立法受到了利益集团的影响，出现部门利益、地方利益法制化的现象，规制立法缺乏成本收益分析等。规制立法过程的公开性、透明性、公众参与性不足致使公众无法了解立法活动的基本运作状况，规制部门基本上垄断了立法过程，在不同程度上排斥了相关利益主体的参与，其结果是无法保证法律、法规真正代表社会公共利益，出现了部门利益法制化现象。

第二，我国政府规制体制存在的问题主要有规制机构缺乏独立性，规制权分散、政出多门，规制机构机会主义行为严重，缺乏对规制者的约束与制衡机制等。在我国，规制机构的机会主义行为表现在两个方面：一是规制者利用手中的自由裁量权进行政治“创租”、“抽租”、“寻租”，权钱交易和腐败在所难免。二是规制者疏于监督、偷懒。这些问题产生的后果是规制过度与规制不足并存。

第三，我国经济性规制政策存在的问题是市场准入规制过于严格，价格形成机制不合理，导致的结果是我国自然垄断行业的效率低下。我国社会性规制方式存在的问题以命令—控制型社会性规制政策为主，激励型规制方式运用少，信息规制不力、安全教育培训不足。命令—控制型政策主要是标准规制。我国在标准规制中存在的问题有：标准的覆盖范围小，个别重要标准或重要指标缺失；标准科学性和合理性有待提高，部分标准与国际标准存在较大差距；标准体系中存在各种标准间相互矛盾、重复、脱节、不协调。目前，我国运用的激励型规制政策只有排污收费和排污权交易制度，在实践中，这两类政策都存在许多问题。排污费方面存在的问题主要有：排污费征收标准偏低，不能弥补污染治理成本；环境违法处罚标准过低；排污费不能足额征收，部分地方有截留、挪用、挤占排污费的现象。排污权交易目前在我国还处于试点和试验阶段，在试点中遇到的问题表现为：有关排污权交易的政策和法律建设滞后，全国范围内的排污权交易缺乏法律基础；排污总量的确定问题未解决；排污权初始分配的公平性和有效性问题尚未解决；排污权市场交易不规范，尚未形成全国统一的市场。

第十章　发达国家政府规制改革的措施与经验

市场经济的有序运行需要有效的政府规制，政府规制也必须随着市场经济的发展而适时改革。20 世纪 70 年代以来，美国、英国、日本等发达国家掀起了经济性规制改革浪潮，经济性规制改革主要表现为放松规制与激励性规制并存。发达国家放松规制的领域主要是自然垄断性质已经发生变化的行业以及原有自然垄断型企业经营的大量非自然垄断业务。对于自然垄断属性已经发生变化的行业主要是引入竞争机制；对于自然垄断行业，则是区分自然垄断性业务和非自然垄断性业务，在非自然垄断性业务引入竞争，对仍需规制的自然垄断性业务引入了激励性规制方式。70 年代，在经济性规制放松的同时，社会性规制却开始发展起来，并成为政府规制的重要内容。随着社会性规制的强化，规制带来的高成本、低效率引起了人们的广泛质疑。80 年代以来，针对规制成本高昂的问题，以美国、英国为首的发达国家率先进行了以降低规制成本、改善规制质量、提高规制效率为目标的规制改革。1995 年以来，政府规制改革在全球范围内迅速蔓延，目前它已经成为更深刻的经济社会转型的一部分。本章主要从规制立法、规制机构、规制方式等方面探讨发达国家政府规制体系改革的经验，旨在为我国的政府规制体系改革提供经验和借鉴。

第一节　发达国家政府规制变迁的趋势与改革的目的

一　发达国家政府规制变迁的趋势

美国是现代监管型国家的发源地，从建国开始，美国就崇尚自由市场经济，并依靠独立的法庭和私人诉讼维持市场经济的有序运行。但随着市场经济的发展，市场的规模和深度迅速扩展，市场失灵也日益凸显，仅靠法庭和私人诉讼已难以维持市场经济的有序运行。因此，以弥补市场失灵为目的的政府规制应运而生。美国最早的政府规制是经济性规制，1887 年美国成立了第一个联邦规制机构——州际商业委员会（ICC），主要对铁路价格进行规制。美国的社会性规制最早可追溯到 20 世纪早期，真正建立于 20 世纪六七十年代。1906 年国会制定了《食品与药品法》，1931 年建立了食品与药品管理局（Food and Drug Administration，FDA），承担食品药品领域的规制职能。从 20 世纪 60 年代开始，美国国会接连颁布了一系列保护环境、安全的法律，建立了一系列以维护健康、安全和环境为己任的规制机构。1966 年建立了全国高速公路交通安全管理局（NHTSA），1970 年建立了环境保护署（EPA），1973 年建立了职业安全与健康管理局（OSHA），1973 年建立了消费品安全委员会（CPSC）。这些机构承担着环境保护、健康和安全保护、消费者保护等多种社会性规制职能。

日本学者植草益认为："战后日本经济在世界上取得了特别良好的经济成果，那么应指出其主要原因是由于日本有效地选择了构成日本经济体制基础的竞争性市场领域与直接规制领域，在各自的领域形成了有效的产业组织，并有效地对各领域进行了规制。"[①] 日本的政府规制首先和主要体现在经济性规制上，日本经济性规制的主要目的是保护和扶植产业尽快发展。日本的社会性规制立法主要集中于战后十年（1945—1955）及日本经济的第一个高速增长阶段（1965—1974）。主要包括保证健康卫生的法律，保证安全的立法、防止公害和环境保护方面的立法等。

20 世纪 70 年代以后，美国、英国、日本等发达国家对电信、金融、运输、能源等自然垄断行业实行了放松规制。七八十年代，美国政府大范围地解除了经济性规制，"1977 年完全被规制行业的生产总值占美国国内生产总值的比例为 17%，1988 年这一数据则降至 6.6%"。[②] 在交通领域，1978—1982 年，美国相继解除了对航空线路（1978 年

---

① ［日］植草益：《微观规制经济学》，朱绍文等译，中国发展出版社 1992 年版，第 290 页。

② ［美］W. 吉帕·维斯库斯、小约瑟夫·E. 哈林顿、约翰·M. 弗农：《反垄断与管制经济学》，陈甬军等译，机械工业出版社 2004 年版，第 177 页。

《航空解除规制法》)、铁路（1980 年《斯戴格法》)、货车运输（1980 年《汽车运输法》）和载客公共汽车（1982 年《公交车规制改革法》)的规制。在电信业，从 1971 年美国联邦通信委员会的专用公共载体判决到 1984 年 AT&T 的拆分，最终使城市间电信市场的进入规制被解除；同期，有线电视被解除联邦规制；最后，石油的价格控制也被里根总统于 1981 年 1 月解除；天然气价格的部分解除规制开始于 1978 年，1989 年宣告结束。

在美国放松经济性规制的同时，英国撒切尔政府上台，撒切尔政府(1979—1990）进行了以国有企业民营化为中心的市场化改革。为保证私有部门和公有部门的竞争，解除了许多领域的市场准入限制。比如，英国政府通过剥夺英国电信在订户的供给和安装方面的法定垄断权，允许墨丘利进入电信领域和英国电信竞争；1983 年私人电力生产者被允许直接向消费者供电。在航空方面，允许国内航线的竞争，民用航空局放松了对国内航空运价的管制。

与美国、英国等发达国家相比，日本放松规制起步较晚。1986 年 4 月，中曾根内阁发表了《前川报告》，首次提出了“原则取消、例外规制”，成为日本政府放松规制的重要方针。然而，直到 90 年代，日本在放松规制方面进展比较缓慢。“从总体规制现状看，1990 年日本受政府规制的行业在日本经济总体中占 41. 8%，而美国的这一比重仅为 6. 6%。从受规制的行业看，日本国内几乎没有不受规制的行业，建筑、金融、保险、证券、电力供应、运输、通信等非制造业受规制的程度尤为突出。从实行政府规制的部门看，中央各省厅都不同程度地掌握一定的审批权，如到 1993 年 3 月，中央省厅拥有审批权的项目达 11402 件，与 1987 年相比增加了 1233 件。”① 进入 90 年代中期，经济的持续低迷使日本政府越来越意识到放松规制的紧迫性，由此加快了放松规制的步伐。1995 年 3 月，日本决定实施《规制缓和推进计划》，开始全力推进规制改革。1998 年 3 月，日本政府确定了今后三年的放松规制计划，这项计划的目的在于进一步减少和放宽对民间经济活动的限制和干预，促进企业间的竞争。

西方发达国家经济性规制改革的趋势是放松规制与激励性规制并

① 徐梅：《论日本的放松规制》，《日本学刊》1988 年第 4 期。

存，在仍需政府规制的领域普遍引入了激励性规制方式。1984 年，英国最早将价格上限规制运用到电信业中，美国联邦通信委员会 1989 年 3 月开始对 AT&T 采用价格上限规制代替原来的收益率规制。后来，日本在电信、电力、煤气等自然垄断行业也采用了价格上限规制。发达国家的实践证明，与传统的收益率规制相比，价格上限规制的实行对于促进企业提高生产效率和经营效率具有积极意义。

发达国家在经济性规制放松的同时，社会性规制的发展却日益强化。社会性规制的强化可以从社会性规制成本在规制总成本中所占比例的变化、规制机构工作人员数量的变化、规章的总数等方面反映出来。

从表 10－1、表 10－2 和表 10－3 可以看出，1977 年，社会性规制的总成本为 860 亿美元、经济性规制的成本为 4780 亿美元，随后社会性规制的成本逐年上升，经济性规制的成本逐年下降。到 1996 年社会性规制的成本达到 2540 亿美元，超过了经济性规制的成本（2450 亿美元）。社会性规制成本在规制总成本中的比重由 1977 年的 12.2% 上升到 2000 年的 37%；经济性规制成本在规制总成本中的比重由 66.8% 降到 30.2%。从 1976—2001 年，在经济性规制机构中的全职工作人员由 30785 人减少到 29905 人，在社会性规制机构中的全职工作人员由 77049 人上升到 95719 人。影响州政府的社会性规章的总数从 1996 年的 674 件增加到 1999 年的 726 件，其中，占比最大的是有关环境规制方面的规章。

表 10－1　　1977—2000 年美国联邦规制成本的变化情况

单位：10 亿美元

年份	社会性规制成本	经济性规制成本	文牍成本	总成本	年份	社会性规制成本	经济性规制成本	文牍成本	总成本
1977	86	478	151	715	1989	154	263	197	614
1978	95	454	152	701	1990	165	258	225	648
1979	102	426	152	680	1991	185	255	239	679
1980	108	398	156	662	1992	201	254	247	702
1981	109	375	161	645	1993	219	251	232	702
1982	109	356	157	633	1994	224	249	235	708
1983	113	341	176	630	1995	244	248	238	730
1984	117	325	178	620	1996	254	245	242	740

续表

年份	社会性规制成本	经济性规制成本	文牍成本	总成本	年份	社会性规制成本	经济性规制成本	文牍成本	总成本
1985	122	312	180	614	1997	262	244	246	752
1986	129	297	180	607	1998	273	242	250	765
1987	137	282	190	609	1999	282	239	254	775
1988	144	267	189	600	2000	292	238	258	788

资料来源：Crews，Clyde Wayne，Jr. 2002。

把表 10 - 1 中的几组数字绘制成图 10 - 1 中社会性规制成本的变化趋势图表现得更为清楚。

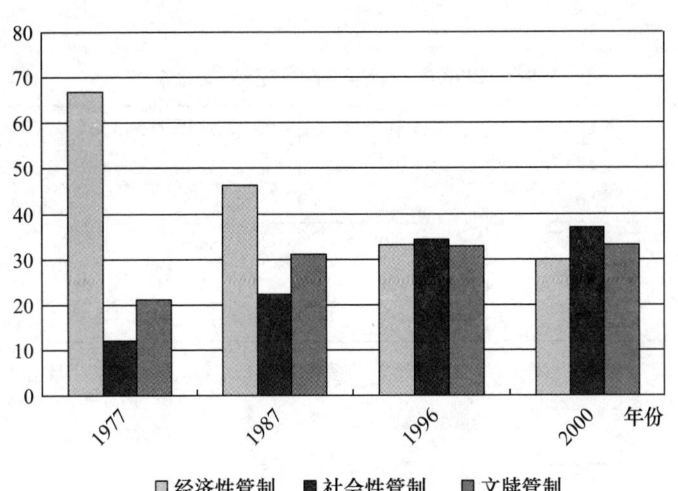

图 10 - 1　1977—2000 年美国联邦规制成本的变化趋势

表 10 - 2　　1976—2001 年美国联邦管制全职工作人员统计　　单位：人

年份	社会性规制	经济性规制	人员总数	年份	社会性规制	经济性规制	人员总数
1976	77049	30785	107834	1989	79549	31064	110613
1977	81347	27441	108788	1990	84078	33887	117965
1978	86013	29019	115032	1991	87597	33819	121416

续表

年份	社会性规制	经济性规制	人员总数	年份	社会性规制	经济性规制	人员总数
1979	90448	29399	119847	1992	92630	35772	128402
1980	91178	30660	121838	1993	94807	37286	132093
1981	88631	28696	117327	1994	93917	36828	130745
1982	77822	28636	106458	1995	94987	36747	131734
1983	74242	27085	101327	1996	93774	34028	127802
1984	75077	26803	101880	1997	92643	32805	125448
1985	75724	26496	102220	1998	93507	32945	126452
1986	74869	27091	101960	1999	93863	33187	127050
1987	75181	26649	101830	2000	96493	33027	129520
1988	77085	27357	104442	2001	95719	29905	131587

资料来源：宇燕、席涛：《监管型市场与政府管制》，《世界经济》2003 年第 5 期，第 16 页。

表 10－3　　1996—2000 年影响美国州政府的规章总数　　单位：件

年份	总数	环境保护局	职业安全与健康局	农业部
1996	674	209	47	84
1997	698	228	82	70
1998	729	250	88	65
1999	726	281	71	67
2000	679	228	76	51

资料来源：宇燕、席涛：《监管型市场与政府管制》，《世界经济》2003 年第 5 期，第 19 页。

二　发达国家政府规制改革的动因与目的

通过上述分析可知，20 世纪 70 年代以来，发达国家在放松经济性规制的同时，强化了社会性规制，取得了显著成效。比如，伴随着环境规制的加强，发达国家的环境质量得到了很大改善，成效显著。

从表 10－4 中可以看出，1960—1988 年，美国 5 种主要空气污染物的排放量逐年下降，在环境质量方面取得了稳定的进步。同样，今天的日本，空气清新、环境优美、山青水绿、市容整洁，充分显示了环境保护工作的巨大成效。但伴随着社会性规制的强化，发达国家的政府规制膨胀，新的政府规制机构增加，规章数量增加，规制预算增加，规制机构人员增加，被规制的行业增加。随着规制的膨胀，对政府规制的批评和质疑也趋于严厉，这种批评和质疑促使了发达国家政府规制的进一步改革。发达国家对政府规制的批评主要集中在以下几个方面：

表 10－4　　1960—1988 年美国污染物的排放趋势

年份	颗粒物	污染物			
		氧化硫	氧化氮	一氧化碳	铅
1960	21.6	19.7	13.0	89.7	—
1970	18.5	28.3	18.5	101.4	203.8
1975	10.6	25.8	19.5	84.1	147.0
1980	8.5	23.4	20.9	79.6	70.6
1981	8.0	22.6	20.9	77.7	56.4
1982	7.1	21.4	20.0	72.4	56.4
1983	7.1	20.7	19.3	74.5	46.4
1984	7.4	21.5	19.8	71.8	40.1
1985	7.1	21.1	19.8	67.0	21.1
1986	6.8	20.9	19.0	63.1	8.6
1987	7.0	20.6	19.3	64.1	8.0
1988	6.9	20.7	19.8	61.2	7.6
年均增长百分比					
1960—1970	-1.5	+3.7	+3.6	+1.2	—
1970—1980	-7.5	-1.9	+1.2	-2.4	-10.1
1980—1988	-2.6	-1.5	-0.5	-3.2	-20

资料来源：W. 吉帕·维斯库斯等：《反垄断与管制经济学》，机械工业出版社 2004 年版，第 421—422 页。

第一，政府规制没有在规制收益和成本之间进行合理的平衡，规制成本过大，规制收益受到批评和质疑。政府规制尤其是社会性规制成本是巨大的，环境规制是社会性规制最大的组成部分，随着环境规制的强化，环境质量的确在日益改善，但付出的代价都是巨大的。比如，"在美国，为了达到保护乘客和清洁空气的强制标准，规制部门要求汽车必须安装耐碰撞缓冲器、安全带系统和气囊、催化式排气净化器以及其他一些要求，这些要求使重新设计和制造汽车时，每辆汽车的成本增加1000美元以上”。[①] 美国预算与管理办公室1988年发布的报告显示，联邦规制条例对经济产生的直接成本估计高达1750亿美元，平均到每个纳税人身上约合1700美元，其中大约有一半属于环保署规制条例，环保署政策带来的成本每年在700亿—800亿美元。[②] 美国环境测量委员会估计，环境规制成本在1987年是1116.1亿美元。[③] 乔根森和威尔科克森的研究进一步证实了这一发现，他们估计，环境规制意味着减少GNP的2.59%。[④]

华盛顿大学美国商业研究中心的研究发现，1970—1999年，美国环境规制机构的总成本呈上升态势，20世纪90年代以后增幅较大（见表10－5和表10－6）。

表10－5　　联邦环境规制机构成本（财政年度）　　单位：百万美元

年份	1970	1980	1990	1995	1996	1997	1998—1999		变动（百分比）	
							估计值		1997—1998	1998—1999
总计	214	1651	4164	5175	4546	5054	6210	6112	22.9	－1.6

资料来源：W. 吉帕·维斯库斯等：《反垄断与管制经济学》，机械工业出版社2004年版，第31页。

表10－6　　联邦环境规制机构成本（财政年度，以1992年不变的百万美元计）

年份	1970	1980	1990	1995	1996	1997	1998—1999		变动（百分比）	
							估计值		1997—1998	1998—1999
总计	699	2733	4449	4809	4136	4484	5367	5228	19.7	－2.6

资料来源：W. 吉帕·维斯库斯等：《反垄断与管制经济学》，机械工业出版社2004年版，第33页。

---

① ［美］小贾尔斯·伯吉斯：《管制与反垄断经济学》，冯金华译，上海财经大学出版社2003年版，第334页。

② US. Office of Management and Budget, Regulatory Program of the United States Government, April 1, 1988－March 31, 1989 (Washington D. C.: U. S. Goverment Printing Office, 1988).

③ ［美］小贾尔斯·伯吉斯：《管制与反垄断经济学》，冯金华译，上海财经大学出版社2003年版，第335页。

④ D. W. Jorgenson and P. J. Wilcoxen, Environmental Regulation and U. S. Economic Growth, *Rand Journal of Economics* 21 (Summer 1990), pp. 314－340.

批评者不但质疑规制的巨大成本，而且认为，这些巨额花费并没有带来多大的收益。麦卡沃伊认为，受健康、安全、环境规制影响的行业在 20 世纪 70 年代以前比其他行业发展得要快，但在 70 年代以后由于受规制的影响和其他行业相比发展要慢得多。1973—1977 年，其年度增长率为 0.4%，而同期不受规制的其他行业的增长率则为 2.1%，但工作条件或环境质量是否有了与之相应的提高则尚未得到证明。① 还有批评者认为航空、天然气行业的规制方案导致价格高居不下，短缺严重，已经损害了普通大众的利益。

第二，政府规制加重了企业尤其是中小企业的负担，其公平性受到质疑。公平是评价政府政策的一个重要标准，它关注的是如何在社会成员之间分配政策所产生的收益和成本。对政策而言，公平十分重要，如果大众认为一项政策有失公平就会反对和质疑。社会性规制受到反对者质疑的一个重要原因是，规制成本在不同企业之间的分配不均等，中小企业承担了更多的规制成本。美国有 91% 的企业都是中小企业，20 世纪 90 年代以来，75% 的就业增长是由小企业创造和提供的，小企业创造的生产总值约占 GDP 的 52%。但小企业却承担着过多的规制成本。因为社会性规制主要是通过对工作场所、产品规格、质量、原料使用等方面的控制防治某些物质对环境产生污染，对人体产生危害。受规制的行业大部分是食品、编织、制衣、印刷、塑料加工、修理和建筑等，这些行业中，除建筑业是中型或大型企业外，其他行业主要是小企业，大多为社会性规制关注的部门。而且小企业的投资者和从业人员大多都是世界其他国家到美国的移民，文化素质普遍较低，政治地位不高。这决定了小企业不可能在联邦行政机构和国会中有自己的政治代言人，也不可能耗费人力、物力参与政治游说使联邦行政机构指定适合小企业发展的规章。所以，联邦规制给小企业增加的负担远远大于大企业。

美国的《1996 年对小企业实施公平规制法》第 1 条第 202 款指出："在一个动态经济中，富有活力的和正在成长中的小企业对创造工作机会起着重要作用。"第 2 条指出："小企业承担着与规制的成本和负担不相称的份额。"美国管理和预算办公室（OMB）、信息和规制事务办

---

① ［美］史蒂芬·布雷耶：《规制及其改革》，李洪雷等译，北京大学出版社 2008 年版，第 3 页。

公室（OIRA）2002 年的报告显示："在 1999—2000 年，少于 20 人的小企业，管制的平均成本大约为每个雇员 6975 美元，人数超过 500 人的大企业，其平均成本大约 3400 美元；在 2000—2001 年，小企业平均每个雇员的管制成本大约 7000 美元，大企业大约 4500 美元。平均而言，雇员人数在 49 人以下的企业，每增加一名雇员生产成本就上升 5.6%，每 100 美元的收入中，有 19 美元支付在联邦的规章管制上。"① 小企业承担的规制成本高出大企业 35.7%。

联邦行政机构通过各种规章影响到企业的决策和生产经营活动。美国小企业管理局 2001 年的报告指出："政府有多少行政监管机构，小企业也就要有多少相应的部门，这些部门的职责是学习和掌握联邦规章。小企业如果不设立这些相应的部门，也必须聘请咨询公司做企业的顾问，而咨询费是相当高的。如果管制检察官员发现小企业不执行行政机构的规章，会惩罚、封闭甚至驱使企业破产，可有时小企业却不知道在什么时间、什么地点和做了什么而违反了联邦行政规章。"② 1997—2002 年，OMB 和 OIRA 向国会提交的关于联邦规制成本—收益分析的年度报告显示，影响小企业的规章逐年增多。从表 10 - 7 中可以看出，1996 年影响企业的规章数是 754 件，到 2000 年增加到了 1054 件，比 1996 年提高了 39.8%。其中，环境规章占的比重最大，1996—2001 年的 6 年间，环境保护局发布的规章共 1062 件，平均每年 170 多件，占影响小企业的规章数的 20%。交通部在 2000 年发布了 266 件规章，几乎每个工作日发布一件，创造了制约小企业规章数量的历史纪录。联邦小企业管理局的报告指出，联邦政府规章泛滥，已经失去了应有的命令和权威。OECD 的一项调查显示，无论是对中小企业自身还是对整体经济而言，行政程序的遵守成本都是巨大的。平均而言，每个中小企业每年要花费 3 万美元来遵守税收、就业和环境规制方面的行政性要求，这等于是每个雇员每年平均要负担 4100 美元的成本，或者说等于公司每年营业额的 4%。③

---

① 宇燕、席涛：《监管型市场与政府管制》，《世界经济》2003 年第 5 期，第 20 页。

② 同上。

③ 经济合作与发展组织编：《OECD 国家的监管政策——从干预主义到监管治理》，陈伟译，法律出版社 2006 年版，第 64—65 页。

表 10－7　　影响小企业的规章数量　　单位：件

年份	总数	交通部	环境保护局	职业安全与健康局	联邦通信委员会	商务部
1996	754	31	152	89	75	46
1997	733	44	163	100	70	29
1998	937	208	178	88	82	52
1999	963	246	179	75	91	88
2000	1054	266	205	107	105	98
2001	996	244	185	—	117	89

资料来源：宇燕、席涛：《监管型市场与政府管制》，《世界经济》2003 年第 5 期，第 20 页。

第三，规制影响了商品和服务的价格，使消费者的支出增加。规制增加了企业的成本，主要是生产成本，就像任何生产成本一样，企业有可能通过各种途径将增加的成本转嫁给消费者。至于企业是否会这样做，以及会将多大比例转嫁给消费者取决于市场的竞争程度及产品的需求状况。如果政府对一家或多家竞争性行业中的企业征收排污税，则企业不能将其价格提高到行业的平均水平之上，因此，企业不得不自己承担成本的增加。在这种情况下，因规制所产生的影响全部由企业的所有者及员工承担。如果行业中所有的企业都要缴纳排污税，则该行业商品的价格平均要提高，消费者将会承担一部分成本。受社会性规制的行业大部分是食品、化工、印刷、塑料加工、建筑等，这些行业都属于竞争性行业，所以，因社会性规制增加的企业成本，企业可以通过提高价格转嫁到消费者身上。霍普金斯（Hopkins，2001）的研究显示："2001 年美国雇员的税后平均收入是 29600 美元，一个四口之家（一对夫妇有工资收入，两个子女无收入）收入近 6 万美元。在家庭消费的支出结构中，转嫁到个人的规制成本占总支出的 17.7%，与医疗支出的比例大致相同，列为家庭的第二大支出。"①

① 宇燕、席涛：《监管型市场与政府管制》，《世界经济》2003 年第 5 期，第 21 页。

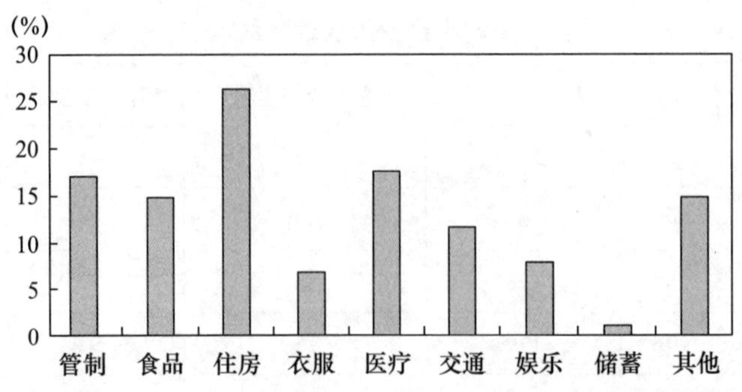

图 10－2　2001 年美国 4 口之家税后支出情况

资料来源：宇燕、席涛：《监管型市场与政府管制》，《世界经济》2003 年第 5 期，第 21 页。

第四，规制的程序不公平，过程不民主。批评者认为，政府规制的程序不公平，公众无法实际参与重大决策的制定过程。尽管行政程序法要求在制定政策时需进行深入的听证，但对于政策最初制定过程中的参与，提供的机会较少，尤其是消费者和消费者组织要求给予更多的参与机会。不但如此，批评者还认为，规制过程根本上是不民主的。因为规制者是经任命而非选举产生的官员，他们在行使着庞大的权力，但缺乏对权力的有效约束，他们拥有几乎不受控制的裁量权。

综上可见，随着规制的膨胀，政府规制的成本大大增加。面对巨大的规制成本，批评与怀疑随之俱来。批评和质疑主要集中在高成本、低效率、浪费、程序不公平、不民主等方面。但批评和怀疑并没有撼动规制的地位，对规制的批评和规制本身一起成长。克林顿在 1993 年 9 月 30 日签发的《12866 号行政命令：管制的计划与审核》中，一开头就指出："美国人民需要一种为他们工作的管制制度：这种管制制度是保护和改善美国人的健康、安全、环境和生存的质量。"与此同时，针对政府规制存在的问题，以美国、英国为首的西方发达国家 20 世纪 80 年代以来率先在规制领域进行了重大改革。1995 年后，特别是进入 21 世纪以来，规制改革在全球范围内迅速蔓延，大规模的改革浪潮正快速形成。

发达国家规制改革的目的不是废除或放松社会性规制，而是改善政府规制质量，提高政府规制效率。值得注意的是，规制效率既包括静态效率，也包括动态效率。所以，通过规制改革既要降低规制成本，提高社会福利；又要促进企业创新和竞争，改善消费者福利。OECD 认为，发达国家规制改革的主要目标应包括："随着时间的推移，通过更好地平衡、更有效地实施社会和经济政策来提高社会福利；通过鼓励市场准入、创新和竞争，进而通过提高竞争力来促进经济发展、改善消费者福利；通过减少不必要的成本（特别是强加到中小企业身上的成本）来控制监管成本以便改善生产效率；通过公共管理改革，改善公共部门效率、回应性和有效性；使法律合理化、重新阐释法律；通过法律改革改善法治和民主，改革措施包括改善监管的运用，减少监管者和执行者过度的自由裁量权，它往往是腐败的主要源泉。"①

第二节 发达国家政府规制改革的主要措施

20 世纪 80 年代尤其是 1995 年以来，发达国家为了改善政府规制质量，提高政府规制的有效性，在规制立法、规制机构、规制方式等方面进行了一系列改革，取得了成功的经验。

一 完善规制立法和规制决策程序，提高法律和规章质量

为提高规制法律和规章质量，降低规制成本，提高规制效率，发达国家采取了许多方法来规范规制决策程序。其中，规制影响分析、增加规制透明度等是主要工具。

（一）引入规制影响分析方法，平衡规制的成本收益

1. 规制影响分析的性质和作用

规制影响分析（Regulatory Impact Analysis，RIA）是指对现存的或拟颁布的规章已经产生和可能产生的积极影响及消极影响进行系统分析和评估的程序。关于规制影响分析的性质可以从以下两方面来理解：

第一，它是一种提高规制质量的决策程序。规制影响分析要求规制机构无论是修正现有的规章或是制定新的规章都必须进行收益—成本分析。事前的分析主要回答规制机构为什么要实行规制，采取什么方法规

---

① 经济合作与发展组织编：《OECD 国家的监管政策——从干预主义到监管治理》，陈伟译，法律出版社 2006 年版，第 15 页。

制，规制需要支出多少成本，获得多少收益。这是规制机构在实施规制前对市场失灵的现实把握和政策准备，也是对将要发生的规制成本和收益的一种预期，更是决定规制是否通过的关键，只有预期收益大于预期成本的规制才能被通过。

第二，它是一种规制绩效的评估工具。规制机构通过对现存的规章进行规制影响分析，评价规制行为产生的社会成本、社会收益及净收益，从而判断规制行为是否促进资源的有效配置，提高市场效率。

从 RIA 的性质可以看出，规制影响分析是一种控制规制机构的行为，改善规制质量、提高规制效率的决策程序和评估机制。RIA 要求规制机构在颁布新的规章之前，必须对规制的必要性，规制可能产生的成本、收益和各种替代性方案等问题进行分析、评估、比较，最后决定是否规制以及如何规制。这种事前的成本—收益分析使成本最小化或收益最大化成为规制机构制定规制政策的约束条件，从而使政府规制建立在科学的量化基础上。事后的规制影响分析可以考察规制机构是否达到了规制的预期目标及存在哪些问题，并依此提出相应的改革建议。美国学者波斯纳认为，引入成本—收益分析可以帮助国会、总统监督和控制规制机构，使规制机构实施的任何一项规制都建立在坚实的收益—成本分析基础上，避免了主观臆断和盲目决策。所以，OECD 认为："RIA 是一种决策工具，具有两种作用：第一，系统而一致地检验政府行为的各种可能影响；第二，向决策者提供信息。"①

2. 规制影响分析方法的产生

系统的规制影响分析最早产生于美国。20 世纪 80 年代以前，美国的规制机构在制定政府规章时基本上不考虑收益—成本分析。如 1970 年的《职业健康和安全法》要求职业健康和安全管理局（OSHA）要保证每一位男女都有一个安全和健康的工作场所，为了提供一个安全的工作场所，成本和收益的考虑不用于指导政策。1970 年的《清洁空气法案》规定，空气质量标准，降低大气污染物指标禁止使用成本—收益分析，不管成本有多大，都必须强制执行。由于规制机构在制定政府规章时基本不考虑成本—收益分析，所以，其结果是规章繁多，规制成本

---

① 经济合作与发展组织编：《OECD 国家的监管政策——从干预主义到监管治理》，陈伟译，法律出版社 2006 年版，第 43 页。

大幅度增加。面对巨大的规制成本，批评者认为，政府规制没有在收益和成本之间提供合理的平衡，规制者要对成本的增加负责。为了降低规制成本，提高规制效率，美国的行政、立法、司法系统开始干预规章的制定过程，在规章制定过程中逐渐引入了以成本—收益分析为核心的规制影响分析程序。

自20世纪80年代开始，美国首先在政府机构中引入了规制影响分析机制。1971年，尼克松在白宫总统办公室设立了管理和预算办公室（OMB），集中审核规制机构的规章，审查的目的是获知规制条例的成本及其总的经济影响。1973年，福特入主白宫，福特总统要求规制机构要为其所有的主要条例准备通货膨胀影响报告，报告中要评价新条例可能具有的成本和价格影响。由于经济停滞和通货膨胀的压力，福特总统的改革计划没有实行，但成本—收益分析的方法为以后的改革提供了一条思路。1977年，卡特上台，卡特总统要求用成本—收益衡量规制效率，要求规制机构准备的规制影响分析必须表明其“选择了成本最低的可接受的方案”。但实际中没有任何行政机构提交成本—收益分析报告。对政府规章的实质性影响是从里根总统开始的，里根入主白宫后，在OMB之下，建立了专门从事规章审核的信息和管理规制事务办公室（OIRA）。1981年3月，里根总统发布了《12291号行政命令：规制解除的工作魄力》，该命令规定：“除非规制对社会的潜在收益超过对社会潜在的成本，否则将不批准新的规制规章，也不实施规制，规制的目标是使社会的净收益最大化。任何机构在提交对经济具有或超过1亿美元成本支出的重要规章时，应同时提交该规章的经济影响分析报告。”[①] OIRA审核规章的重点是审核收益是否大于成本，如达不到要求就不予通过。克林顿于1993年9月签发了《12866号行政命令：规制的计划与审核》，要求行政机构包括独立的行政机构所提出的新的规章必须提交规制成本—收益分析报告，并证明在这种规制方式下获得的收益和花费的成本是适当的。2002年，小布什政府签发了13258号令，要求行政机关继续执行克林顿的《12866号行政命令：规制的计划与审核》。总之，从20世纪80年代至今，美国历届总统都通过行政命令，

---

① 席涛：《美国管制：从命令控制到成本收益分析》，博士学位论文，中国社会科学院，2003年，第23页。

在行政系统逐步引入了规制影响分析程序。

单独的行政部门很难保证取得理想的规制效果，所以，国会（立法部门）也在寻求降低规制成本的途径。在引入规制影响分析程序的立法方面，国会在 1995 年以前基本上持观望态度，在 1995 年以后，先后通过了十几个重要的规制影响分析法案。《1995 年无资金保障令改革法》第一次规定，联邦行政机构在制定规章时，必须使用成本—收益分析方法。《1997 年监管知情权法》规定，美国人民有权知道联邦政府规制的成本、收益和经济效益，该法要求 OMB 和 OIRA 向国会提交联邦规制的总成本—收益分析报告，从宏观角度分析规制的总成本—总收益。《2002 年管制改进法》规定：成本—收益分析必须作为行政机构制定规章的一种原则和程序。通过上述几个重要法案，国会从法律上规定了成本—收益分析方法作为行政规章制定的基本原则和程序，并通过成本—收益分析的评估，检验规制的经济绩效。

在 20 世纪 90 年代中期以前的司法审判中，对涉及行政机构使用的成本—收益分析程序的诉讼案件，法院基本上裁决行政机构败诉。1995 年，国会立法规定了行政机构以成本—收益分析作为制定规章的制度后，法院才接受了成本—收益分析原则。法院认为，成本—收益分析方法为规制提供了理性的、合理的和必要的理论基础，法院承认成本—收益分析方法为行政机构制定规章的分析方法、决策程序和依法行政的工具；允许行政机构对有关安全、健康和环境保护依照成本—收益分析程序进行规制，并使社会福利最大化。

综上可见，20 世纪 80 年代以来，美国通过行政、立法和司法手段逐渐确立了规制的成本—收益分析原则和程序。

英国于 1988 年接受了规制影响分析方法。1988 年 8 月，英国首相宣称，任何对商业、慈善事业和志愿组织产生影响的规制建议，如果不进行规制影响分析，将不会得到部长的考虑。20 世纪 90 年代后期以来，RIA 在发达国家得到了广泛利用。OECD 在 1997 年的《监管改革报告》中建议各国政府将规制影响分析纳入规制规则的制定、审查和改革过程中。在 OECD 的鼓励和引导下，RIA 发展很快，其成员国陆续采用 RIA 来提高本国的规制绩效。OECD 调查显示："1980 年只有不到两三个国家使用规制影响分析，可到了 1996 年有超过一半的成员国采用规制影响分析，到 2000 年年底，在 28 个成员国中有 14 个采用普遍的 RIA 计划，另有 6 个国家至少在一部分规制中运用了 RIA。"[①] 2005 年，OECD 开始倡导发展中国家借鉴其成员国经验，采用 RIA 计划提高规制质量。但发展中国家缺少规制影响评估的意识和实践。

3. 规制影响分析的基本方法

采用何种方法分析规制的影响是规制影响评价机制涉及和执行的核心问题。从理论上讲，规制影响分析的方法有多种，包括成本—收益分析、成本—效率分析、成本—产出分析、财政或预算分析、社会—经济影响分析、结果分析、服从成本分析、商业影响测试等。其中，成本—收益分析是最重要的，OECD 国家的趋势是采用成本—收益分析方法。下面以美国为例，说明成本—收益分析方法的基本内容。

第一，法律对成本—收益分析的基本规定。《1995 年无资金保障施令改革法》《1996 年对小企业管制改进法》和《2002 年管制改进法》分别就规制成本—收益分析做了具体规定。"首先要计算出实际支出和估算直接成本。实际支出是联邦负有监管责任的行政机构、各级政府执行联邦规章的预算内支出。直接成本是在没有联邦政府预算拨款的情况下，执行和服从联邦规制的支出，包括州、地方、种族地区政府及小企业和个人的支出，直接支出的数量相当大。其次量化执行和服从联邦规制后产生的收益。有些收益可能等到数年以后才能体现出来，有些收益可能难以量化，联邦行政机构根据规制的具体对象和要达到的目标，通过贴现将未来收益折算成现值的方法估算收益。最后是结论，通过成本—收益分析认定该规章是否促进了市场竞争和扩大了公共福利。"[②]

第二，联邦行政机构对规制的成本—收益分析的规定。法律所规定的成本—收益分析仅仅是一个框架，在这个框架内，OMB 和 OIRA 在每个财政年度内，制定和发布成本—收益分析的规范性指导文件，各个行政机构根据指导性文件做出本机构的规制成本—收益分析。分析包括以下几个方面："①确定规章的类型，即属于经济的、社会的、文牍的。②界定规章对经济的影响，即规章是否是一个重要规章。③成本分析。成本包括：直接成本——预算成本，联邦政府拨款给联邦行政机构管理

---

① 经济合作与发展组织编：《OECD 国家的监管政策——从干预主义到监管治理》，陈伟译，法律出版社 2006 年版，第 42 页。

② 宇燕、席涛：《监管型市场与政府管制》，《世界经济》2003 年第 5 期，第 13 页。

与运行的行政经费，拨款给州、地方和种族地区政府执行联邦规章的资金；间接成本——服从成本，在没有联邦预算拨款的情况下，执行和服从联邦规章的成本，被认为是强加给地方各级政府、小企业、非营利组织、个人的支出；总成本，预算成本加服从成本。要尽可能地量化这些成本。④收益分析。收益的范围包括经济收益、安全收益、健康收益、环境收益和总收益。要尽可能地量化这些收益。⑤净收益。净收益等于总收益减去总成本。如果净收益是负值，对市场产生副作用；如果是正值，对市场产生积极作用（OIRA，2000，2001）。”①

第三，OMB 和 OIRA 向国会提交的联邦规制的成本—收益报告。由于联邦行政机构对规制的成本—收益分析是一种微观的、某一行业或某一问题的影响与分析，它仅仅反映出了规制在某一方面的成本收益情况，不能从整体上把握规制对宏观经济的影响。OMB 和 OIRA 向国会提交的联邦规制的成本—收益报告弥补了这一点。联邦规制的成本—收益报告的内容有：“①对规制的总成本和总收益进行评估，评估范围包括成本—收益的总量评估、机构和机构项目的成本—收益总量评估和执行重要规章对经济影响的成本—收益的总量评估。②分析联邦规制对州、地方、种族地区政府、小企业、工资和经济增长的影响。③提出改革联邦规制的建议。联邦管制的成本—收益报告向联邦政府、地方各级政府、小企业、纳税人、消费者传递了这样一些信息：政府通过规制直接花费了多少联邦预算拨款，地方各级政府、企业、个人支付了多少服从成本，产生了多少收益，如何促进了市场竞争，扩大了社会福利。”②

第四，独立政策研究机构对规制成本收益的分析。美国独立政策研究机构对联邦管制成本收益的分析有几十年的历史，布鲁金斯公共政策研究中心、卡特研究所、传统基金会和美国企业研究中心等都建立了专门的研究所。他们对规制成本收益的研究包括以下几个方面：“①规制成本的范围和项目。社会性规制成本涉及了 12 个指标：空气污染控制，水污染控制，固体废弃物处理，有害物质处理，噪声控制，道路光滑度指标，疾病和事故预防，退休和养老管理，家庭迁入和迁出管理，就业和培训计划，健康、卫生和安全标准，工作环境和设施标准。经济性规

① 宇燕、席涛：《监管型市场与政府管制》，《世界经济》2003 年第 5 期，第 13 页。

② 同上书，第 14 页。

制涉及7个指标：农产品价格和销售的控制，运输价格和进入控制，能源价格与进入控制，银行、证券、基金和保险的进入障碍，通信业联邦与地方的分割经营，服务业的登记、资格认证与许可证，工资和工作时间标准的障碍。②规制的影响范围与支出成本的不同负担。即规制影响哪些主体，各个主体的负担情况如何。受规制影响的主体包括各级政府、企业和个人。但不同主体的受影响程度不同，因此，支出的成本不同。根据规章的影响程度，先计算规章影响的总成本，然后计算出各级政府、企业、个人的成本支出及它们分别占总支出的比重，建立一个总成本、主体分项成本和比例成本的账户。其次，计算不同企业规模的成本支出。企业规模不同，受到规制影响的程度就不同。根据企业的规模标准计算出企业的成本支出，可以进一步得出企业因规模不同而承担成本负担大小的政策性建议。③计算规制成本在国内生产总值、财政收入、企业收入和个人收入中的比例关系。揭示规制对资源配置和经济增长的影响关系。"①

规制收益、成本的具体计算是一项专业性很强的工作，在计算过程中，如何计量成本、收益常常面临许多困难。为了解决成本—收益分析过程中面临的困难，美国OMB在2002年发布了《成本—收益分析指南》，主要内容有：①如果不可能将（规制的）影响货币化，规制机构要解释原因，并把所有可得的量化信息连同影响的时间、可能性一起提供给OMB。②如果甚至连量化影响都是困难的，规制机构要把任何量化信息连同关于不能量化的影响、时间和可能性的叙述，一并提供。③如果将收益货币化是困难的，规制机构可以不采用成本—收益分析，而是用"成本有效性分析"。成本有效性分析是成本—收益分析的辅助方法，只要政策目标确定，成本—收益分析只问哪一种方法是达成目标成本最小的方法，即只求以最低的成本达到既定的效益。④如果成本和收益不能在市场上直接交换，规制机构可以采用"乐意付费"评估法来量化其影响。"乐意付费"理论上可称之为"愿意承受"，比如我们愿意花100万元以下的代价避免某种风险，就代表如果消除该风险的代价超过100万元，我们宁愿承受该风险，则消除该风险带来的价值为100万元。⑤如果收益和成本评估很大程度上依赖于特定的假设，规制机构应对这些假设进行清晰的说明，并使用受欢迎的替代性假设进行高

① 宇燕、席涛：《监管型市场与政府管制》，《世界经济》2003年第5期，第14—15页。

度灵敏的分析。概括地说，规制的影响评价原则上按“货币化分析—其他量化分析—定性分析”这样的次序进行。

4. 规制影响分析的最佳做法与存在的问题

针对 RIA 的设计和实施，1997 年 OECD 颁布了一套从 RIA 中获得最大利益的最佳做法。此后这些最佳做法被用作评估 RIA 体系的基础。

表 10 - 8　　从 RIA 中获得最大利益的最佳做法

1. 最大化对 RIA 的政治承诺
2. 为 RIA 计划的要素周密地分派责任
3. 培训监管者
4. 使用一致但灵活的分析方法
5. 设计和实施数据收集战略
6. 为 RIA 措施定位
7. 及早整合 RIA 与决策过程
8. 宣传有关结果
9. 广泛的公众参与
10. 将 RIA 应用到原有以及新制定的管制规则中

资料来源：OECD，1997，*Regulatory Impact Analysis. Best Practices in OECD Countries*，Paris。

最大化对 RIA 的政治承诺是指 RIA 的运用必须得到政府最高层的支持。在大多数发达国家，RIA 都得到了高层的支持，如法律的认可或总理签署政令等。为 RIA 计划的要素周密地分派责任是指规制影响分析的权力应该由各部委和一个中央性质的质量控制单位共享。OECD 国家的发展历程表明，如果是把规制影响评价的任务全部抛给规制者，RIA 不会成功，但如果过于集权化也不会成功。规制影响评估的权力应该由各部委和一个中央性质的质量控制单位共享。各部委是规制规则和 RIA 的主要起草者，同时由中央监督机构监督和审查 RIA 的质量。在 RIA 计划的初期阶段，培训特别重要。因为，要想使 RIA 有效，规制者必须具备实施高质量 RIA 的技能，但大部分国家在这方面表现得都比较差。通过培训不仅要提高规制者实施高质量 RIA 的技能，还要使规制者认识到 RIA 在确保规制质量方面发挥的作用。OECD 国家使用的规制影响分析方法主要有：收益—成本分析、成本效能或成本—产出分析、财政或预算分析、社会—经济影响分析、结果分析、遵守成本分析和商业影响检验等。随着时间的推移和经验的积累，越来越多的国家采用了收益—成本分析方法。RIA 质量在很大程度上取决于数据的质量，OECD 国家的实践表明，数据的有限性是影响 RIA 质量的主要问题，要想使 RIA 成功，必须设计和实施数据收集战略。公开咨询是收集信息的一个重要手段。为 RIA 措施定位是指明确 RIA 努力的目标，确保把 RIA 运用到所有重要的规制中。及早把 RIA 融入政策制定过程就是将 RIA 与政策制定过程统一起来，使之成为政策制定的常规组成部分。让公众广泛参与有许多好处，比如，通过公众可以提供完成 RIA 所必需的数据，可以检验规制提案被公众接受的程度等。将 RIA 应用到原有以及新制定的规制规则中就是要保证 RIA 的覆盖范围。

发达国家的实践证明，规制影响分析如果做得好，能改善规制决策的成本效能，减少低质量和冗余的规章数量；能改善决策的透明度，提高受影响群体的参与度；能增加政府部门之间的沟通，改善政府的协调性。一项研究表明，美国由于引入了规制影响分析程序，OMB 不加任何修改地批准的规章的数量在减少，一部分成本太高的规章被撤销，一部分被修改。1981 年，OMB 不加任何修改地批准了 90% 的规章，到 1997 年批准率降到了 38%，在 1997 年，4.5% 的规制条例被规制机构撤销，0.8% 的条例被返回修改。① 在荷兰，作为实施 RIA 的结果有 20% 的规制提案被修订或撤销，在韩国，1998—1999 年期间，有 25% 的规制提案被规制改革委员会否决。②

然而，在看到成绩的同时，也应该注意到，RIA 在实施过程中也存在许多问题。1998 年，OECD 对其成员国实施 RIA 的情况进行了考察，考察的结果表明，在实施 RIA 时，充分发挥其潜在作用方面存在的问题主要表现为以下几个方面。③

第一，技术问题。技术问题主要体现在分析方法和数据方面。在分析方法方面，成员国普遍使用成本—收益分析法，但在成本—收益分析中存在高度的不确定性。成本收益分析的不确定性来自许多方面，如量

---

① ［美］W. 吉帕·维斯库斯、小约瑟夫·E. 哈林顿、约翰·M. 弗农：《反垄断与管制经济学》，陈甬军等译，机械工业出版社 2004 年版，第 17 页。

② 经济合作与发展组织编：《OECD 国家的监管政策——从干预主义到监管治理》，陈伟译，法律出版社 2006 年版，第 47 页。

③ 同上书，第 48—53 页。

化成本收益的困难几乎是所有学者都提到的一个问题，尤其是量化社会性规制的收益更加困难。此外，还有确定社会折现率、估价无形收益、应对风险和不确定性等。高水平的RIA离不开充分的数据，但OECD国家在数据收集方面表现得并不好，开展高水平分析的数据常常是缺失的。

第二，价值冲突和权力斗争。一些利益集团和规制者在观念上抵制、反对RIA，把RIA看成是社会道义的对立面，认为RIA挑战了他们的理想，限制了政府的行动权。托马斯·O. 麦克格里蒂（Thomas O. McGarity）教授认为："成本—收益分析是一种将'现实数学化'的做法，在如今功利的社会中，这种做法容易使快乐、满足、人性的温暖这些'软的价值量'被低估甚至忽略。"①

第三，制度和资源问题。表现在：一是促使规制者实施RIA的激励制度和制裁制度不足。在大多数国家，规制者遵守RIA要求的正向激励不足，违背RIA要求的制裁也缺乏足够的可信性。制度的缺失说明文化变革仍然没有完成。二是规制者缺乏技能和资源，没有能力完成高质量的RIA。这一问题说明连续、系统的培训不足。

第四，法律问题。在某些情况下，法律要求规制者在履行其监管使命时不惜任何代价，也不用权衡其他影响。也就是说，实施RIA受到了立法的限制。

第五，程序问题。程序问题包括质量控制、结构设计问题和激励冲突。质量控制问题表现为质量控制完成得不好，大大削弱了RIA的效率。实施RIA的国家，很少聘请监管专家对RIA做出独立的评估，即使有评估的国家由于资源的有限性和评估机构的定位远离政府核心层，评估会经常受到削弱。结构设计问题表现为不能有效地确保或要求从政策制定的初期阶段就开始实施RIA，RIA很晚才被采用。激励冲突是指监管者一直处于加快决策的压力之下，尤其是在掺杂了政治诉求的领域，但RIA会减缓决策的过程。

第六，政治问题。对RIA的政治需求不足。因为RIA可以提供信息，但政治家不需要信息，而且政治家一般认为，RIA是解决规制膨胀

---

① Thomas O. McGarity, The Expanded Debate over the Future of the Regulatory State, U. CHI. L. REV. Vol. 63, 1996, p. 1480.

的一种短期办法。

总之，建立一个科学、运转顺畅的RIA体系是一项长期的任务，它需要积累和传播专门的知识及技能，需要改进实施和控制机制，需要行政文化的革新。

（二）扩大公众参与途径，增加规制的透明度

在规制过程的各个阶段——从最初规制建议的形成到规制草案的出台，再到实施、执行、审查和改革，透明度都是不可或缺的。因为增加透明度，能够克服导致规制失灵的许多诱因，如规制俘获和偏袒强大的利益主体、不充分信息；增加透明度可减少搜寻成本，降低消费者和市场参与者面临的不确定性；增加透明度有助于减少规制实施过程中决策的武断性和随意性；尤其重要的是，增加透明度是反腐败斗争的最锋利的宝剑。增加规制的透明度意味着所有的被规制者都有平等的权利了解规制过程，了解自己的权利和义务；意味着国家要言必信、行必果；意味着规制的结果为大家所知晓，并且是可问责的。据OECD的调查数据显示，截至2000年年底，在透明度方面，有20个OECD国家采用了正式的政府政策，要求在整个政府范围内运用。从OECD国家的实践看，增加规制透明度的主要做法有："咨询相关利益派别、用平实的语言起草文件、简化立法和法典、对现有的监管和监管提案进行登记、运用电子手段宣传监管资料。"①

1. 公开咨询

公开咨询是增加透明度、确保规制质量的关键。因为通过公开咨询可以大大增加政府可利用的信息，这些信息是政府科学决策的基础；通过公开咨询可以使公众全方位地参与规制过程，有助于提高规制的质量；通过公开咨询可以加快回应速度，增加可问责性。许多发达国家都建立了长期而广泛的咨询体系，发达国家采用的公开咨询机制主要有非正式咨询、传播规制提案以便公众评论、公开的通告和评论、听证会和顾问机构五种。

（1）非正式咨询。非正式咨询包括规制者和利益集团之间各种形式的接触，从电话到信件、非正式会议等。非正式咨询会出现在规制过

① 经济合作与发展组织编：《OECD国家的监管政策——从干预主义到监管治理》，陈伟译，法律出版社2006年版，第77页。

程的所有阶段，其主要目的是从相关利益派别那里获得信息。当今几乎所有的 OECD 国家都采用了非正式咨询手段。在英国，非正式咨询被视为监管过程的一种标准做法，监管机构一直与主要利益集团有着密切的、非正式的接触。在加拿大，政府鼓励监管机构在正式咨询之前进行非正式咨询。在日本，非正式咨询在最终结果达成协议方面至关重要。非正式咨询的优点是快捷、灵活，缺点是透明度和可问责性有限。所以，在美国，人们会用怀疑的目光来看待非正式咨询，认为它违反了所有利益集团公平参与的原则。

（2）传播规制提案以便公众评论。向相关利益集团散发规制提案，并邀请他们做出评论，是一种直接的、成本相对低廉的民意咨询途径，是一种应用最普遍的咨询方式。1988 年，有 24 个 OECD 国家采用了这一程序。

（3）公开的通告和评论。公告和评论比散发规制提案更开放、包容，结构体系更完善、更正式。公告的内容是一套标准的信息，包括规制提案草案、对政策目标的讨论、有待解决的问题、对规制提案的影响评价等。公告意味着所有的利益相关者都有机会了解规制提案，并发表相关评论。在发达国家，公告和评论有着悠久的历史，1946 年被美国率先使用，1986 年被加拿大采用，1999 年日本对所有新的规制提案都提出了公告和评论的要求。

（4）听证会。听证会是就特定的提案所举行的公开会议，它提供了一个监管者和相关利益集团面对面的接触机会，在会上，相关利益集团可以亲自做出评论。这种方法的缺陷是某些利益集团可能没有机会参加听证会。到 1998 年，有 16 个 OECD 国家运用了公开听证会。

（5）顾问机构。利用顾问机构是普遍的公开咨询手段，顾问机构的成员来自政府行政体系之外，一般具有明确的授权或任务，比如提供专业知识、征询舆论意见。顾问机构可以参与规制过程的所有阶段，但最常见的是参与规制过程的早期阶段，主要帮助分析各种备选方案。目前，大约有 24 个国家在规制过程中引入了顾问机构。

2. 提高法律和规制框架的清晰度、改善沟通和参与安排的有效性

规制透明度要求政府要向公众告知现存的所有的监管规则和要求，以便于被规制者能够理解。但在发达国家，有些监管规则过于复杂，难以理解。2000 年，OECD 跨国性企业调查表明，有 60%—80% 的中小

企业在理解监管规则方面存在问题。监管的规则越复杂、越难以理解，贪污和不遵守监管规则的动力就会越强。所以，提高法律和规制框架的清晰度、改善沟通和参与安排的有效性十分重要。主要做法有：用平实的语言起草监管规则，对规制规章进行汇编整理、实现立法法典化，对现有的规制和规制提案进行集中登记，公布未来的监管计划，运用电子手段宣传规制资料等。保持法律内容的清楚明白是确保监管规则得到执行的基本要求，用平实的语言起草监管规则可以达到这一要求。用平实的语言起草监管规则的政策在发达国家已经实施了很多年，如美国在1988年采用了一项“简单明了政策”，监管者用平实的语言发行了《小企业遵纪指导》。信息技术的发展，为政府运用电子手段宣传规制资料提供了很大的机遇。现有75%的OECD国家通过互联网公布了大部分或全部的基本立法内容，使用者可以在任何时间在线获得材料。这不仅减轻了政府和企业的负担，而且也增加了规制的透明度。

总之，在透明度方面，发达国家进行了很多尝试，情况得到了很大改善。OECD1997年的报告认为，在整个20世纪90年代，规制的透明度得到了极大改善。

二 完善监督与约束机制，有效规制规制者，促进规制的有效实施

规制机构是规制主体，拥有准立法、准司法和行政权。由于政府规制立法的内容仅有原则性规定，政府规制机构在规制过程中拥有很大的自由裁量权，如果没有相应的制衡机制，就会导致政府规制权的滥用，从而影响政府规制质量和效率。所以，规制规制者对提高政府规制有效性，促进规制规则的实施具有重要的意义。发达国家在规制改革过程中采取了许多措施，对规制机构的行为进行监督与约束，以促进规制规则的有效实施。

（一）建立规制监督机构

OECD国家的实践表明，如果对规制者采取自由放任的政策，提高规制质量的改革将会失败。规制者必须在某种激励和约束体制下承担责任，承担这一激励约束职能的机构就是规制监督机构。1997年，OECD《规制改革报告》建议各国政府在政府内部建立有效、可信的机制，用于管理和协调规制和规制改革。1994年，OECD国家中建立专门规制监督机构的只有14家，到2000年年底，在28个被调查国家中，有23个国家建立了中央一级的规制监督机构。如美国的管理和预算办公室、韩

国和墨西哥的高层委员会等。现在大多数 OECD 国家都建立了独立于规制机构的强大的规制监督机构。这些机构可能设在内阁和政府最高层，也可能设在行政体系内，但更多的是设在议会中。规制监督机构的主要职能是管理、协调规制和规制改革，承担的任务主要是审查规制质量、倡导规制改革、为规制机构提供建议和支持。

审查职能又被称为“质问功能”。审查职能的核心是审查新的规制建议，努力提高规制质量。规制监督机构行使这一职能的主要手段是规制影响评价。为了完成这一任务，监督机构必须具有检验规制影响分析的技术能力，也就是说，能对 RIA 和基本规制提案的技术水平提出质疑。在发挥质问作用的过程中，监督机构要有两种权力：一是在对规制质量进行评估时，有权指出其缺陷和不足并提出改进措施；二是要具有“看门人”的权力，监督机构对规制提案的质量具有否决权。这一权力使规制者对监督机构提出的意见必须认真考虑。

倡导规制改革是规制监督机构的重要职能。OECD 认为，倡导改革的重要性主要表现在三个方面：“第一，为了甄别新的、大有前景的工具和业务手段以改善监管质量，很明显，专家型的监管改革者是最佳选择。他们能从更宽的、整个政府的角度出发看待监管问题，有助于保持协调性、减少交叉和重复。第二，倡导也有助于追踪改革带来的各种好处，并在政府和社会领域广泛传播这一信息。第三，监管倡导有助于争取和保持对改革的拥护，粉碎既得利益者阻挠有益于社会的改革图谋。”① 可见，倡导的作用目标是推动对长期规制政策的思考，包括政策的调整、设计和改进等。加拿大的经济委员会、英国的改善监管特别小组都在这方面发挥了重要作用。

提供建议和支持是规制监督机构的一项长期职能。实现这一功能的主要手段是向规制者提供详尽的专业知识、公布和散发内容广泛的书面指导材料、对规制者展开培训等。这一职能在提高规制质量方面的影响是长远的。

OECD 国家的实践表明，规制监督机构在改善规制质量方面发挥了很大作用。“在丹麦，规制委员会就新法律的必要性提出质疑，使

① 经济合作与发展组织编：《OECD 国家的监管政策——从干预主义到监管治理》，陈伟译，法律出版社 2006 年版，第 112 页。

1998—1999 年的立法议程规模比早年减少了大约 25%。在韩国，规制委员会的有效工作使规制规则的数量在不到一年的时间内减少了 50%，这可能是中央监督机构取得的最明显成效。”①

（二）建立政府问责制，审查规制行为，控制过度行政自由裁量权

科学地制定规制规章和规制政策是实现高质量规制的第一步，但是，为了实现规制政策的目标，规制规则还必须得到充分的运用和执行。建立政府问责制，对规制者执行规章的行为进行审查，确保规制者对自己的行为负责，对自己的自由裁量权负责是保证规制得到合理实施的机制。审查政府的规制行为，控制规制者的自由裁量权不仅有利于监管规则的顺利实施，而且还有助于提高公平性，有助于减少政府徇私和腐败的机会。问责制是透明度做法的必然结果，它规定了政府在运用规制权力时必须遵守的程序和必须承担的结果。在发达国家，建立政府问责制，控制行政过度自由裁量权的主要手段是行政审查和司法审查等。

1. 行政审查

行政审查是指由行政系统内部独立的机构依据《行政程序法》对规制机构的行为进行审查，《行政程序法》是控制过度行政自由裁量权的一个基本手段。在政府规制方面，行政程序法涉及的面非常广，包括在监管规则制定阶段的程序要求，如规制影响分析、公开咨询等；在规制实施和执行阶段的程序要求，如关于行政自由裁量权大小及运用的通则、决策的时限、否决申请要说明原因等；在修订与修正阶段中的程序要求，如修订与修正监管规则要按程序进行；有关上诉与正当程序，如上诉程序、听证程序等。许多发达国家都通过采用或修改《行政程序法》来改善行政决策的秩序性，细化有关规制规则的制定、实施、强制执行和修订的标准程序，更清楚地界定了公民的权利。强化公民权利可以控制规制机构随心所欲的行为，可以降低市场中的监管风险，可以提高民主问责性。在美国，规制体系的基石是 1946 年的《行政程序法》，《行政程序法》规定，依据向全社会开放的原则，公民具有参与政府规则制定活动的合法权利。1996 年，墨西哥对其《行政程序法》进行了修订，以提高行政透明度和一致性。改革措施包括：规定公众对

① 经济合作与发展组织编：《OECD 国家的监管政策——从干预主义到监管治理》，陈伟译，法律出版社 2006 年版，第 113 页。

监管者占有的信息享有知情权，建立更明确的行政上诉机制，为监管当局回应公众信息请求设定时限等。西班牙对1958年的《行政程序法》进行了一系列修改，以增强整个公共行政体系的可问责性和透明度。韩国1998年生效的《行政程序法》为制定和实施监管规则设定了具体要求，建立了行政上诉委员会，负责审查各类行政争议。在《行政程序法》中，有关上诉程序的要求十分重要，透明、公正的上诉程序为公众提供了一个向公正机构求助的机会，可以保护上诉人免受独断、徇私和腐败行为的侵蚀，鼓励大家按监管质量观念行事，增强政府规制的合理性。在发达国家，一个重要的趋势是独立的行政上诉程序得到了日益广泛的应用，到1998年，有11个OECD国家声称，向一个独立机构提出上诉是可行的。独立的行政机构的好处是上诉机构可以免受行政部门干扰，可以积累特定的专业知识。

2. 司法审查

如果说行政审查可以进一步改善透明度和问责制，那么对行政决定进行的司法审查可以被看作透明度和可问责性的最终保障，司法审查可以改善行政性审查过程中所做决定的有效性。在发达国家，对监管规则在实施中的情况进行司法审查已经成为控制规制质量的重要手段。司法审查的有效性来自司法官员运用合宪性原则考察监管规则的一致性能力，法庭就规制立法是否符合基本立法而进行详尽的审查。OECD对爱尔兰规制改革的考察发现，爱尔兰的司法审查过程有助于甄别低质量的法律和监管规则。

在发达国家，除行政审查和司法审查外，还有一些其他控制规制机构行为的制度设计，如巡视员制度。20世纪90年代，韩国和希腊都建立了巡视员办公室；捷克1999年通过了《巡视员法》，以保护公众权利。巡视员是高级公务员，公民能够向他提交在与公共机构打交道时发生的控诉，当无法利用其他申诉时，巡视员发挥着“剩余”裁判的作用。巡视员是一种不太正式的途径，具有一定的纠错权力，通常能够提出新的审查或撤销决定的建议。当今巡视员制度非常重要，它提供了一种低成本的补救途径，几乎所有社会利益群体都可以利用这种方式。在英国、加拿大、澳大利亚等一些国家，审计署在评估行政机构绩效方面也发挥着重要作用。在政策工具方面，审计署的运作模式和巡视员不同，它更注重对系统绩效和运行结果的考察，但它们也有类似的地方，它们都独立于政府、运作透明、能够在广泛领域发挥作用。

总之，通过各种手段，约束规制机构的行为，增加规制的透明度和可问责性，已经受到了发达国家的密切关注，成为发达国家政府规制改革的一种趋势。

（三）简化行政管理，减少行政审批、减轻企业负担

在发达国家，民众和企业抱怨最多的是政府的手续和文书工作量太大、太复杂，给企业尤其是给中小企业带来了很大负担。OECD 从 1998 年 4 月到 1999 年 3 月，对 11 个国家的 8000 家中小企业展开了调查。调查结果显示："对于较小的企业这方面的成本更高，对于 1—19 人的中小企业平均成本是 4600 美元，对于中型的中小企业（20—49 名雇员）成本是 1500 美元，对于大型的中小企业（50—500 名雇员）成本是 900 美元。"[①] "根据世界银行估计，20 世纪 90 年代后期，在墨西哥开办一个企业可能要花上一年半的时间，在某些情况下，如不考虑交易成本和机会成本，在企业运营过程中，为遵守政府手续要花费的成本占到了大企业运营费的 3%。"[②] 过多的行政程序、繁文缛节不仅加重了企业的负担，而且行政程序如果设计得不好，运用得不当，还会严重阻碍市场准入，阻碍市场竞争和创新，滋生行政腐败。简化行政程序不仅可以减轻企业负担，鼓励企业发展，而且还可以缩减规制机构对企业和其他群体的自由裁量权，减少行政机构内部滋生腐败的机会。目前，大多数发达国家都实施了减少行政负担的计划，如美国在 1980 年就通过了《减少繁文缛节法》。发达国家减少行政程序所用的办法主要有信息手段、程序再造和技术手段。

1. 信息手段

企业要进行经营，需要获取各种信息，这些信息包括特许权、申请表、申请要求、联系信息等。最常用的信息手段是为企业和公众提供"一站式"服务，即通过在一个地点提供所有的相关信息。如在希腊，"一站式"服务工作站通过互联网向人们推广本地行政服务。"一站式"服务可以降低企业和公众的信息搜寻成本，提高办事效率。"1994 年，

---

① 经济合作与发展组织编：《OECD 国家的监管政策——从干预主义到监管治理》，陈伟译，法律出版社 2006 年版，第 64—65 页。

② 同上书，第 66 页。

在澳大利亚的维多利亚地区开展过一次独立的评估，其结论是‘一站式’服务每年带给顾客的好处是2100万澳元，其总体收益与成本的比率是15∶1。”① 除“一站式”服务外，发达国家还借助一些其他办法来节约信息成本，如通过互联网发布各种手续的清单，使法律和监管规则能被更多的人了解。

2. 程序再造

程序再造的目的在于优化政府的行政手续，减少各种手续给企业和公众带来的负担。包括减少手续数量、废除某些步骤和技术应用等。在这方面，最常用的手段是执照和特许权削减计划。长期以来，发达国家广泛运用执照、特许权要求等事前性的许可审查来规制企业的行为，严格的事前审查不仅会延长投资时间，增加不确定性，影响中小企业的设立；而且会增大规制机构的自由裁量权，增加滋生腐败的机会。现在，发达国家政策转变的趋势是减少事前的许可，进行事后性的审核。到2000年年末，大部分OECD都运用了一些手段解决过多发放执照和特许证的问题。如1990年，日本决定，将特许权和授权的数量减少一半。1995—2000年，墨西哥采用了一种审查许可证的方式，这一审查方式有三个步骤：第一步是建立一个包括所有手续的完整目录，第二步是由一个发证机构在运用简化RIA的基础上对所有手续进行审查，第三步是在目录中保留合理的手续。这一过程带来的结果是原有手续中大约80%被撤销或得到了简化。

3. 技术手段

技术手段是指用电子化的手段替代传统的书面处理工作方式，如在日本，海关允许出口商、进口商以电子方式提交他们的报关手续，这提高了准确性，加快了程序处理。现在越来越多的国家许多纳税人可以通过互联网完成纳税报单，这要归功于对电子签名的法律认可。

（四）建立独立的规制机构

独立的规制机构是指独立于政府部门甚至独立于行政力量，拥有独立监管权力的自治政府机构。20世纪八九十年代，一些发达国家对国有企业实行了私有化，在原先的垄断行业中引入竞争机制，随着私有化

---

① 经济合作与发展组织编：《OECD国家的监管政策——从干预主义到监管治理》，陈伟译，法律出版社2006年版，第66页。

和竞争机制的引入，独立的规制机构像雨后春笋般建立起来，这些独立的规制机构主要对具有网络特征的基础设施行业（如能源、电信）和金融业进行监管。例如，在电信部门，1990 年以前，几乎没有哪个国家建立监督机构；1995 年以后，在 OECD 国家中，有 2/3 的成员国建立了独立的规制机构。在能源行业，20 世纪 90 年代，有 10 多个国家建立了独立的规制机构。如在澳大利亚，1997 年建立了电信管理局，对电信业实施监管；1995 年建立了竞争与消费委员会，对能源业予以监管；1998 年建立了金融监管局、证券和投资委员会，对金融业进行监管。在法国，1997 年成立了电信监管局，2000 年设立了监管委员会。在德国，1996 年建立了电信和邮政监督管理局，2002 年建立了金融服务和监督委员会。在墨西哥，1995 年建立了联邦电信委员会、能源监管委员会。

与设置于政府部门内部的规制机构相比，独立监管模式的好处是能够避免政治家和官僚对市场的干扰，能够避免利益集团对监管者的干扰，能够提高规制的透明度、稳定性和专业水平，能够改善可问责性。OECD 认为："专业的、自治性更高的监管者建立了用于抗衡各部委和利益集团的重要制衡机制。与政府部门建立的类似的机构相比，他们可能会推出更快、更高质量的监管决定，采用更透明、更具问责性的运作方式。"[①] 发达国家的改革实践证明，在独立监管者最流行的部门，市场开放的经济效益最大，如金融服务和电信业。要使独立的规制机构有效，其地位必须得到法律的认可，法律必须明确界定监管机构的功能和目标；同时还要求它必须有充分的资源基础。比如，爱尔兰和澳大利亚的一些州，为了使监管机构的财权独立于政府财政，议会授权独立的监管者对许可证和被监管行业收费。这使监管者有了开展工作所必需的人力、财力、物力资源。

三　改革传统的规制方式，引入多种替代措施，提高规制效率

政府规制的传统方式是命令—控制，命令—控制型规制方式在很长一段时间内以及在很大程度上影响和指导了政府规制政策的方向，并取得了一定的成效。但这种方式存在许多问题，如巨大的规制成

---

① 经济合作与发展组织编：《OECD 国家的监管政策——从干预主义到监管治理》，陈伟译，法律出版社 2006 年版，第 115 页。

本、抑制技术创新等。正是基于命令—控制型规制方式的诸多弊端，发达国家纷纷对传统的政府规制方式进行改革，引入了种种替代措施。替代方式既包括各种规制性替代方式，也包括替代规制的措施。前者仍然是政府规制，但规制方式不同于传统的规制方式；后者是对政府规制的替代。

（一）规制性替代措施

1. 基于绩效的规制

制定统一的标准是命令—控制型规制方式的主要措施，规制机构制定的标准有技术标准和绩效标准两类。技术标准是政府要求企业必须采纳某项建议，或采用某种技术，或购买某种设备等。绩效标准依据绩效指标设定一个上限或下限，然后允许企业自由选择其最佳的方式来达到这项标准。命令—控制型规制方式常常使用的是技术标准而非绩效标准，统一的技术标准既不利于降低规制成本，也不利于技术进步。对传统规制方式改革的措施之一是实施基于绩效的规制。基于绩效的规制规定了应该达到的结果或目标，但没有规定必须利用何种手段来实现目标。企业和个人可以根据自身的情况选择效率更高、成本更低的守法过程。基于绩效的规制有助于推动企业进行技术创新和技术进步；有助于削减政府对市场的干预程度，因为规制的重心转移到了结果或产出，而不是再集中于投入；有助于使规制更加简化和明晰化，因为规制机构可以根据目标来起草规制规则，而不必用立法术语来设定大量详细的、说明性的标准。在发达国家，基于绩效的规制得到了迅速发展，特别是在社会性规制领域得到了广泛的利用。OECD 监管能力数据库显示，近年来有 11 个 OECD 国家加大了绩效管理的运用力度。如美国《1993 年政府绩效和成果法》第一次从法律形式上确立了绩效标准，规定所有的行政部门必须执行。

2. 基于过程的规制

基于过程的规制是指规制机构要求企业设计一些流程，确保以系统的方式控制和最小化生产风险。基于过程的规制以下述思想为指导：如果有正确的激励，在识别风险和设计低成本的解决方案方面企业比规制者更有效。这种方式特别适用于那些风险来源多种复杂、对结果进行事后检验无效或者成本极高的领域。在荷兰，规制机构要求企业对自己业务活动所固有的健康、安全和环境方面的风险做出评估，并提出各自的管理计划。计划的内容包括需要优先重视的关键风险项目、克服风险的预算、时间安排和评价方法。环保部规定，对于计划周详的企业可以更灵活地安排其活动，并作为对企业的奖励。基于过程的规制在墨西哥也得到了广泛的运用。在墨西哥，用环保审查来识别和控制重大的污染风险。环保审查要对公司的生产过程进行深入的审查，审查过后，公司要与主管部门签署协议，说明自己准备采取哪些整顿措施，并做出时限承诺。如果赞同这一流程，就可以免予刑事处罚，并能减少保险费支出。在美国，食品与药品管理局用“关键控制点危害分析计划规制”（Hazard Analysis at Critical Control Points，HACCP）来监管海洋食品的安全。该计划要求企业说明生产过程的不同阶段，识别可能发生危险的关键点，并实行现场管理战略对其加以管理。HACCP 方法得到了设在联合国的食品法典委员会的推荐。

3. 基于市场的规制工具

基于市场的规制工具是借助于经济手段来实现规制政策的目标。最常见的经济手段有税收、补贴、可交易的许可证等。基于市场的规制方式通过市场信号激励人的行为动机，而不是通过规定明确的标准来约束人的行为，从而避免了传统规制方式对市场激励的扭曲。近年来，世界各国对市场化的规制工具日益重视。根据 OECD 的调查，1987 年以后，以市场为基础的规制工具在其成员国的环境规制中得到更广泛的应用。1990 年以来，美国环境政策最明显的变化就是对市场手段的利用，美国最常用的基于市场的环境政策是可交易的许可证制度。近几年来，美国已经开始将多种类型的可转让排污许可证系统编入环境法规之中，如《美国环保局排污交易计划》（1974 年至今）、铅排放交易（1982—1987 年）、水质许可证交易、含氯氟氢排放交易（1987 年至今）、旨在控制酸雨的二氧化硫排放交易（1995 年至今）、洛杉矶都市区实施的“区域空气净化市场激励”项目（1994 年至今）等。其中，环境保护局排污交易计划自 1974 年实施至今，仅节约的成本就有 50 亿—120 亿美元。[①] 大部分欧洲国家主要借助于排污税来控制企业的排污行为。在丹麦，“绿税系统”被用于实现环境保护的目标。这一系统运用税

① ［美］保罗·R. 伯特尼、罗伯特·N. 史蒂文斯：《环境保护的公共政策》，穆贤清等译，上海三联书店、上海人民出版社 2004 年版，第 49 页。

收手段对能源使用、二氧化碳排放、二氧化硫排放和废水排放征税，借此来影响企业的行为。在荷兰，对于乘坐公共交通工具上下班的人给予税收减免优惠，通过差别化的税率鼓励无铅汽油的使用。韩国为了确保特许排放限额得到遵守，也实行了一种排污收费制度，1991—1996 年，政府的项目总数在 3099—4267 项，征费总额在 10 亿—222 亿韩元。

理论上说，经济手段可以大幅度提高静态效率和动态效率。但 OECD 监管能力数据库 1998 年的数据表明，被人们寄予厚望的市场化的规制工具在环境、健康和安全三个领域中的运用相对较少。为什么基于市场的政策工具应用相对较少呢？以美国为例，尽管近年来经济学家、政治家对基于市场的政策工具的兴趣与日俱增，但市场导向型的工具大部分仍处于规制政策的边缘，仍然没有成为美国环境规制政策的主体。其原因是存在来自利益集团、来自公众的抵制。首先，政府官僚体系中的一些人会抵制，传统的规制方式要求管理者具有专业技能，基于市场的规制政策要求管理者具备市场理念，政府官僚体系中的一些人会因害怕人力资本的消散而抵制。其次，一些环境机构认为，享受环境质量是人们不可分割的权利，基于市场的环境政策不恰当地“宽恕了”污染者，会导致环境保护总体上减弱。再次，一些环境专家也害怕自身人力资本的消散而予以抵制。最后，很多行业或公司都抽象地欢迎基于市场的政策，因为这些工具增加了灵活性，但实际上几乎没有哪家公司会积极地支持新政策的运用，因为企业不愿积极地去促进任何形式的规制，无论这种规制多么灵活与有效。此外，基于市场的政策工具给公众带来的利益通常不易觉察，但所付出的成本很容易看到，所以，普通的公众并不能很好地理解与支持。

4. 合作规制

合作规制是指规制的职能由政府和企业共担。合作规制主要通过批准操作规范的方式进行。操作规范是强制性的，由行业或行业的大部分参与者制定，并咨询政府的意见。违反操作规范会受到行业协会的制裁，而非政府的制裁。从政府角度看，合作规制有很高的成本效能，通过合作规制，政府为行业及利益相关者提供了一个参与规制决策和执行的过程，使行业能够在监管其成员中发挥主导作用，既有利于提高企业遵守规制的程度，又能减少政府的管理费用。

（二）规制替代措施

1. 信息披露和教育

在OECD成员国中，对传统规制方式最普遍的替代是信息与教育运动。信息披露和教育的目的是让民众了解实情，增强消费者选择的能力。政府规制的原因之一是信息不对称，信息和教育运动解决了信息不对称问题，使民众和消费者有能力根据自己的偏好采取行动或做出选择。从经济学的角度看，信息披露的吸引力在于，通过直接减少市场信息失败，与市场力量联合发挥作用。信息披露（信息公开）通常由政府部门组织实施，规制部门通过收集和处理公司的相关信息后对信息公开，或以信息为基础对公司进行评级，并把评级的结果公开，以此鼓励企业改善管理绩效。在发达国家，信息和教育运动常用于矫正具有很强外部影响的行为。如旨在降低驾车超速发生率的运动，反对吸烟运动，反对乱扔垃圾行动等。在丹麦，信息运动倡议涵盖了电池处理、减少饮用水消耗等领域。此外，环境保护局还列出了100种会给人类和环境带来危害的化学物质或物质群，劝阻人们不要使用这些物质，警告人们将来可能会采取规制。1987年以来，荷兰采用的信息披露策略是给产品贴上“环保标签”，就产品的生产、使用、回收的环保问题向消费者提供相关信息。在美国，在满足消费者的信息需求中，政府扮演着一个越来越活跃的角色。自1965年开始，国会就命令在香烟上贴上危险警告标签，到1984年已经形成了一个立体的系统来告诫消费者，香烟具有一系列不良的潜在危险。1989年，国会命令所有的酒饮料贴上警告。在环境规制方面，信息运动发展很快，最为明显的是《紧急计划和社区知情法案》下的《有毒物质排放目录》的制定（1986年颁布）。它要求厂商将有毒化学物质的使用、存放和排放信息向当地的紧急情况规划机构报告。当今，在环境领域，政府提高消费者信息知晓度的一个方法就是要求产品加贴标签（见表10－9）。

表10－9　　联邦信息披露项目

信息披露项目	执行年份	相关法令
产品能源效率标签	1975	《能源政策及保护法》第5条
危险化学物品排放	1984	《新泽西社区知情权法案》

续表

信息披露项目	执行年份	相关法令
有毒物质排放目录	1986	《紧急计划和社区知情权法案》
危险化学物品排放	1987	《加州空气有毒物危害区信息评估方案》
65 号议案	1988	《加州饮用水安全法案》《有毒物质执行法案》
能源加星标签	1993	《美国环保局与能源部联合项目》

2. 自愿方式

自愿方式也叫自我规制，也是一种规制替代措施。包括自愿性倡议、自愿性规范、自愿性协议和自我监管等。与传统的命令—控制型规制相比，自愿方式会强化遵守的激励，降低遵守的成本。企业之所以愿意实施自我规制，一方面是通过自愿行动可以避免包袱更重的政府规制；另一方面通过参与自愿性行业协会企业可以提高自己的知名度，会因此增加销售额。非常成功的自愿性制度安排的例子是化学行业的责任安排计划，加拿大 1984 年开始实施这一计划，法国 1990 年开始采用这一计划，这一计划现在已遍布 40 多个国家。20 世纪 80 年代中期以来，荷兰就开始利用盟约的方式，截至 1992 年共有 150 多个盟约，1998 年，在环境领域共有 50 多个盟约，覆盖领域包括碱性金属、造纸、日用品、电池、废弃物等。评估表明这些办法已经唤起了人们对企业环保问题的广泛关注。20 世纪 90 年代，美国出现了许多自愿计划，如《农药环保计划》《鼓励环保卓越计划》《共识倡议》等。1995 年，克林顿政府提出了《重塑环境规制》的报告，倡导在强制性规制措施之外，更多地采用市场型、合作型、自愿型环保措施。2002 年 5 月，欧洲委员会通过了《简化和改善环境规制计划》，鼓励欧盟各成员国采取自我规制、自愿协议来实现环境目标。在美国和欧盟，绝大部分自愿性制度安排都是属于合作性、非指令性、非约束性的。但荷兰是个例外，荷兰的盟约一般具有较大的强制性。

本章小结

第一，发达国家政府规制变迁的趋势是放松经济性规制，强化社会性规制。20 世纪 70 年代以后，美国、英国、日本等发达国家对电信、金融、运输、能源等自然垄断行业实行了放松规制，在仍需政府规制的领域普遍引入了激励性规制方式。发达国家在经济性规制放松的同时，社会性规制的发展却呈现出了日益强化的趋势。政府拓宽了监管范围、增加了监管机构、加强了监管力度。

第二，发达国家政府规制改革的动因是伴随着社会性规制的强化，发达国家的政府规制膨胀，新的政府规制机构增加，规章的数量增加，规制预算增加，规制机构的人员增加，被规制的行业增加。随着规制的膨胀，对政府规制的批评和质疑也趋于严厉，这种批评和质疑促使了发达国家政府规制的进一步改革。发达国家规制改革的目的不是废除政府规制，而是改善政府规制质量，提高政府规制效率。

第三，发达国家在规制立法方面主要是通过完善规制立法和规制决策程序，提高法律和规章质量。为提高规制法律和规章质量，降低规制成本，提高规制效率，发达国家采取了许多方法来规范规制决策的程序。其中，规制影响分析、增加规制透明度等是主要的工具。

第四，完善监督与约束机制，有效规制规制者，促进规制的有效实施。发达国家在规制改革过程中采取了许多措施，对规制机构的行为进行监督与约束，以促进规制规则的有效实施。主要措施有：建立规制监督机构，建立政府问责制，审查规制行为，控制过度行政自由裁量权，简化行政管理，减少行政审批，减轻企业负担，建立独立的规制机构等。

第五，改革传统的规制方式，引入多种替代措施，提高规制效率。政府规制的传统方式是命令—控制，命令—控制型规制方式在很长一段时间内以及在很大程度上影响和指导了政府规制政策的方向，并取得了一定的成效。但这种方式存在许多问题，如巨大的规制成本、抑制技术创新等。正是基于命令—控制型规制方式的诸多弊端，发达国家纷纷对传统的政府规制方式进行了改革，引入了种种替代措施。替代方式既包括各种规制性替代方式，也包括替代规制的措施。前者仍然是政府规制，但规制方式不同于传统的规制方式；后者是对政府规制的替代。

第十一章　我国政府规制体系改革的对策建议

发达国家政府规制改革的趋势并不是简单地放松规制，而是在新的发展阶段对规制范围、规制机构、规制方式的适应性调整，是一种放松规则和再规制的动态并存。目前，我国正处于工业化和市场化进程之中，转型期的各种矛盾错综复杂，尚不完善的市场机制造成广泛的市场失灵，社会福利受损。日益严重的环境污染、假冒伪劣商品的泛滥、频繁发生的安全事件对公众的健康、安全和生活环境造成了极大的危害，不利于我国经济社会的可持续发展，不利于社会主义市场经济体制的完善。要完善社会主义市场经济体制，实现我国经济社会可持续发展，就必须改革和完善我国现行的政府规制体系。

第一节　我国政府规制改革的取向选择

一　放松经济性规制与强化社会性规制并存的改革取向

政府规制是市场经济体制的有机组成部分，在放松经济性规制的同时，强化社会性规制是发达市场经济国家政府规制变迁的普遍趋势。对于我国政府规制改革的趋势，理论界有不同的认识。王俊豪（2001）认为，随着社会经济的发展，总体而言，中国对社会性管制的需求呈现不断增长的趋势，中国政府管制的两大趋势应是放松经济性管制，加强社会性管制。陈富良（2002）认为，转型经济中的政府管制改革，应走松紧结合的道路，建立松紧相宜的管制制度，既要放松管制，也要强化管制，而且在总体放松管制的前提下，局部强化管制。谢地（2003）认为，应该从立法和执法并重的层面强化我国的社会性规制。夏大慰、史东辉（2003）认为，我国政府规制改革的思路应是放松乃至取消有悖于市场规律的规制措施，按照市场经济的性质和要求重塑政府规制体系。余晖（2007）提出，应该在监管机构自我创新和行政体制改革中完善我国的规制体制。

我们认为，对于处于市场化进程中的中国而言，要讨论和关注的不是“要不要政府规制”，而是如何建立具有中国特色的政府规制体系，改善规制质量，提高规制效率。目前，我国的政府规制体系已初步建立，改革的取向应是在放松和改革经济性规制的同时，进一步强化社会性规制。放松经济性规制，强化社会性规制是完善社会主义市场经济体制的必然要求，是我国经济发展和社会进步的必然趋势。

（一）放松经济性规制

经济性规制主要是指对自然垄断行业的规制。改革开放以来，我国沿着“打破垄断，引入竞争”的基本思路，对电力、电信、铁路、民航等自然垄断行业在管理体制、价格形成机制等方面采取了一系列改革措施。经过近40年改革，除铁路外，传统的自然垄断行业初步扭转了政企不分的局面，通过行业分拆和放宽市场准入，市场竞争的态势已初步形成。但在市场准入、监管体制和价格形成机制方面仍然存在很多问题。在市场准入方面，市场准入过于严格，对一些竞争性环节和竞争性领域仍未放开，有效竞争的市场格局尚未形成。如电力行业，虽然发电竞争初步形成，但输配售仍为一体。在铁路行业中，没有引入真正的外部竞争者，交通运输部仍独家垄断整个铁路行业。在监管体制等方面，政企不分、政资不分现象依然存在，监管体制没有完全理顺。在价格形成机制方面，竞争性环节的价格仍未放开，政府定价范围过大。针对我国垄断性行业存在的问题，党的十八届三中全会通过的《中共中央关于全面深化改革若干重大问题的决定》（以下简称《规定》）进一步明确了我国自然垄断行业放松管制的改革方向。《决定》指出：“国有资本继续控股经营的自然垄断行业，实行以政企分开、政资分开、特许经营、政府监管为主要内容的改革，根据不同行业特点实行网运分开、放开竞争性业务，推进公共资源配置市场化。进一步破除各种形式的行政垄断。”[①]“推进水、石油、天然气、电力、交通、电信等领域价格改革，放开竞争性环节价格。政府定价范围主要限定在重要公用事业、公

① 《中共中央关于全面深化改革若干重大问题的决定》，人民网（http//：www. people. com. cn）。

益性服务、网络型自然垄断环节，提高透明度，接受社会监督。”① 我国经济性规制的放松主要表现在以下几个方面：

第一，放松市场准入限制，在非自然垄断性业务环节引入市场竞争。在具有网络特性的自然垄断行业，并不是所有的业务和环节都具有自然垄断特性。比如，在电力行业，只有电网具有自然垄断特性，发电和售电环节属于非自然垄断业务；在铁路行业，铁路路网具有自然垄断特性，客货运输属于竞争性业务；在油气等自然资源领域，运输管网具有自然垄断特性，开采、炼化、销售等则是竞争性领域。自 20 世纪 70 年代以来，发达国家纷纷放松了经济性规制，他们放松规制的重要领域就是自然垄断行业的竞争性业务。《决定》已经明确指出，要根据不同行业特点，实行网运分开、放开竞争性业务，推进公共资源配置市场化。其中，“网运分开”就是针对网络状自然垄断行业的改革而言的，主要思路是“管住网，放开运”。即对具有自然垄断特性的管网业务要加强监管，对竞争性业务要放开，可以交给市场运营。也就是说，在发电和售电环节、铁路客货运输环节以及油气上游开采和下游炼化销售都要放松准入规制，引入市场竞争。

第二，限制政府定价范围，放开竞争性环节价格。价格改革是自然垄断行业改革的关键，多年来，我国对自然垄断行业价格形成机制的改革是沿着由计划到市场，逐步放开，并引入竞争的方向进行的。但改革的结果并不理想，从整体上看，大多数行业仍由政府直接定价，且定价方法以“成本加成为主”。以电力价格为例，上网电价和消费侧的居民、工商业电价等均由国家发改委价格司制定，上网电价主要采取成本加成原则。在成本加成原则下，由于信息不对称，政府通常难以掌握企业成本的完全信息，成本基本上以企业上报的调价前或执行期成本为准，政府没有从控制价格需要的角度设计成本的规则和具体标准，没有法定的预测成本的根据。其结果一方面企业缺乏降低成本的激励，行业成本高，效率低，创新不足；另一方面企业为了维护其垄断地位，获得超额利润，通过虚置成本、抬高自己的经营成本以获得有利的政府定价，获取垄断利润，损害消费者利益。所以，推进自然垄断行业的价格

---

① 《中共中央关于全面深化改革若干重大问题的决定》，人民网（http//：www. people. com. cn）。

改革势在必行。就自然垄断行业的价格改革，《决定》明确指出：要推进水、石油、天然气、电力、交通、电信等领域价格改革，放开竞争性环节价格。政府定价范围主要限定在重要公用事业、公益性服务、网络型自然垄断环节，提高透明度，接受社会监督。这一规定明确了政府定价的范围是重要公用事业、公益性服务和网络型自然垄断环节。除此之外，都要发挥市场的作用，建立由市场决定价格的价格形成机制。因此，在自然垄断行业，国家只需要制定自然垄断环节的价格，竞争性环节的价格都要放开，由市场竞争形成。比如，在电力行业，国家只对输配环节规制，输配电价实行政府规制，而售电和购电环节的价格则由市场形成。

第三，放松政府对自然垄断性企业的行政控制，真正实现政企分开、政资分开。在很长的时间内，我国自然垄断行业实行的是“政企合一”的监管体制，行业主管部门既承担监管职能，又承担经营管理职能，企业缺乏自主经营权。其结果是企业的市场主体地位难以确立，市场的竞争格局无法形成，经济活动的效率低下。自改革开放以来，我国对垄断行业监管体制改革的一项重要内容就是政企分开，即政府主管部门不再直接参与企业的经营管理，而是专门行使对垄断行业的监管职能。然而，到目前为止，政企分开在很多行业中仍然进展缓慢。目前，在我国的自然垄断行业中，基本是清一色的国有企业，而且多是国有独资公司。国家资本“一股独大”的产权结构，导致了政府主导的单边治理结构，企业行为带有的浓重的行政色彩，政企不分和政资不分问题严重。《决定》明确指出：国有资本继续控股经营的自然垄断行业，实行以政企分开、政资分开、特许经营、政府监管为主要内容的改革。在自然垄断行业，政企分开是指政府作为监管部门其监管职能要和企业的经营管理职能分开，政府是监管者，企业是授权经营者，政府不能以监管者的身份干预企业独立的经营活动；政府的职能就是通过监管维护一个公平开放的市场秩序，让企业可以自由竞争，通过竞争来实现资源的优化配置。政资分开是指政府作为监管者的职能要和国有资本出资人的职能分开，政府不能以监管者的身份来行使所有者的职能。

实行政企分开，政资分开，首先，必须切实转变政府职能。政府的职责和作用主要是保持宏观经济稳定，加强和优化公共服务，保障公平竞争，加强市场监管，维护市场秩序，推动可持续发展，促进共同富裕，弥补市场失灵。转变政府职能，必须深化行政体制改革，最大限度地减少政府对资源的直接配置，推动资源配置依据市场规则、市场价格、市场竞争实现效益最大化和效率最优化。其次，要完善国有资产管理体制，以管理资本为主加强国有资产监管，改革国有资本授权经营体制，组建若干国有资本运营公司，支持有条件的国有企业改组为国有资本投资公司。最后，要深化国有企业改革，推动国有企业完善现代企业制度。要鼓励非公有制企业参与国有企业改革，通过非公有资本的参与优化国有企业的产权结构；要健全协调运转、有效制衡的公司法人治理结构，通过治理结构的完善来规范经营决策，提高决策水平；要深化企业内部经营管理体制改革，通过改革提高企业效率、增强企业活力。

（二）强化社会性规制

强化社会性规制是全球政府规制改革的共同趋势，无疑也是我国政府规制改革的方向。针对我国的社会性规制改革，《决定》有多处论述。在加快转变政府职能部分《决定》指出：政府要“强化节能节地节水、环境、技术、安全等市场准入标准”。① 在深化财税体制改革部分《决定》指出：“调整消费税征收范围、环节、税率，把高耗能、高污染产品纳入征收范围”。②《决定》“推进法治中国建设”部分指出：要“加强食品药品、安全生产、环境保护、劳动保障等重点领域基层执法力量。”③ 在创新社会治理体制部分《决定》指出：要“健全公共安全体系。完善统一权威的食品药品安全监管机构，建立最严格的覆盖全过程的监管制度，建立食品原产地可追溯制度和质量标识制度，保障食品药品安全。深化安全生产管理体制改革，建立隐患排查治理体系和安全预防控制体系，遏制重特大安全事故”。④ 在加快生态文明制度建设部分，《决定》指出：“改革生态环境保护管理体制。建立和完善严格监管所有污染物排放的环境保护管理制度，独立进行环境监管和行政执法。建立陆海统筹的生态系统保护修复和污染防治区域联动机制。健全国有林区经营管理体制，完善集体林权制度改革。及时公布环境信

① 《中共中央关于全面深化改革若干重大问题的决定》，人民网（http//：www. people. com. cn）。

② 同上。

③ 同上。

④ 同上。

息，健全举报制度，加强社会监督。完善污染物排放许可制，实行企事业单位污染物排放总量控制制度。对造成生态环境损害的责任者严格实行赔偿制度，依法追究刑事责任。”① 从《决定》对社会性规制改革的诸多论述可以看出，进一步强化社会性规制是我国政府规制改革的一个重要趋势。在我国强化社会性规制主要表现在以下几个方面：

第一，强化社会性规制领域的准入规制，提高社会性规制领域的市场准入标准。主要是强化节能节地节水、环境、技术、安全等领域的市场准入标准。

第二，加强社会性规制机构建设，强化社会性规制机构的权威性和独立性。如必须要加强完善统一权威的食品药品安全监管机构，要提高环境执法机构等的独立性和权威性。

第三，加强社会性规制制度体系建设。要加强食品、药品安全制度体系，生产安全制度体系，生态文明制度体系，环境保护制度体系的建设。

第四，加强社会性规制领域的执法力度。要加强食品药品、安全生产、环境保护、劳动保障等重点领域基层执法力量。

二　放松经济性规制与强化社会性规制的客观必然性

（一）放松经济性规制与强化社会性规制是完善社会主义市场经济体制的客观要求

市场经济的有序运行离不开有效的政府规制，但是，目前有一种错误的认识，认为当今我们生活在一个非管制化的时代。“这种错误认识的根源在于将‘市场自由化’与‘非管制化’混同起来。事实上市场自由化通常要求建立新的、更复杂的规制体制。私有化意味着更多的规制，而不是相反。例如，在20世纪80年代，英国的私有化刺激了规制机构和规制体制的迅速建立，以支持新的竞争性市场的发展，同时在社会政策领域，如环境的质量、安全健康、消费者保护和工作场所安全等新型管制数量的增速也没有放慢。各种研究证明，在当今规制仍然是政府最普遍运用的工具之一，而且还处于不断增长之中。”②

① 《中共中央关于全面深化改革若干重大问题的决定》，人民网（http//：www.people.com.cn）。

② 经济合作与发展组织编：《OECD国家的监管政策——从干预主义到监管治理》，陈伟译，法律出版社2006年版，第8—9页。

我国经济体制改革的目标是建立社会主义市场经济体制，经过近40年的改革开放，社会主义市场经济体制已初步建立。在新的历史起点上，深化我国经济体制改革面临的重要任务之一是进一步完善和健全社会主义市场经济体制。完善社会主义市场经济体制必须深化经济体制改革，深化经济体制改革的核心是处理好市场与政府的关系，使市场在资源配置中起决定性作用和更好地发挥政府的作用。也就是说，市场这只“无形之手”的决定性作用和政府“有形之手”的调节作用都是完善社会主义市场经济体制所必需的。对于我国的社会主义市场经济而言，市场在资源配置中的决定性作用主要表现为生产什么、生产多少、如何生产和为谁生产问题都由市场决定。要发挥市场在资源配置中的决定性作用必须转变政府职能，尤其是经济职能。在市场经济体制中，政府的经济职能既包括宏观调控，又包括微观规制。宏观调控的目的是促进宏观经济稳定，微观规制的目的是维持公平竞争的市场秩序和防范安全、环境、健康领域的风险，促进市场经济的有序运行。也就是说，不仅完善的宏观调控体系是社会主义市场经济体制的基本框架之一，有效的政府规制体系也是社会主义市场经济体制的有机组成部分。

但长期以来，我们只重视政府的宏观调控职能，微观规制职能没有得到充分的认识和足够的重视。比如，1993年党的十四届三中全会通过的《中共中央关于建立社会主义市场经济体制若干问题的决定》在谈到政府职能时指出：“政府管理经济的职能，主要是制定和执行宏观调控政策，搞好基础设施建设，创造良好的经济发展环境。同时，要培育市场体系、监督市场运行和维护平等竞争，调节社会分配和组织社会保障，控制人口增长，保护自然资源和生态环境，管理国有资产和监督国有资产经营，实现国家的经济和社会发展目标。”① 可以说，当时非常注重政府的宏观调控职能，对政府的规制的作用认识不够。2002年，党的十六将政府职能概括为“经济调节、市场监管、社会管理和公共服务”。其中，经济调节就是我们常说的宏观调控，而市场监管也就是政府规制。但对于什么是政府的市场监管职能，如何发挥政府的市场监管职能，没有过多地分析。2003年，党的十六届三中全会做出了《关

---

① 《中共中央关于全面深化改革若干重大问题的决定》，人民网（http//：www. people. com. cn）。

于完善社会主义市场经济体制若干问题的决定》，在谈到转变政府经济管理职能时指出："切实把政府经济管理职能转到主要为市场主体服务和创造良好发展环境上来。加强国民经济和社会发展中长期规划的研究和制定，提出发展的重大战略、基本任务和产业政策，促进国民经济和社会全面发展，实现经济增长与人口资源环境相协调。加强对区域发展的协调和指导，积极推进西部大开发，有效发挥中部地区综合优势，支持中西部地区加快改革发展，振兴东北地区等老工业基地，鼓励东部有条件地区率先基本实现现代化。"① 从这一段论述可以看出，当时关注更多的仍然是宏观调控。十八届三中全会通过的《中共中央关于全面深化改革若干重大问题的决定》对政府的作用进行了重新界定，指出："政府的作用主要是保持宏观经济稳定，加强和优化公共服务，保障公平竞争，加强市场监管，维护市场秩序，推动可持续发展，促进共同富裕，弥补市场失灵。"② 在这里，更加明确地提出了要加强市场监管，弥补市场失灵。这意味着我们不仅要完善政府的宏观调控职能，还要更加重视政府的弥补市场失灵，进行微观规制的职能。

由于长期以来我们对政府的规制职能认识不够深入、全面，在实践中，政府规制职能的发挥不够有效，存在着政府干预过多和监管不到位的情况。在我国，政府干预过多主要表现为对自然垄断行业的干预过多，政府对自然垄断行业实行严格的政府规制。其结果是自然垄断行业的效率低下，问题严重。政府监管不到位主要表现为对环境、健康、安全领域的风险监管不到位，过于弱化的社会性规制使我国在环境、健康、安全领域的风险巨大，各种恶性安全事故频频发生。也就是说，我国长期以来存在的政府干预过多与监管不到位的问题均与我国政府规制体系不完善和改革滞后有关。所以，要进一步完善社会主义市场经济体制必须改革我国现行的政府规制体系，进一步放松经济性规制，继续强化社会性规制，着力解决政府干预过多和监管不到位的问题。

（二）放松经济性规制是自然垄断行业自身发展变化的客观要求

发达国家放松经济规制的原因是多重的，自然垄断行业属性的变化，

---

① 《中共中央关于全面深化改革若干重大问题的决定》，人民网（http//：www. people. com. cn）。

② 同上。

被规制企业的低效率，规制俘获和腐败问题都对规制放松发挥了一定作用。其中，自然垄断行业属性的变化是经济性规制放松的主要推动力。随着科学技术的发展和需求的变化，自然垄断行业发生了巨大的变化。一些传统的自然垄断行业已逐渐失去其自然垄断的性质，许多自然垄断行业的某些环节也不再具有自然垄断特征。随着行业属性的变化，必然要求放松经济性规制。电信行业就是一个典型的例子。电信行业属于传统的自然垄断产业，但电信行业的自然垄断不是永久性的而是暂时性的自然垄断。早期的电信行业由于服务价格高，市场需求量较小，由一个企业提供服务可以降低成本。但20世纪70年代以后，随着电子技术的发展，电信行业的固定成本投资大大减少，单位产品所需分担的固定成本下降，产量增加对平均成本下降所起的作用越来越不明显，电信行业的自然垄断属性逐步消失。随着电信行业自然垄断属性的变化，发达国家纷纷放松了对电信业的规制。

我国长期以来对自然垄断行业实行严格的政府规制，其初衷是为了促进自然垄断行业的发展，但实际效果却不尽如人意。规制导致了行政垄断，造成巨大经济损失；规制导致了企业的低效率，降低了企业的竞争力；规制导致垄断行业员工的过高收入，拉大了收入差距，不利于社会稳定；规制导致产品价格高而质量低，加重了居民负担，减少了消费者剩余；规制带来了权钱交易和腐败问题，加剧了社会矛盾。要解决我国自然垄断产业发展中存在的问题，必须顺应世界潮流，遏制目前强化规制的倾向，进一步放松经济性规制。

（三）强化社会性规制是我国经济发展和社会进步的必然要求

社会性规制相对于经济性规制而言，是一种“新式”规制，它的一个重要特点就是针对所有行业中出现的有损社会福利的行为进行约束与控制，其目标是弥补市场失灵，实现公共利益。如果说经济性规制的目标偏重于效率的话，那么社会性规制的目标则更加注重社会公平和正义。市场失灵是社会性规制的必要条件，自市场经济产生就存在市场失灵，但在市场经济发展的早期，在自由市场经济中，在20世纪70年代以前，在经济社会发展落后的市场经济国家，社会性规制并不广泛存在。只是到了六七十年代发达国家才开始日益重视社会性规制，这说明社会性规制是市场经济发展到一定阶段的产物。美国学者小贾尔斯·伯吉斯曾说过：“社会管制的出现是我们经济增长取得成功的一个标志：

30 年代，我们希望的是经济复苏；50 年代，我们实现了 30 年代梦寐以求的经济增长和价格稳定；到了六七十年代，我们已经有能力来考虑追求更高的生活质量了。”① 70 年代以来，随着经济发展和人民生活水平的提高，对生活质量、安全健康、社会福利等问题的关注程度日益加强，以保护劳动者和消费者安全、健康、卫生和环境保护为目的的社会性规制在政府规制中的地位和作用日益加强，在全球范围内出现了强化社会性规制的趋势。可以说社会性规制的加强在一定程度上反映了社会和文明的进步，体现了对消费者和劳动者利益的保护以及对社会可持续发展的关注，体现了对人的一种尊重和关怀，是社会经济进步的一种表现。1997 年，OECD 宣称：“21 世纪监管型国家的出现是建立现代工业化民主的必要步骤……在保护各种各样的经济价值和社会价值方面，监管帮助政府取得了斐然的成就。”②

经过近 40 年的改革开放，我国的综合国力大大增加，人民的生活水平不断提高，对生活质量的要求也越来越高。但与此同时，作为工业化伴生物的环境污染，食品、药品安全、工作场所安全等问题日益凸显，严重影响了人民的生活质量，并逐渐成为全社会普遍关注的焦点。这些问题的产生均与我国社会性规制的严重缺失高度相关。在社会主义市场经济体制的建立过程中，由于我们忽视了政府社会性规制职能的发挥，政府对市场的监管不到位，结果导致了关系广大人民切实利益的重大和特大公共安全事件屡屡发生。在食品安全、药品安全、工作场所安全、环境保护等领域出现的这些问题，不仅严重影响了人们的健康和生命安全，而且不利于经济社会的持续发展，不利于社会的和谐和稳定。可以说目前我国经济社会发展对社会性规制的需求越来越强，要求强化社会性规制的呼声越来越高。这就要求我们必须把以关注公共利益，实现社会公平正义为宗旨的社会性规制放到更加突出的位置上，进一步强化社会性规制，以回应人们的公共利益诉求。

---

① ［美］小贾尔斯·伯吉斯：《管制与反垄断经济学》，冯金华译，上海财经大学出版社 2003 年版，第 330 页。

② 经济合作与发展组织编：《OECD 国家的监管政策——从干预主义到监管治理》，陈伟译，法律出版社 2006 年版，第 4 页。

第二节 完善我国政府规制体系的路径选择

规制体系的完善程度影响规制质量和规制效率，要改善我国政府规制的质量，提高政府规制的有效性，必须进一步改革和完善我国的政府规制体系，建立符合社会主义市场经济要求的现代规制体系。

雅各布斯（Jacobs）认为，现代规制体系有五个特性："一是可靠性，就是法律框架体系能够保证行业部门、企业和消费者享有相应的责任、处罚和申诉等权力；二是公正和透明，就是有很清晰明了的规制政策和一个公正透明的政府规制过程，确立有效的政府官员问责制度有助于提高企业和消费者的信任度，有助于提升规制服从程度和减少行政腐败；三是公共服务性，必须始终服务于保护国家安全、国民健康、生态环境、消费者利益和公共利益；四是有效性，政府规制本着成本最小化原则，规制体系内部的规制政策应该是有序的和具有时效性的，能够灵活地应对市场的变化和需求；五是具有专业性，政府规制必须有针对性和专业性，能够充分地认知复杂的市场和技术的变化，具有有力和有效的规制工具和手段。"①

OECD 在 1997 年的《OECD 规制改革报告》中，明确界定了优质规制的标准（见表 11－1）。

表 11－1　经济合作组织界定的优质规制标准

1. 服务于清晰、明确的政策目标，并能够有效地实现这些目标
2. 有合理的法律基础支撑
3. 鉴于规制对全社会的影响，产生的规制收益应有合理的成本
4. 成本和市场失真最小化
5. 通过市场激励和制定目标方法来提高创新能力和水平
6. 对于使用者来说，规制更明晰、更简单和更便于操作
7. 与其他规制和政策相协调
8. 尽可能与国内外促进竞争和贸易投资的原则相融合

资料来源：OECD，*The OECD Report on Regulatory Reform*：*Synthesis*［R］. Paris，1997，p. 28。

---

① 谢地、吴英慧：《软环境的塑造与政府规制质量》，《吉林大学社会科学学报》2006 年第 1 期。

根据学者和OECD对优质规制的界定，结合发达国家政府规制改革的成功经验和我国政府规制体系存在的问题，我们认为，完善我国的政府规制体系应从以下几方面入手。

一　深化经济体制改革，建立政府规制有效性的市场基础

规制作用于市场，其目的是弥补市场失灵，维护市场的有序、有效运行。所以，市场的存在，市场在资源配置中决定性作用的发挥是政府规制有效发挥作用的前提。目前，我国虽已初步建立了社会主义市场经济体制，但市场化改革的任务还远未完成，政府规制体系有效发挥作用的体制基础不牢，障碍依然存在。要建立政府规制有效性的市场基础，必须进一步深化经济体制改革。深化经济体制改革的核心问题是：处理好政府和市场的关系，使市场在资源配置中起决定性作用和更好地发挥政府作用。深化我国经济体制改革的重点是：坚持和完善基本经济制度，形成真正符合市场经济要求的企业主体；加快完善现代市场体系，夯实市场发挥作用的基础；加快转变政府职能，更好地发挥政府的作用。也就是说，要在企业、市场和政府三个层面深化经济体制改革。

（一）坚持和完善基本经济制度，形成真正符合市场经济要求的企业主体

以公有制为主体、多种所有制经济共同发展的基本经济制度，是社会主义市场经济体制的根基。完善基本经济制度，首先要完善产权保护制度。要健全归属清晰、权责明确、保护严格、流转顺畅的现代产权制度。其次要积极发展混合所有制经济。允许国有资本、集体资本、非公有资本等交叉持股、相互融合。再次要进一步深化国有企业改革，推动国有企业完善现代企业制度，使国有企业成为真正的市场主体，能同市场经济更好地融合。最后要支持非公有制经济健康发展。坚持权利平等、机会平等、规则平等，废除对非公有制经济各种形式的不合理规定，消除各种隐性壁垒，制定非公有制企业进入特许经营领域具体办法。鼓励非公有制企业参与国有企业改革，鼓励发展非公有资本控股的混合所有制企业，鼓励有条件的私营企业建立现代企业制度。

（二）加快完善现代市场体系，夯实市场发挥作用的基础

要让市场在资源配置中起决定性作用，必须有一个统一开放、竞争有序的市场体系，统一开放、竞争有序的市场体系是市场决定资源配置的基础。市场体系是由各种各样的市场组成的一个有机整体，在现代市

场体系中，企业自主经营、公平竞争，消费者自由选择、自主消费，商品和要素自由流动、平等交换。完善现代市场体系，首先要建立公平开放透明的市场规则。市场规则是市场主体在进行经济活动时所必须遵守的一些基本原则，它主要体现在政府制定的有关规范市场活动的法律、法规、条例和市场伦理、道德、规范之中。市场规则的主要作用是通过规范和约束市场主体的市场行为来形成良好的市场秩序，保证市场机制正常运行并发挥在资源配置中的决定性作用。其次要完善主要由市场决定价格的机制。价格是市场的核心，市场配置资源主要是通过价格的变化进行的。在市场经济中，价格主要通过市场形成，完善价格机制，必须严格限定政府的定价范围，凡是能由市场形成价格的都交给市场，政府不要进行不当干预。最后要重点完善土地、金融等要素市场。完善的市场体系既包括商品市场，又包括要素市场。目前，我国的商品市场发展迅速，但土地、金融等要素市场的发展相对滞后，完善我国的市场体系重点在于完善要素市场。

（三）加快转变政府职能，更好地发挥政府的作用

现代市场经济是在“市场无形之手”和“政府有形之手”的共同作用下运行的，要更好地发挥政府“有形之手”的作用，必须转变政府职能。在社会主义市场经济中，政府的主要职能是：保持宏观经济稳定，加强和优化公共服务，保障公平竞争，加强市场监管，维护市场秩序，推动可持续发展，促进共同富裕，弥补市场失灵。转变政府职能，一要健全宏观调控体系。健全以国家发展战略和规划为导向、以财政政策和货币政策为主要手段的宏观调控体系，推进宏观调控目标制定和政策手段运用机制化，增强宏观调控前瞻性、针对性、协同性。二要减少行政审批，确立企业投资主体地位。除关系国家安全和生态安全、涉及全国重大生产力布局、战略性资源开发和重大公共利益等项目外，一律由企业依法依规自主决策，政府不再审批。三要完善发展成果考核评价体系。纠正单纯以经济增长速度评定政绩的偏向，加大资源消耗、环境损害、生态效益、产能过剩、科技创新、安全生产、新增债务等指标的权重，更加重视劳动就业、居民收入、社会保障、人民健康状况。四要深化行政体制改革。深化行政体制改革，创新行政管理方式，增强政府公信力和执行力，建设法治政府和服务型政府。

二　完善规制立法程序，提高规制立法质量

规制立法是政府规制的第一步，立法质量的高低直接影响规制的效果。发达国家政府规制改革的一条重要经验是立法先行，发达国家为了提高立法的质量采取了一系列措施。经过改革开放近 40 年的建设，我国已经建立起了比较完善的政府规制法律体系。但目前我国在政府规制立法过程中还存在一些问题，主要表现为规制立法的公开性、公众参与性不够，部门利益、地方利益法制化的现象严重，规制立法缺乏成本收益分析等。这些问题导致了我国规制立法质量有待于进一步提高。根据发达国家的经验和我国规制立法中存在的问题，完善我国的规制立法，提高立法质量应从以下几个方面入手。

（一）落实公开立法、参与立法制度，解决部门利益法制化问题

在规制立法阶段，立法者代表谁的利益立法直接影响规制有效性。政府规制的目的是弥补市场失灵，实现公共利益。规制失灵的原因之一就是立法者不是出于公共利益立法，而是为了实现私人利益集团的利益转移。当规制法案的内容和范围受到组织严密的利益集团影响并成为利益集团实现私人利益的工具时，政府规制必然失灵。目前，我国存在严重的政府权力部门化、部门权力利益化、部门利益法制化现象。部门利益法制化与我国的立法体制有关，《决定》已经明确指出："健全立法起草、论证、协调、审议机制，提高立法质量，防止地方保护和部门利益法制化。"[①] 要防止和杜绝部门利益法制化，必须完善我国的立法体制，坚决贯彻和落实公开立法、参与立法制度，实施回避立法制度。

公开立法在我国的《立法法》中有明确规定，但在我国的立法实践中，公开立法制度没有得到完全的落实。立法的公开度、公众参与度不够是导致部门利益法制化的重要原因。要杜绝部门利益法制化首先必须全面落实公开立法制度，切实提高规制立法过程的透明度。公开立法制度是指立法工作从立项、起草到审议的全过程都应向社会公开，要将立法的全过程置于民众的视野之中，使民众得以了解立法工作的动态和内容。公开立法的过程，就是利益各方博弈的过程。只要真正做到公开立法，各种社会利益都可以有代表参与到博弈中，进行平等、充分、有

① 《中共中央关于全面深化改革若干重大问题的决定》，人民网（http//：www. people. com. cn）。

效的博弈，这样制定出来的法律才能准确地反映和兼顾各种利益的要求。同时当立法公开后，透明度会大大增加，各方利益必然呈现于阳光之下，部门利益法制化的现象就能够得到有效遏制。

参与立法制度体现的是民主立法，即在立法的过程中，要切实保障利益相对方的广泛有效参与。公众参与立法是公民政治参与的一部分，是提高立法质量，特别是避免立法受部门和集团影响，从而实现法律的公平正义的客观需要。我国《立法法》明确规定：行政法规在起草过程中，应当广泛听取有关机关、组织和公民的意见。听取意见可以采取座谈会、论证会、听证会等多种形式。其中，听证会是核心。但在我国的立法实践中，听证会徒有形式，甚至是“走过场”而已。切实落实立法参与制度，必须完善立法听证制度。在完善听证制度的基础上，还要建立健全意见答复与反馈制度。立法机关对公众提出的意见、建议和要求是否采纳，特别是对不采纳的理由等公开给予答复说明，这样，就可以在一定程度上避免立法的部门利益倾向。《决定》在谈到加强社会主义民主政治制度建设时指出：“完善人大工作机制，通过座谈、听证、评估、公布法律草案等扩大公民有序参与立法途径，通过询问、质询、特定问题调查、备案审查等积极回应社会关切。”①

立法回避制度体现的是立法中立，是指在法律的起草、论证、审议等主要环节，与立法项目有直接、明显利害关系的组织和个人，不得直接参与规则的制定，不得主导立法进程，应当主动回避或者强制回避。法应该是公共意志的体现，必须充分反映广大人民的意志和利益。同时，立法在本质上是对权力和利益进行分配和调整的过程，如果由部门立法，在部门利益的驱动下，很难避免权力部门化、部门利益化、利益法制化。要杜绝部门利益法制化问题，必须改变我国长期以来实行的部门立法体制，实行立法回避制度。在实行回避立法方面，全国各地都在不断探索，重庆从 2007 年开始在全国率先试行政府立法回避制度，实施立法项目委托招标起草立法模式。重庆的政府立法回避制度规定，凡是与某一立法项目有直接明显利害关系的单位和个人，不得参与法规和规章的起草、审查和评审，不得主导立法进程。浙江也组建了立法专家

---

① 《中共中央关于全面深化改革若干重大问题的决定》，人民网（http//：www. people. com. cn）。

库，对一些重要的、专业性较强的立法项目，采取委托立法研究、委托立法起草的方式，请专家提出立法研究报告和立法草案建议稿。总之，立法回避制度在我国的地方立法实践中已经开始试水，需要在全国范围内推广。

（二）引入规制影响评价方法，提高规制立法质量

引入以成本—收益分析为核心的规制影响评价程序是发达国家提高规制立法质量，降低规制成本，提高规制效率的重要举措。我国在2004年4月颁布的《全面推进依法行政实施纲要》中明确提出，要积极探索对政府立法项目尤其是经济立法项目的成本效益分析制度。政府立法不仅要考虑立法过程成本，还要研究其实施后的执行成本和社会成本。随后，国务院一些部委和部分地方政府也做了一些尝试。比如，2007年12月，海南省政府发布了《海南省人民政府办公厅关于开展立法成本效益分析工作的实施意见》，规定了立法成本效益分析的基本含义和原则、主要内容和模式、主要方法和程序等。但从全国范围看，目前我国尚未形成明确的规制影响评价制度，立法的成本收益分析还没有真正建立起来。

根据发达国家的经验，我国可以适时引入规制影响评价机制。在我国建立规制的影响评价制度，首先要引入规制影响评价的理念，增加对规制进行影响评价的意识。在美国、英国等发达国家，规制影响评价已成为规制机构进行规制决策的一个必经程序，独立研究机构的广泛参与也保证了评价的真实性和可靠性。在我国，对规制进行影响评价还是一个比较陌生的事情，对评价的方法和技术还不太了解，所以，要引入规制的影响评价，必须对规制影响评价进行研究、教育、推广和普及。其次要制定相应的法律法规，建立规制影响评价的法律依据。发达国家的实践表明，要想利用规制影响评价成功地改变规制决策，必须得到政府最高层的支持和承诺，如法律的认可或总理签署的政令等。美国正是通过行政、立法和司法的程序逐步确立了规制影响评价程序。我国要想引入以成本—收益分析为核心的规制影响评价机制必须以相应的法律为依据，做到有法可依、有据可循。再次要建立统一的监督规制影响评价的机构，监督规制影响评价的贯彻实施。美国的预算管理办公室就是监督规制影响评价的机构，其主要职能一方面是对规制部门提交的成本—收益分析报告进行审查，并决定是否通过；另一方面向国会提交联邦规制

的总成本—收益分析报告，对规制政策实施的结果进行总体的影响评价，并提出相应的改革建议。我国应建立中央一级的监督规制影响评价机构，对规制者进行规制。最后要设计和实施数据收集战略，提高数据收集能力和评价技术。技术问题是实施规制影响评价的国家共同面临的问题，许多国家没有引入这一方法的原因也在于技术问题。技术问题主要体现在分析方法和数据方面。在分析方法方面，目前发达国家普遍使用成本—收益分析法，但在成本—收益分析中存在着高度的不确定性。成本—收益分析的不确定性来自许多方面，如量化成本收益的困难。此外，高水平的规制影响评价离不开充分的数据，目前，我国既缺乏评价的技术又缺乏进行有效规制评价所需的高质量数据，所以，提高数据收集能力，明确数据的质量标准，以尽可能低的成本收集数据是我国规制改革努力的方向。为此，就必须培训规制者，通过培训不仅要使规制者认识到规制影响评价在确保规制质量方面发挥的作用，还要使其了解规制影响评价基本方法和数据收集问题，提高规制者实施高质量规制影响评价的技能。此外，还要提倡广泛的公众参与，如独立研究机构的参与等，公众参与的明显好处是公众可以提供完成规制影响评价所必需的数据。

三　改革政府规制体制，有效规制规制者

规制体制是否合理直接影响规制质量和效率，我国的规制失灵与规制体制的不完善密切相关。目前，我国在政府规制体制方面存在的问题主要有规制机构缺乏独立性，规制权分散、政出多门，规制机构机会主义行为严重，缺乏对规制者的约束与制衡机制。这些问题表明：一方面我国尚未形成权威、统一、独立的规制机构；另一方面缺乏对规制者行为的有效监督约束机制，其结果造成的“规制过度”与“规制缺位”并存。改革政府规制体制的目的就是要形成统一、独立的规制机构，健全激励约束机制，有效规制规制者。

（一）深化行政管理体制改革，转变政府职能，建立统一、独立、权威的规制机构

独立性是规制机构的典型特征，是规制机构能否扮演好公共利益维护者角色的关键因素。如果不具备独立性，规制机构就无法正常、有效地行使其弥补市场失灵、维护公共利益的职能。在规制机构方面，我国经济性规制机构存在的问题主要是规制机构不独立，存在政监不分、政

企不分现象；社会性规制机构主要是规制机构缺乏统一和权威性，监管执法权分散。独立性的缺失使规制机构无法独立、公正地从公共利益出发行使规制权。在不断强化的地方利益驱使下，为了配合地方政府片面追求经济增长的需求，规制目标不得不屈从于经济增长及其他目标。规制执法权的分散，造成推诿扯皮，过度规制与规制不足并存。

解决我国规制机构存在的问题，必须深化行政管理体制改革。深化行政体制改革，一要切实转变政府职能，把政府的职能由片面追求经济增长真正转到保持宏观经济稳定，加强和优化公共服务，保障公平竞争，加强市场监管，维护市场秩序，推动可持续发展，促进共同富裕，弥补市场失灵上来。在市场监管中，尤其要强化政府的社会性监管（规制）职能。要纠正单纯以经济增长速度评定政绩的偏向，加大资源消耗、环境损害、生态效益、安全生产等指标的权重。只有政府职能发生了变化，我们才能从理念、行为、制度上解决政府的监管缺失问题。二要增强规制机构的独立性，建立统一权威的规制机构。根据国际经验，要提高规制的效率必须建立相对独立的政府制机构。为此，要从法律上明确规定规制机构的地位，将分散于各部门及地方的规制权集中起来，建立独立、统一、权威的规制机构，并从人员任命和经费来源上保持相对独立。只有这样，才能防止部门利益和地方利益对规制过程的操纵，使规制者成为被规制市场中企业和消费者的公正的仲裁者。对此《决定》做了深刻论述："整合执法主体，相对集中执法权，推进综合执法，着力解决权责交叉、多头执法问题，建立权责统一、权威高效的行政执法体制。减少行政执法层级，加强食品药品、安全生产、环境保护、劳动保障、海域海岛等重点领域基层执法力量。"① 在社会性规制体制改革的实践方面，2013 年 3 月，国务院机构改革对食品药品监管体制进行了大幅调整，改革的主要内容是：改变以往的多部门分段监管模式，对生产、流通、消费环节的食品安全和药品的安全性、有效性实施统一监督管理等。将工商行政管理、质量技术监督部门相应的食品安全监督管理队伍和检验检测机构划转到食品药品监督管理部门。组建国家食品药品监督管理总局。为推进地方食品药品监管体制改革，国务院专门出台了《国务院关于地方改革完善食品药品监督管理体制的指导

---

① 人民网（http//：www. people. com. cn）。

意见》，要求省、市、县级政府原则上参照国务院整合食品药品监督管理职能和机构的模式，结合本地实际，将原食品安全办、原食品药品监管部门、工商行政管理部门、质量技术监督部门的食品安全监管和药品管理职能进行整合，组建食品药品监督管理机构，对食品药品实行集中统一监管，同时承担本级政府食品安全委员会的具体工作。

（二）强化监督约束，规范规制机构行为

规制立法质量不高仅是我国规制失灵的原因之一，我国政府规制质量较差的主要原因是政府执行层面。执法部门有法不依、执法不严、执法犯法的情况普遍存在。所以，要提高我国政府规制的有效性，必须建立对政府行为的有效监督与约束机制，避免规制机构对规制权的滥用，减少规制者的道德风险。

要减少规制者的道德风险，必须：

第一，要建立政府问责制，全面落实行政执法责任制。问责制的实质是通过各种形式的责任约束，限制和规范政府权力和官员行为，最终达到权为民所用的目的。问责制是现代政府强化和明确责任，改善政府管理的一种有效的制度。目前，我国已经出台了一系列有关问责的法律、纪律规定，问责制度体系的基本框架已经形成，但尚未形成完善和严厉的问责制度，现在面临的主要问题是进一步完善和加大落实力度。目前，权责不清是实施官员问责制的主要障碍，此外，问责的法制及程序不完善也影响问责效率。目前，我国各级政府和政府部门之间有些职责不够清楚、权限不够明确，出现了在追究责任时相关部门互相推诿、互相扯皮的情况。责、权不清晰会导致责任人不清，问责的效果难免就会大打折扣，一个没有明确责任体系的问责制度只是一种摆设。所以，要推行问责制，首先，必须合理划分权责，明确问责对象和范围；其次，必须使官员问责制法制化、程序化。

第二，要加强对行政执法的监督，规范执法自由裁量权。首先要强化立法对政府规制机构行为的监督。立法先行是发达国家政府规制的成功经验，发达国家的法律对监督和约束政府的行为都十分重视。如美国的《国家环境政策法》就是一部专门针对联邦政府行为的法律，它先从“政府开刀”，对行政部门提出了遵守国家环境政策的法律要求。而我国的环境立法偏重于对生产者和开发者的规制，但却忽略了对规制者自身的监督与约束。在以后的规制立法中，国家应该规定和丰富有关监督机制的内容。此外，我国的全国人大及各级人民代表大会作为立法机构也被宪法赋予了监督行政的权力。但遗憾的是，实践中，立法机关对规制执法部门的监督和检查往往都流于形式，因此，需要加强和完善我国立法机关的执法监督权力，建立起一套比较完整的监督体系，确保规制法规的执行。其次，要加强对规制机构行为的司法监督。司法监督一方面是指司法机关对政府行政行为的合法性与否进行审查；另一方面是指检察机关对国家机关工作人员渎职失职行为进行查处。一个权威而有效的司法监督制度是确保政府依法行政的重要保障。最后，要强化公众参与，建立社会对政府行为的监督机制。公众参与是维护公众利益的重要途径，是发达国家公认的重要而有效的政府行为监督机制。比如，在环境规制领域，环境问题的广泛性和社会性决定了它的解决必须依靠政府与社会公众的共同参与。对于环境治理领域的公众参与问题，我国制定了《环境影响评价公众参与暂行办法》，但由于对公众环境事务参与权的规定很不详细，尤其是缺乏对公众参与的法律效力以及对行政部门违背公众参与原则的法律责任的规定，以致公众参与在实践中很多是流于形式。要解决我国的环境问题，必须要充分发挥社会各界的力量，形成社会对政府行为的监督机制。比如，要充分发挥非政府组织对企业的环境违法行为和政府的规制进行监督。在欧美国家，非政府环境保护组织比比皆是，环境保护群众运动和活动持久不衰。我国有关环境保护的非政府组织兴起较晚，而且由于一些体制、机制和自身能力等方面的原因，环保民间组织参与国家环境政策制定和实施社会监督的渠道与能力还远远不够，尚不能对政府或环保部门进行有力和高效的监督。要加强公众参与，必须积极支持、发展非政府组织特别是民间性非政府组织。此外，要加强环境信息披露，信息公开则是公众有效参与环境管理的重要基础，美国的法律体系中就有专门的立法明确规定公众有知晓各种环境信息的知情权，而且公众可以通过媒体、网站或者其他渠道实时地获取其生活范围的有关环境信息和数据。最后，还要充分发挥新闻媒介的舆论监督和导向作用，提高广大公众积极参与环境保护的积极性和责任感，监督有关部门依法行政。

第三，简政放权，减少行政审批，简化行政程序。大量的行政审批，烦琐的行政程序是我国政府规制的一个显著特征，是影响我国政府规制有效性的一个重要因素。要提高我国政府规制的有效性，必须进一步简政放权。《决定》明确要求："进一步简政放权，深化行政审批制度改革，最大限度地减少中央政府对微观事务的管理，市场机制能有效调节的经济活动，一律取消审批，对保留的行政审批事项要规范管理、提高效率；直接面向基层、量大面广、由地方管理更方便有效的经济社会事项，一律下放地方和基层管理。"[①] 简政放权就是要向市场放权，向社会放权，向企业放权，向地方政府放权。凡是市场能够解决的，社会能够解决的，企业能够解决的，政府要坚决放手；凡是地方能够有效解决的，一律下放到地方。形成一种政府、市场、社会、企业多方共同治理的局面。

四　改革规制方式，引入多种替代性措施

规制方式的选择影响规制效果，发达国家通过改革规制方式来提高规制效率取得了成功的经验。通过前面的分析可知，我国无论是在经济性规制方式还是在社会性规制方式方面都存在一些问题。根据我国政府规制方式存在的问题，改革我国的政府规制方式，可以从以下几方面入手：

（一）改革标准规制，完善标准体系

标准规制是政府规制的主要形式，我国在标准规制方面存在的主要问题是，标准的覆盖范围小、个别重要标准或重要指标缺失；标准科学性和合理性有待提高，部分标准与国际标准存在较大差距；标准体系中存在各种标准间相互矛盾、重复、脱节、不协调。根据国际经验，完善我国的标准体系，一要扩大标准的覆盖面，制定完善的标准体系；二要提高标准的水平，尽可能地与国际标准接轨；三要尽可能地统一各类标准。

为了保证标准的有效性，在制定标准的过程中应注意以下几个问题：一是标准制定的科学性，制定的标准应该有科学的依据。比如，在食品标准制定的过程中，关于农药残留量标准、添加剂限量标准等必须以科学的数据为基础，发布的标准必须经过多个实验室安全验证后才能公布并付诸实施。二是标准的动态性，必须根据新情况制定新的标准或对过时的标准进行修订。

---

① 人民网（http//：www. people. com. cn）。

(二) 强化信息披露与信息教育

信息规制和安全教育是政府规制重要的方式之一，也是发达国家采取的最多的对命令—控制方式的替代措施。在我国信息披露制度不健全、信息教育缺失是社会性规制失灵的重要因素。强化我国的社会性规制必须强化信息规制，加强安全教育。为此，一要规范标志管理，解决包装标志方面的混乱现象；二要强化广告规制，理顺广告管理体制，重点解决虚假广告问题；三要完善强制信息披露体系，及时向消费者发布有关产品质量安全与卫生的信息，缓解在产品质量方面存在的信息不对称问题；四要建立信息教育体系，加强信息和安全方面的宣传、教育与培训，通过宣传教育提高人们获取信息的能力，增强消费者的安全意识，规范人的行为方式。

(三) 完善市场化的规制方式

引入市场化的规制方式是政府规制变革的一大趋势，尤其是在环境规制领域，发达国家纷纷开始采用市场化的规制方式解决在环境规制中存在的高成本和低激励问题。我国在环境规制中已经使用的市场化的管制方式是排污费和排污权交易。在排污费制度方面，我们存在的主要问题是，排污费征收标准偏低且不能足额征收。完善我国的排污收费制度，首先应对各类主要污染物的治理进行成本调查。根据排污收费标准应该等于治理污染成本的原则，对排污收费标准进行适度调整，通过合理的排污收费，既鼓励污染处理成本低的排污者更多地削减污染物，又使处理成本高的排污者因削减污染物少而多缴排污费。其次要扩大排污收费征收范围。依据“污染者付费”的原则，不管是任何单位或个人，只要向环境排放了污染物，都应缴纳排污费。最后要健全排污收费管理机制，加大排污收费稽查力度。严格意义上的排污权交易制度包括排放总量确定、排污权初始分配及排污权交易三个主要环节。排污权交易目前在我国还处于试点和试验阶段，在试点中遇到的问题主要表现为：有关排污权交易的政策和法律建设滞后，全国范围内的排污权交易缺乏法律基础；排污总量的确定问题未解决；排污权初始分配的公平性和有效性问题尚未解决；排污权的市场交易不规范，尚未形成全国统一的市场。推进我国排污权交易：一要制定和实施有关规范排污权交易的法律，建立排污权交易的法律体系，切实解决排污权交易的法律依据和规范缺失问题。二要确定排污总量，实施排污总量控制。三要加快排污权交易市场的建立和完善，建立、完善一级市场和二级市场。要探索适合我国国情的排污权一级市场交易形式，改变无偿分配或行政授予的做法，采用招标、拍卖或其他市场化方式将排污权卖给企业。在二级市场上，要通过立法等手段，有效制止滥用和非法转让排污权，杜绝蓄意囤积居奇等扰乱市场的买卖行为，要对超标排污进行严厉处罚，通过这些措施确保排污权在二级市场上能够正常交易。此外，政府要提供必要的市场交易信息。可以通过组建专业的排污权中介机构，建立相关的信息网络系统等措施，为交易各方提供供求信息，提高交易的透明度，降低排污权交易费用。

五　强化规制遵守，减少规制失灵

发达国家的研究表明不遵守规制规则是规制失灵的普遍原因，但规制者对遵守问题的关注相对较少，这一原因长期以来不被人重视。随着规制范围和规模的扩大，改善规制遵守的状况，提高企业和个人遵守规制要求的程度，已成为提高规制质量的一个决定性因素。荷兰司法部和伊拉斯姆大学的研究表明，规制的遵守行为取决于11个关键要素。具体见表11－2。

表11－2　决定遵守程度的11个关键要素

自发遵守方面（影响自愿遵守水平的因素即未采取强制手段情况下的遵守情况）
1. 对规则的认识：目标群体对法律和规则的熟悉程度，法律和监管规则内容的明了性。
2. 成本—收益考虑：违反或遵守监管带来的物质或非物质利益和损失。
3. 认同程度：目标群体在多大程度上接受政策、法律和监管规则。
4. 恪守规范：在遵守法律和监管规则方面，目标群体天生的意愿或习惯。
5. 非正式控制：目标群体不遵守行为被发现并受到第三方（如非政府组织）谴责的概率，由第三方制裁的可能性和严厉性（如失去顾客和签约合作伙伴、失去声誉）。
监控方面（强制执行对遵守的影响）
6. 非官方报道的概率：在没有官方调查的情况下，违规行为被曝光并被正式报道的概率（揭发）。
7. 控制概率：受到官方机构开展的行政性（纸面）或实质性（现场）稽查或检查的可能。
8. 发现概率：在行政审查或实质性调查过程中，违规行为被官方机构发现的概率（当采取某种监控措施时，不遵守行为被发现的概率）。
9. 选择性：作为风险分析和追踪分析企业、个人或某些领域的结果，监控与发现（增大的）概率（即在多大程度上检查监督人员能够做到，相对于遵守法律法规者而言对违规者进行更多的检查）。

续表

制裁方面（制裁对遵守的影响）
10. 制裁概率：在通过监控和犯罪调查发现了违规行为后，实施处罚的概率。
11. 制裁严厉程度：制裁严厉程度和制裁类型，与施加制裁有关的不利影响，如丧失尊严和声誉。

资料来源：经济合作与发展组织编：《OECD 国家的监管政策——从干预主义到监管治理》，陈伟译，法律出版社 2006 年版，第 96—97 页。

根据上述研究结论，规制要求的遵守程度主要取决于四个因素：对规制规则的认识和理解程度、遵守的意愿、遵守的能力、政府运用和执行规制规则的能力。

企业和公众对规则的遵守程度依赖于他们对规则的理解和认识程度，所以，对规制者而言，新规则颁布以后，必须进行宣传和推广活动，以确保它们能够被企业和民众认识和理解。同时，规则能否被理解和规则的设计相关，如果规则过于烦琐和复杂，就不利于被目标群体理解和遵守。遵守规制不仅要理解规制，还要具有遵守的意愿。遵守的意愿可能来自做一个优秀公民的意识，可能来自对政策目标的认可，可能来自经济激励，也可能来自强制执行的压力。当遵守规制的成本极高时，自觉遵守规制的意愿就会降低；当不遵守规制的收益极高而被发现的概率极低时，自觉遵守意愿也会降低。遵守规制不仅要有遵守规制的意愿，还要有遵守能力。遵守能力取决于规则的复杂程度和程序的复杂程度，尤其是对小企业而言，如果规则的技术性过强，内容和程序过于复杂，企业就很难理解和遵守所有的要求，结果只能是由规制者决定执行哪些规则和如何执行。政府运用和执行规制规则的能力影响规制的遵守程度。如果政府运用和执行规则的能力很强，企业和个人不遵守规则的行为很容易被发现，规制的遵守情况就会较好；如果不遵守规制行为被发现的概率较小，规制就不会得到很好的遵守。根据影响规制遵守的因素，要提高我国的规制遵守程度：

第一，要简化和减少规制负担。要尽可能地减少繁文缛节，简化行政程序，提高规制规则的透明度和可理解程度。20 世纪 80 年代，英国在职业健康和安全监管领域实行了“罗本斯”（Robens）改革，即用少量易于理解的、灵活的一般规则替代复杂、多样的技术性准则，其目的在于便于企业执行和遵守。1972 年，英国工作安全与卫生委员会发表了罗本斯的报告，报告建议主要从两个方面改革现行的安全健康治理模式：一是简化行政监管系统，强化行政效益。改变过去那种在职业安全与卫生立法上零敲碎打式的做法，逐步废除行业部门的单项安全与卫生立法，由一种框架法令取而代之，这种框架法令要覆盖所有行业和所有工人。二是为消除企业对职业安全与卫生的反感情绪，应提高雇主和工人对政策制定和实施的参与程度。建立一个更高效的治理系统，实行目标导向和自律导向。后来，欧洲各国、加拿大、澳洲、新西兰等国后来的职业健康和安全立法方面都遵循了这份报告的建议和精神。

第二，要加强对规制规则的宣传和推广教育。通过宣传和推广，提高目标群体对法律和规制规则的理解、认识和熟悉程度；通过教育提高目标群体对法律和规则的认同程度。

第三，加大执行力度，提高对违规的制裁程度。要加大对违规事件的发现概率、控制概率和制裁力度，让违规的成本远远大于违规的收益。只有这样，才能使被规制者不敢违规并自觉遵守规制。

参考文献

[1] [英] 庇古:《福利经济学》, 金镝译, 华夏出版社 2007 年版。

[2] [美] 巴里·费尔德、马莎·费尔德:《环境经济学》, 原毅军等译, 中国财政经济出版社 2006 年版。

[3] [美] 保罗·R. 伯特尼、罗伯特·N. 史蒂文斯:《环境保护的公共政策》, 穆贤清等译, 上海三联书店、上海人民出版社 2004 年版。

[4] [美] 保罗·萨缪尔森、威廉·诺德豪斯:《微观经济学》, 萧琛等译, 华夏出版社 1999 年版。

[5] 陈富良:《规制机制设计在环境政策中的应用评述》,《江西财经大学学报》2005 年第 1 期。

[6] 陈富良:《利益集团博弈与管制均衡》,《当代财经》2004 年第 1 期。

[7] 陈富良:《政府规制中的多重委托—代理与道德风险》,《财贸经济》2004 年第 12 期。

[8] 陈富良:《政府监管行为的制衡机制》, 中国社会科学出版社 2007 年版。

[9] 陈富良等:《规制政策分析: 规制均衡的视角》,《改革》2004 年第 6 期。

[10] 程启智:《政府社会性管制理论的比较研究》,《中南财经大学学报》2004 年第 5 期。

[11] [美] 丹尼尔·F. 史普博:《管制与市场》, 余晖等译, 上海人民出版社、上海三联书店 1999 年版。

[12] 傅蔚冈:《规制研究》, 上海人民出版社 2008 年版。

[13] 葛察忠、王金南:《利用市场手段削减污染: 排污收费、环境税和排污交易》,《经济研究参考》2001 年第 2 期。

[14] 郭庆、李佳路:《环境规制中的激励与监督——国外理论研究综述》,《环境经济》2005 年第 8 期。

[15] 郭朝先:《我国环境管制发展的新趋势》,《经济研究参考》2007 年第 27 期。

[16] 经济合作与发展组织编:《OECD 国家的监管政策——从干预主义到监管治理》,陈伟译,法律出版社 2006 年版。

[17] 贾丽虹:《外部性理论研究》,人民出版社 2007 年版。

[18] 李银珠:《政府公共支出的成本—收益分析》,经济管理出版社 2007 年版。

[19] 李郁芳:《体制转轨时期的政府微观规制行为》,经济科学出版社 2003 年版。

[20] 李郁芳:《转轨时期政府规制过程的制度缺陷及其治理》,《管理世界》2004 年第 1 期。

[21] 李郁芳:《体制转轨期间政府规制失灵的理论分析》,《暨南学报》2002 年第 11 期。

[22] 李寿德、柯大纲:《环境外部性起源理论研究述评》,《经济理论与经济管理》2000 年第 5 期。

[23] 李挚萍:《20 世纪政府环境管制的三个演进时代》,《学术研究》2005 年第 6 期。

[24] 李恒远等:《中国环境法制》(2008 年卷),法律出版社 2009 年版。

[25] 李月军:《社会规制:理论范式与中国经验》,中国社会科学出版社 2009 年版。

[26] 廖进球、陈富良:《政府规制俘获理论与对规制者的规制》,《江西财经大学学报》2001 年第 5 期。

[27] [英] 马歇尔:《经济学原理》,朱志泰译,商务印书馆 1997 年版。

[28] 马英娟:《政府监管机构研究》,北京大学出版社 2007 年版。

[29] 马士国:《基于市场的环境规制工具研究述评》,《经济社会体制比较》2009 年第 2 期。

[30] 马士国:《环境规制工具的选择与实施》,《世界经济文汇》2008 年第 3 期。

[31] 马小明、赵月:《环境管制政策的局限性与变革》,《中国人口·资源与环境》2005 年第 6 期。
[32] 马乐新:《中国食品管制的制度经济学研究》,中国经济出版社 2005 年版。
[33] 茅铭晨:《政府管制法学原论》,上海财经大学出版社 2005 年版。
[34] [美] 默里·L. 韦登鲍姆:《全球市场中的企业与政府》,张兆安译,上海人民出版社、上海三联书店 2002 年版。
[35] [美] 道格拉斯·C. 诺斯:《经济史中的结构与变迁》,陈郁等译,上海三联书店 1991 年版。
[36] [美] 乔治·J. 斯蒂格勒:《产业组织和政府管制》,潘振民译,上海三联书店 1989 年版。
[37] [日] 青木昌彦等:《市场的作用、国家的作用》,中国发展出版社 2002 年版。
[38] 齐晔:《中国环境监管体制研究》,上海三联书店 2008 年版。
[39] [美] R. 科斯、A. 阿尔钦、D. 诺斯等:《财产权利与制度变迁》,胡庄君等译,上海三联书店、上海人民出版社 1994 年版。
[40] [美] R. 科斯:《企业、市场与法律》,盛洪等译,上海三联书店 1990 年版。
[41] [美] 凯斯·R. 孙斯坦:《权力革命之后:重塑规制国》,钟瑞华译,中国人民大学出版社 2008 年版。
[42] 沈芳:《环境规制的工具选择:成本与收益的不确定性及诱发性技术革新的影响》,《当代财经》2004 年第 5 期。
[43] 孙彩虹:《美国政府管制变革的分析及启示》,《南京社会科学》2004 年第 11 期。
[44] 石淑华:《美国环境规制体系的创新及其对我国的启示》,《经济社会体制比较》2008 年第 1 期。
[45] 石淑华:《日本的环境监管体系及其启示》,《徐州师范大学学报》2007 年第 9 期。
[46] 石磊、马士国:《环境管制收益和成本的评估与分配》,《产业经济研究》2006 年第 5 期。
[47] [美] 史蒂芬·布雷耶:《规制及其改革》,李洪雷等译,北京大学出版社 2008 年版。

[48] [美] 史蒂芬·布雷耶:《打破恶性循环:政府如何有效规制风险》,宋华琳译,法律出版社 2009 年版。
[49] 施本植等:《国外经济性规制改革的实践及经验》,上海财经大学出版社 2006 年版。
[50] 王俊豪:《英国政府管制体制改革研究》,上海三联书店 1998 年版。
[51] 王俊豪:《中国政府管制体制改革研究》,经济科学出版社 1999 年版。
[52] 王俊豪:《中国自然垄断经营产品管理价格形成机制研究》,中国经济出版社 2002 年版。
[53] 王俊豪:《中国自然垄断产业民营化改革与政府管制政策》,经济管理出版社 2004 年版。
[54] 王俊豪:《中国垄断性产业的结构重组、分类管制与协调政策》,商务印书馆 2005 年版。
[55] 王俊豪:《中国市政公用事业监管体制研究》,中国社会科学出版社 2006 年版。
[56] 王俊豪:《管制经济学原理》,高等教育出版社 2007 年版。
[57] 王俊豪:《政府管制经济学导论》,商务印书馆 2001 年版。
[58] 王永钦、孟大文:《代理人有限承诺下的规制合约设计——以环境规制为例》,《财经问题研究》2006 年第 1 期。
[59] [美] W. 吉帕·维斯库斯、小约瑟夫·E. 哈林顿、约翰·M. 弗农:《反垄断与管制经济学》,陈甬军等译,机械工业出版社 2004 年版。
[60] 吴舜泽等:《中国环境保护投资失真问题分析与建议》,《中国人口·资源与环境》2007 年第 3 期。
[61] 王金南等:《中国环境政策改革与创新》,中国环境科学出版社 2008 年版。
[62] 王林生:《发达国家规制改革与绩效》,上海财经大学出版社 2006 年版。
[63] 席涛:《谁来监管美国的市场经济——美国的市场化管制及对中国管制改革的启迪》,《国际经济评论》2005 年第 1—2 期。
[64] 席涛:《谁来监管美国的市场经济——美国监管体制的演变:从

命令—控制到成本—收益分析》，《国际经济评论》2004 年第 11—12 期。
[65] 席涛:《美国的成本—收益分析管制体制及其对中国的启示》，《经济理论与经济管理》2004 年第 6 期。
[66] 席涛:《政府监管影响评估分析：国际比较与中国改革》，《中国人民大学学报》2007 年第 4 期。
[67] 席涛:《欧盟监管影响评估框架的评析》，《国际经济评论》2006 年第 5—6 期。
[68] 席涛:《欧盟监管：体制、方法、影响分析》，《国际经济评论》2006 年第 7—8 期。
[69] 席涛:《美国管制：从命令控制到成本收益分析》，博士学位论文，中国社会科学院，2003 年。
[70] [美] 小贾尔斯·伯吉斯:《管制与反垄断经济学》，冯金华译，上海财经大学出版社 2003 年版。
[71] 肖志兴:《政府监管理论与政策》，东北财经大学出版社 2006 年版。
[72] 肖志兴:《中国煤矿安全规制效果实证分析》，《中国工业经济》2008 年第 6 期。
[73] 肖兴志:《自然垄断产业规制改革模式研究》，东北财经大学出版社 2003 年版。
[74] 肖兴志等:《中国垄断产业规制效果的实证研究》，中国社会科学出版社 2010 年版。
[75] 肖兴志等:《中国煤炭安全规制：理论与实证》，科学出版社 2010 年版。
[76] 肖兴志等:《中国煤矿安全规制经济分析》，首都经贸大学出版社 2008 年版。
[77] 扬华:《中国环境保护政策研究》，中国财政经济出版社 2007 年版。
[78] 于立:《美国政府规制成本及其影响分析》，《世界经济》2002 年第 12 期。
[79] 于立、于左:《美国收益率规制与英国价格上限规制的比较》，《产业经济研究》2003 年第 1 期。

[80] 余晖:《美国政府管制的法律体系》,《中国工业经济》1994 年第 12 期。
[81] 余晖:《谁来管制管制者》, 广东经济出版社 2004 年版。
[82] 余晖:《中国的政府管制制度》,《改革》1998 年第 3 期。
[83] 于良春、黄进军:《环境管制目标与管制手段分析》,《理论学刊》2005 年第 5 期。
[84] 宇燕、席涛:《监管型市场与政府管制: 美国政府管制制度演变分析》,《世界经济》2003 年第 5 期。
[85] [法] 让-雅克·拉丰、让·梯若尔:《政府采购与规制中的激励问题》, 上海三联书店、上海人民出版社 2004 年版
[86] [法] 让-雅克·拉丰:《规制与发展》, 聂辉华译, 中国人民大学出版社 2009 年版。
[87] 张红凤:《西方规制经济学的变迁》, 经济科学出版社 2005 年版。
[88] 张红凤:《规制经济学的变迁、学科定位及其整体评价》,《中国改革论坛》2008 年 2 月 25 日。
[89] 张颖、王勇:《我国排污权交易制度的应用研究》,《中南大学学报》2004 年第 4 期。
[90] [日] 植草益:《微观规制经济学》, 朱绍文等译, 中国发展出版社 1992 年版。
[91] 张会恒:《我国公共事业政府规制有效性研究》, 中国科学技术大学出版社 2007 年版。
[92] 张会恒:《英国的规制影响评估及对我国的启示》,《经济理论与经济管理》2005 年第 1 期。
[93] 张婷婷:《中国食品安全规制改革研究》, 中国物资出版社 2010 年版。
[94] 张涛:《食品安全法律规制研究》, 厦门大学出版社 2006 年版。
[95] 周耀东:《中国公共事业管制改革研究》, 上海人民出版社 2005 年版。
[96] 邹东涛主编:《发展与改革蓝皮书——中国改革开放 30 年》, 社会科学文献出版社 2008 年版。
[97] Kahn, A. E., *The Economics of Regulation*: *Principles and Institution*, New York: Wiley, 1970.

[98] OMB and OIRA, 2002, "Draft Report to Congress on the Costs and Benefits of Federal Regulation", *Federal Register*, Vol. 67, No. 60, pp. 15014 – 15045.

[99] F. M. Scherer, *Industrial Market Structure and Economic Performance*, Chicago: Rand Mcnally, 1980.

[100] S. V. Berg and J. Tschirhart, *Natural Monopoly Regulation*, Cambridge University Press, 1988.

[101] Hahn, R. W. and J. Hird, The Costs and Benefits of Regulation: Review and Synthesis, *Yale Journal of Regulation*, 1991 (8), pp. 233 – 278.

[102] James A. Mirrless, An Expioration in the Theory of Optimum Income Taxation, *Review of Economic Studies*, 38 (2) 1971, pp. 175 – 208.

[103] Joseph E. Stiglitz, Democratizing the International Monetary Fund and the Word Bank: Covernance and Accountability, *Goveranace*, Vol. 16, No. 1, 2003, pp. 111 – 139.

[104] D. W. Jorgenson and P. J. Wilcoxen, Environmental Regulation and U. S. Economic Growth, *Rand Journal of Economics* 21 (summer 1990), pp. 314 – 340.

[105] Thomas O. McGarity, *The Expanded Debate over the Future of the Regulatory State*, U. CHI. L. REV. Vol. 63, 1996, p. 1480.